Heidemarie Führer

DIE FRAU,
DIE IN KEIN SCHEMA PASST

Christa von Viebahn
Die Gründerin der Aidlinger Schwesternschaft

DIAKONISSENMUTTERHAUS AIDLINGEN (HRSG.)

SCM

Stiftung Christliche Medien

2. Auflage 2015

© der deutschen Ausgabe 2014
SCM-Verlag GmbH & Co. KG · 71088 Holzgerlingen
Internet: www.scmedien.de · E-Mail: info@scm-verlag.de

Zitate wurden kursiv gesetzt, bei handschriftlich vorliegenden Dokumenten wurde die originale Rechtschreibung beibehalten. Verschiedene weiterführende Texte aus der Zeitgeschichte und von Personen befinden sich im Teil 3 des Buches.

Die Bibelverse sind, wenn nicht anders angegeben, folgender Ausgabe entnommen:
Lutherbibel, revidierter Text 1984, durchgesehene Ausgabe in neuer Rechtschreibung 2006, © 1999 Deutsche Bibelgesellschaft, Stuttgart

Umschlaggestaltung: Kathrin Spiegelberg, Weil im Schönbuch
Titelbild: © Diakonissenmutterhaus Aidlingen
Autorenfoto: Studio 9 Photoatelier / Gudrun Eckert
Satz: typoscript GmbH, Walddorfhäslach
Druck und Bindung: CPI – Ebner & Spiegel, Ulm
Gedruckt in Deutschland
ISBN 978-3-7751-5566-3
Bestell-Nr. 395.566

Der Herr gibt ein Wort –
der Freudenbotinnen ist eine große Schar.

Psalm 68, 12

Der Tag wird kommen,
an dem wieder Menschen berufen werden,
das Wort Gottes auszusprechen,
dass sich die Welt darunter verändert und erneuert.

Dietrich Bonhoeffer

Für alle meine Schwestern

Inhalt

Vorwort 11

Erster Teil: Prägung und Aufbruch 13
Kapitel 1 Wiesbaden 1873–1878 15
Kapitel 2 Hannover 1878–1883 28
Kapitel 3 Engers am Rhein 1883–1888 37
Kapitel 4 Frankfurt, Tübingen, Trier 1888–1892 53
Kapitel 5 Stettin 1893–1907 65

Zweiter Teil: Wagnis und Erfüllung 83
Kapitel 6 Stuttgart 1907–1927 85
Kapitel 7 Aidlingen –
           Ein Mutterhaus entsteht 1925–1927 117
Kapitel 8 Hin- und hergerissen zwischen Aidlingen,
           Stuttgart und der Schriftstellerei 136
Kapitel 9 Die frühe Zeit des Nationalsozialismus
           1933–1938 145
Kapitel 10 Der Zweite Weltkrieg (1939–1945) 172
Kapitel 11 Ein Ende mit Schrecken (1945) 195
Kapitel 12 Der Schutt wird beiseite geräumt,
           Neues wächst (1946–1955) 215

Dritter Teil: Geschichte und Geschichten 229
Orden und Arrest 231
Der Tod des Kaisers 232
Europa im Strom christlicher Nächstenliebe 234
Im Hotel »Vier Jahreszeiten« 240
Auseinandersetzungen 241
Die Schwabenmetropole 242
Der Erste Weltkrieg (1914–1918) 243
Die Saat ist aufgegangen 244
Aus der Chronik 1938 246

Das Robert-Bosch-Krankenhaus 250

Soldatenbriefe 251

Dank 256

Wichtige Ereignisse im Leben von Christa von Viebahn 258

Der Geschwisterkreis von Christa von Viebahn 260

Quellen- und Literaturangaben 262

Anmerkungen 263

Vorwort

Ich freue mich, dass eine neue und spannende Biografie über Christa von Viebahn entstanden ist. Sie war eine außergewöhnliche Frau voller Gottvertrauen und Elan, die viele Aufgaben im Reich Gottes mutig anpackte. Durch ihr christliches Elternhaus lernte sie früh, mit der Bibel zu leben. Sie hatte einen großen Hunger nach Gottes Wort und studierte es intensiv. Das machte sie stark genug, als junge Frau das Elternhaus zu verlassen und manchen Traditionen und Privilegien des Adels den Rücken zu kehren. Christa von Viebahn war – schon zu Beginn des 20. Jahrhunderts – eine »moderne« Frau, die unabhängig, tatkräftig und umsichtig ihren Weg mit Gott ging.

Sie wurde Ende des 19. Jahrhunderts in eine Epoche großer gesellschaftlicher und politischer Umbrüche hineingeboren. Die Autorin des Buches versucht, diese Zeit in kurzen geschichtlichen Artikeln darzustellen. Manche sind in den biografischen Text eingestreut, andere finden sich in Teil 3 des Buches unter »Geschichte und Geschichten«. Vor diesem Hintergrund gewinnt Christa von Viebahns Wirken für Gott mit allen Kämpfen und Nöten eine noch größere Tiefe. Sie lebte in einer bewegten Zeit und bewegte viel in dieser Zeit, denn sie war von Gottes Wort bewegt.

Dass sie neben ihrer beachtlichen Arbeit unter Frauen und Mädchen in Stuttgart auch unser Diakonissenmutterhaus in Aidlingen gründete, ist eine der wunderbaren Führungen ihres Lebens. Wir danken Jesus Christus für den Segen, der von ihrem Glauben und ihrer Lebenshingabe ausging. In diesem Strom des Segens stehen wir Schwestern bis heute.

In der Spur des Glaubens an den segnenden Christus wollen wir weitergehen. Wie Christa von Viebahn wissen auch wir uns errettet, um dem lebendigen und wahren Gott in unserer Zeit zu dienen, bis Jesus wiederkommt.

Aidlingen, im Januar 2014
Schwester Renate Kraus, Oberin

ERSTER TEIL

PRÄGUNG UND
AUFBRUCH

KAPITEL I

Wiesbaden 1873–1878

Das Brod muß billiger werden!, schrien aufgebrachte Menschen am Abend des 29. April 1873 in Wiesbaden, der »Stadt der Millionäre«. Polizisten liefen in die Metzgergasse, wo der Krawall begonnen hatte. Doch die siebzehn Ordnungshüter waren machtlos gegenüber der wütenden Menge. Niemand ließ sich von der Straße vertreiben: *Wir sind Wiesbadener Bürger und haben das Recht, auf unseren Straßen zu gehen und zu stehen, wo wir wollen.* Berittener Polizei gelang es schließlich nach einigen vergeblichen Versuchen, die Metzgergasse zu räumen und abzusperren. Doch nach kurzer Zeit setzte sich der Tumult in der Langgasse und der Marktstraße fort. Auf die Anordnungen der Schutzleute wurde gepfiffen und gelacht. Die Polizisten verteilten kräftige flache Hiebe mit den Gewehrkolben, um die Demonstranten auseinanderzutreiben. Da flogen die ersten Steine und Stuhlbeine. Mit Stöcken, Brettern und Stangen wehrten sich die empörten Leute. Gegen neun Uhr abends waren schon etwa tausend Männer und Frauen zusammengelaufen, auch Kinder reckten ihre dünnen Ärmchen in die Höhe, und alle schrien: *Das Brod muß billiger werden!* Ein handfester Straßenkampf wogte hin und her, den die Polizei nicht eindämmen konnte. Polizeidirektor von Strauß – ebenfalls Zielscheibe von Spott und Wurfgeschossen – forderte in höchster Not das Militär an. Das 11. Artillerie-Regiment rückte aus. In den ersten Morgenstunden des nächsten Tages gelang es den Soldaten mit gezogenem Säbel – aber *ohne einzuhauen* –, die Straßen zu räumen. Etliche Verletzte mussten versorgt werden, fünfundzwanzig Krawallmacher wurden verhaftet.[1]

Im Mai wurden die Brotpreise erhöht. Das Gerücht, das den Brotkrawall ausgelöst hatte, stimmte also doch. Mal stiegen die Preise um einen Kreutzer, dann wieder um vier.

Das Leben der armen Bevölkerung war schwer. Die Löhne hielten mit den Preisen nicht Schritt. Bei Krankheit und Alter gab es wenig Hilfe. Verhärmte Mütter konnten selten genügend Brot, Butter, Grütze oder Kartoffeln auf den Tisch bringen. Erschöpfte, ausgezehrte Menschen arbeiteten tagaus, tagein in den Fabriken.

Die Gründerjahre

Das von Otto von Bismarck geschaffene Deutsche Reich litt unter den Nachwehen der drei Kriege zwischen 1864 und 1871. Außerdem zerrten an dem neu entstandenen Staat heftige »Zwangs-Vereinigungs-Schmerzen«.

Auf diesem verordneten Weg in die Einheit wurde auch das Herzogtum Hessen-Nassau mit seiner Hauptstadt Wiesbaden preußisch (1867).

Nach dem deutlichen Sieg über den »Erzfeind« Frankreich (1871) trotzte Bismarck der gegnerischen Seite die ungeheure Summe von fünf Milliarden Francs in Gold als Entschädigung ab, anderthalb mal mehr, als die preußischen Kriegskosten tatsächlich ausmachten. Frankreich – bisher reichste Wirtschaftsmacht auf dem Kontinent – zahlte bar. In plombierten Zugwaggons wurden die Münzen über den Rhein transportiert. Dieses frische Geld wirkte wie ein Jungbrunnen für die von Revolutionen und Kriegen gebeutelte Wirtschaft.

Die Zeit der »Gründer« war gekommen, auch die der Betrüger und Spekulanten. Goldgräberstimmung erfasste die Menschen. Hochöfen glühten, Dampfloks schnauften und ratterten mit langen Zügen durchs Land. Dampfmaschine hieß ein Zauberwort der Gründerzeit, Telegrafie ein anderes. Die Welt rückte zusammen. Dampfschiffe transportierten die »Kolonialwaren« Zucker, Tee, Kaffee, Tabak, Kakao, Reis schneller als je zuvor aus aller Welt herbei. In dreißig Monaten verwandelte sich das Land rasanter als in den vergangenen sechzig Jahren. Der hochschnellende Aktienindex steigerte die Gier nach mehr, Banken gewährten uferlose Kredite. Die Lebenshaltungskosten stiegen rasch. Die handwerklichen Berufe kämpften gegenüber der industriellen Produktion um ihre Existenz. Doch schon im Herbst 1873 war der Spuk vorbei. Banken brachen reihenweise zusammen, die Börsenkurse stürzten ab, über vielen Firmen kreiste der Pleitegeier. Aktiengesellschaften lösten sich auf, Kapital wurde vernichtet, Arbeitsplätze gingen verloren. Die Reichsregierung griff nicht ein. Ein enger Mitarbeiter Bismarcks soll gesagt haben: *Es liegt außerhalb der Macht der Gesetzgebung, Leute, die nun einmal ihr Geld los sein wollen, daran zu hindern.* [2]

Im November 1873 kam es in Wiesbaden wieder zu Krawallen. Messer saßen locker, in den Kneipen flogen schnell die Fäuste. Aggressionen und Ratlosigkeit explodierten in sonntäglichen Schlägereien auf den Straßen. Die Wohnungen waren schlecht, die Mieten hoch. Die Menschen schrien ihre Not heraus und stemmten sich gegen den Sog des sozialen Abstiegs.

Georg von Viebahn

Friedrich Karl Hermann Georg von Viebahn wurde am 15. November 1840 in Arnsberg (Westfalen) geboren. Er hatte drei Brüder und eine Schwester. Seine Jugendjahre verbrachte er in Berlin, wohin sein Vater als Geheimer Finanzrat berufen worden war. Er wurde von Moritz Snethlage konfirmiert. Ein Zeitzeuge beschrieb den Hof- und Domprediger so:

In klarer einfacher Rede, schmucklos, aber körnig und lauter, suchte er seine Hörer auf Christus als ihren Heiland hinzuleiten. Ob er auf der Kanzel oder inmitten der zu confirmierenden Kinder redete oder mit einem Einzelnen sprach, es war immer derselbe Mann, der die Saiten des Herzens sanft, aber mit fester Hand berührte.

Auf Georg machte Snethlage mit seiner militärisch straffen, von Glauben sprühenden und zugleich gütigen und einfühlsamen Persönlichkeit großen Eindruck. Der Konfirmand entschloss sich, auch selbst sein Leben dem Herrn Christus anzuvertrauen.

Das Abitur machte er 1859 in Oppeln (Schlesien) und rückte danach sofort in das Kaiser-Alexander-Garde-Grenadier-Regiment Nr. 1 in Berlin ein, in dem viele Viebahns ihre militärische Laufbahn begannen.*

---

* Siehe auch »Orden und Arrest«, S. 231

Lebendig oder tot?

Zur Zeit der Brotkrawalle lag die Albrechtstraße am äußersten südlichen Rand von Wiesbaden. 1870/71 wurden hier die ersten drei Häuser gebaut. In Nummer 3, zwei Treppen hoch, mietete Georg von Viebahn 1872 eine Sechszimmerwohnung. Der Hauptmann und Kompaniechef des Füsilier-Regiments Nr. 80 hatte am 14. Mai 1872 die holländische Kaufmannstochter Christine Ankersmit in Amsterdam geheiratet.

Die Wohnung war bald möbliert. Schwitzend und vorsichtig hatten die Arbeiter auch den schweren Dielenschrank aus dunkler Eiche durch das enge Treppenhaus ins obere Stockwerk gewuchtet.* Der Hauptmann hatte den Schrank mit dem geschnitzten Familienwappen auf der Vorderfront als Hochzeitsgeschenk für seine Braut anfertigen lassen.

Viel konnte sich das junge Paar nicht leisten. Der preußische Staat bezahlte seine Offiziere schlecht. Aber seine Christine hatte ihm versichert:

Ich weiß, daß wir die ersten Jahre einfach leben müssen. Das macht aber nichts. Da lerne ich gleich gründlich, was ich auch bei dem größten Überfluß irdischer Güter für recht halte und zu sein wünsche, eine sparsame Hausfrau zu sein. Ich selbst brauch nicht so viel, ich kann mir manches selbst machen, ja, wohl alles, wenn ich Zeit dazu habe, und trage meine Kleider nicht schnell ab.

Diese Worte gefielen Georg. Immerhin stammte seine Braut aus reichem Hause. Ihr Vater besaß ausgedehnte Ländereien in den niederländischen Kolonien in Indonesien. Mit dem Tabakgroßhandel hatte er ein Vermögen gemacht. Kaufherr Ankersmit konnte sich ein stattliches Haus an der schönen Singelgracht in Amsterdam leisten. Sechs Jungen und vier Mädchen wuchsen darin auf.**

---

*   Der Schrank steht heute in der Eingangshalle des Aidlinger Gästehauses »Tannenhöhe« in Villingen.

** Henri (*1835), Jakob (*1836, genannt Koo), Anton (*1838), Leendert (*1839), Catherine (* um 1841), Henriette (*1845), Christine (*1847, Mutter von Christa von Viebahn), Marie (*1848, genannt Mis, die zweite Frau des Generals Georg von Viebahn), Fridrik (*1850, genannt Frits), Willem-Jan (*1852).

Das junge Ehepaar genoss es, etwas außerhalb von Wiesbaden zu wohnen, umgeben von Feldern und Wiesen. Das Rheinufer war nur fünf Kilometer entfernt. Spaziergänge durch den lichten Buchenwald hinauf zur Höhe wurden mit einer atemberaubenden Aussicht über das Rheintal belohnt.

Georg und Christine erwarteten ihr erstes Kind. In den Morgenstunden des 25. November 1873 verstärkten sich die Wehen. Oberstabsarzt Dr. Neubauer wurde gerufen, denn es wurde eine schwere Geburt erwartet. Ein Foto zeigt den Arzt entschlossen und doch freundlich dreinschauend, mit straff nach hinten gekämmten Haaren und einem nach oben gezwirbelten Schnurrbart.

Georgs Mutter, Auguste von Viebahn, kümmerte sich schon seit einigen Tagen um den Haushalt. Doch nun galt es, die gesundheitlich nicht sehr robuste Schwiegertochter zu unterstützen. Auch Georg wich nicht von der Seite seiner Frau. Dann – um 9.45 Uhr – wurde ein Mädchen geboren: Constanze Auguste Henriette Christine von Viebahn, so steht es im »Zivilstandsregister der Geborenen der Stadt Wiesbaden«.

In der vom Vater handschriftlich geführten Chronik über die frühen Jahre von Christa (so ihr Rufname) gibt er die Geburtszeit mit 10.20 Uhr an. Woher rührt die Differenz von mehr als einer halben Stunde?

In diesen gut dreißig Minuten spielte sich ein Drama in der Viebahnschen Wohnung ab. Das neugeborene Kind rührte sich nicht. Wie tot lag es da. Schnell ergriff es der Arzt und trug es in das angrenzende kleinere Zimmer. Mit Wechselbädern, Mund-zu-Mund-Beatmung und Herzmassage behandelte er das leblose Kind. Spürte das Baby, in welch umwälzende Zeit es hineingeboren worden war, welche Nöte es sehen, welche Kämpfe es durchleiden würde? Das Leben in dieser Welt schien ihm nicht erstrebenswert. Doch dann, endlich, stieß es den ersehnten winzigen Schrei aus, ein erstes Lebenszeichen an diesem Novembermorgen, der mit neun Grad Celsius recht mild war.

Damit war die kleine Christa noch nicht außer Lebensgefahr. Die Verdauungsorgane arbeiteten nicht richtig. Dr. Neubauer verordnete warme Bäder, ab dem zehnten Tag Übergießungen mit kaltem Wasser (!). *Diesem Verfahren verdankte mit Gottes Hilfe das Kind seine allmähliche Genesung*, schreibt der Vater.

Heiliger Abend, 1873. Die Kerzen brannten hell am geschmückten Weihnachtsbaum. Die glücklichen Eltern feierten dankbar mit ihrer kleinen, zarten Christa das Fest. Um Mitternacht jedoch drohte ein krampfartiger Erstickungsanfall Christas Leben auszulöschen. Sie überstand den Anfall. Danach weinte Christa aus unerklärlichen Gründen oft ganze Nächte hindurch. Dies ging wochenlang so. Die Großmutter saß Nacht um Nacht an Christas weißem Korbwagen und konnte den Anblick der großen Schmerzen, die das Kind quälten, fast nicht ertragen. Zu allem Übel musste das unzuverlässige und gewissenlose Kindermädchen entlassen werden. Nun hüteten, pflegten und trösteten Mutter und Großmutter das Kind rund um die Uhr. Vier Monate dauerte die schwere Krankheit, erst dann konnten die besorgten Eltern aufatmen. Dafür dankten sie Gott.

Tauftag

Am letzten Tag des Jahres 1873 wurde Christa von Viebahn getauft. In dem etwas längeren Abschnitt zu diesem Tag heißt es in der Chronik u. a.: *Durch die heilige Taufe bist Du ein Glied geworden an Christo, Deinem Haupte, eine Rebe an Ihm, dem Weinstock. Zuvor warst Du schon vor Deiner Taufe ein Eigentum des Herrn, denn Er ist Dein Schöpfer, und wir, Deine Eltern, hatten Dich in unablässigen Gebeten Ihm übergeben.*

Am Morgen dieses festlichen 31. Dezember 1873 übergab Georg seiner Frau ein Gedicht, in dem er die Gedanken über die kleine Christine, seine Wünsche und Bitten in fast prophetische Worte kleidete:

Christine, du bist, ehe du geboren,
mit tausendfältgem, innig heißem Flehn
dem Herrn geweiht, er hat dich auserkoren,
ob alles bricht, sein Friedensbund bleibt stehn.

Christine, Christi Magd und Eigentum,
gebettet in des Heilands treue Hand,

dich trägt der Hirt zu seines Vaters Ruhm
durch diese arge Welt ins ewge Heimatland.

Christine, eine Christin sollst du sein,
demütig, gläubig, hoffend, liebend,
voll Sanftmut und Geduld, von Herzen rein,
gottselgen Wandels stilles Beispiel übend.

»Christine«, wird einst Jesus Christus rufen
an jenem großen Tage des Gerichts.
Dann eile hin zu seines Thrones Stufen,
verwandelt und verklärt, ein Kind des Lichts.

Georg von Viebahn

Georg und Christine

Georg von Viebahn war im Deutsch-Französischen Krieg (1870/71) Ordonnanz-Offizier des Kronprinzen Friedrich Wilhelm* gewesen. Am 5. August 1870 geriet er als Meldereiter in feindliches Feuer, sein Pferd wurde ihm unter dem Sattel erschossen. Um einer drohenden Gefangenschaft zu entgehen, sprang er in voller Montur in einen schnell strömenden Fluss. Schwimmend rettete er nicht nur sich, sondern auch wertvolle Meldungen für das Oberkommando der 3. Armee. Dafür wurde er mit dem Eisernen Kreuz II. Klasse ausgezeichnet und zur Kaiserproklamation am 18. Januar 1871 nach Versailles befohlen.

An diesem trüben Wintertag wurde Paris noch immer belagert und sturmreif beschossen. Die hungernden Menschen in Paris füllten ihre knurrenden Mägen mit Gras und Holzspänen und mit dem Fleisch von Hunden, Katzen und Ratten. Sie fällten und zersägten die Bäume auf den Champs-Élysées und verfeuerten sie in ihren Öfen, denn das Thermometer war auf minus 17 Grad gefallen.

Bismarck hatte listig und geschickt die Ausrufung des preußischen Königs zum Deutschen Kaiser eingefädelt und durchgesetzt. Während

---

* Der spätere 100-Tage-Kaiser Friedrich III. von Preußen.

des Festakts im berühmten Spiegelsaal des Schlosses von Versailles war der Kanonendonner der preußischen Artillerie vor Paris zu hören. Georg von Viebahn hat später nie viel von diesem Ereignis erzählt. Was ihn aber persönlich sehr betroffen machte, war der Tod seines besten Freundes Bernd von Lettow-Vorbeck. Er war eines der vielen Opfer, die dieser Krieg gefordert hatte.

Den Freund hatte er schon zu Beginn seiner militärischen Laufbahn im Alexander-Garde-Regiment in Berlin kennengelernt. Gemeinsam durchstanden sie damals die schwere Ausbildung als Offiziers-Anwärter. Sie konnten miteinander in der Bibel lesen, beten und über geistliche Fragen sprechen. Das war im rauen Kasernenalltag nicht selbstverständlich. Bald stieß noch ein dritter Kamerad zu ihnen, Walter von Prittwitz*, und später außerdem Hauptmann von Schmidt. Georg empfand dies als Gebetserhörung, denn auch als Soldat wollte er ein rechter Christ sein.

Sein Freund Bernd war es gewesen, der ihn auf Christine Ankersmit aufmerksam gemacht und die erste, wenn auch flüchtige Begegnung am 2. September 1869 vermittelt hatte. Für Georg und Christine war es Liebe auf den ersten Blick gewesen! Und nun würde er seinen Freund nicht einmal zu seiner Hochzeit einladen können.

Neben der Trauer um den gefallenen Freund verdüsterte ein weiteres trauriges Ereignis das Jahr 1871 für die Brautleute: Ende August starb Georgs hoch angesehener Vater, Dr. jur. Johann Georg von Viebahn in Oppeln (Schlesien). Er hatte dort als königlich-preußischer Regierungspräsident hervorragende Arbeit geleistet. Der Sohn war – wie seine anderen drei Geschwister auch – nach Hause geeilt, um dem Vater in den schweren Tagen der Krankheit und des Sterbens beistehen zu können.

Brautbriefe

Der Krieg gegen Frankreich hatte verhindert, dass Georg und Christine Zeit miteinander verbringen und sich besser kennenlernen konn-

---

* Mit von Prittwitz u. a. gibt Georg von Viebahn 1864 die *Geschichte des Königlich Preußischen Kaiser Alexander-Garde-Grenadier-Regiments Nr. 1 und seiner Stammtruppen* heraus. Die Männer blieben zeitlebens freundschaftlich verbunden.

ten. Nun erzwang die lebensgefährliche Erkrankung des Vaters eine erneute Trennung. Doch es gab ja Papier, Feder, Tinte und die gut funktionierende Post des Kaiserreichs. Davon machten die Brautleute regen Gebrauch. Fast vier Wochen lang gingen täglich Briefe zwischen Oppeln und Breunigeshain* hin und her. Gespannt erwarteten die Brautleute jeden Tag den Postboten und zogen sich mit der ersehnten Nachricht an einen ruhigen Platz im Haus zurück. In diesen Briefen schildert Georg das Auf und Ab der Krankheit seines Vaters; die Verlobten versichern sich ihrer Liebe zueinander, besprechen praktische Dinge wie den Kauf und die Beschaffenheit der Ringe, wer wessen Post lesen darf und wie sich das Soldatenleben in einer Ehe auswirkt. So schreibt Christine zum Beispiel am 14. August 1871:

Ich habe heut angefangen, mich ganz besonders in der Küche zu beschäftigen, damit mir die deutsche Kochkunst eigen werde, ich will sie so gründlich wie möglich kennen und ausüben können; wenn ich es auch später nicht immer selbst zu thun brauche, so gehört das doch wohl zu den nötigsten Kenntnissen einer guten Hausfrau. Man kann dann doch wenigstens alles beaufsichtigen und braucht sich nichts sagen zu lassen von der Magd.

Neben den Themen des Alltags wird selbstverständlich auch über den Glauben gesprochen. Bei einem längeren Aufenthalt in England hatte sich Christine Ankersmit den Kreisen der »Versammlung« angeschlossen. Diese Gemeinschaft war stark von der Bibel geprägt, der man einen unbeschränkten Einfluss auf das Leben einräumen wollte. Nachdem die beiden als gläubige Christen zueinandergefunden hatten, wollten sie sich auch gegenseitig im Glauben stärken. Christine war sieben Jahre jünger als ihr Verlobter, aber im Glauben nicht weniger gereift als er.

Am 18. August 1871 schreibt Georg:

---

* Im Pfarrhaus von Breunigeshain war Christine längere Zeit bei ihrer älteren Schwester Henriette zu Besuch, die mit Pfarrer August Schüler verheiratet war. Dort fand auch die Verlobung am 10. August 1871 mit Georg von Viebahn statt. Noch am Verlobungstag musste Georg abreisen. Sein Vater hatte sich beim Schwimmen in der Oder mit Typhus infiziert.

Wenn ich so stille vor dem Herrn bin und über Seine Güte nachsinne, dann möchte ich in Freuden weinen über das, was Er an mir gethan. Wie oft Er mich wunderbar errettet und wie Er mich besonders wunderbar gesund gemacht hat*. Als ich jetzt aus Frankreich zurückkam, hätte ich Dir eigentlich bei unserer Verlobung davon erzählen müssen, denn ich hatte es von dem Herrn als ein besonderes Gnadenzeichen dafür erbeten, daß unser Bund wirklich Sein Wille sei.

In meinem Beruf wird ein besonderer Segen für unsere Liebe liegen, wir werden stets doppelte Veranlassung haben, uns zu sagen, wir wissen nicht, wie lange wir einander hier unten angehören, das wird uns noch inniger in die Liebe treiben, die alles trägt und duldet. 1. Korinther 13,4-7 laß uns mit viel Gebet, aber auch mit viel Lob und Dank lesen.

Mein Beruf wird Dir auch manche Opfer auferlegen, aber wenn mein Christinchen meinen irdischen König ihren König nennen wird, so wird sie auch gern etwas für ihn tragen. Wir Soldaten haben sehr viel zu thun und müssen sehr fleißig sein, das sind wir unserm Könige und Vaterlande schuldig. Da wird dann manchen Tag mein lieb Christinchen bis zum Abend allein sein mit ihrem Heiland; und vielleicht wird's ihr auch einmal schwer, wenn ich sie allein lassen muß, weil meine Pflicht ist, auch zuweilen außer dem Dienste mit meinen Kameraden zusammen zu sein. Aber dann mußt Du daran denken, daß die Kameraden auch nachher in Noth und Gefahr mit mir zusammenstehen; da muß man sich schon im Frieden kennen und liebhaben lernen.

Die wachsende Familie

Im Sommer 1874 konnten die Großeltern Ankersmit ihre Enkelin Christa endlich in die Arme schließen. Sie kamen nach Wiesbaden, um ihren vierzigsten Hochzeitstag zu feiern. Zu diesem Festtag waren die Ankersmit-Kinder mit ihren Ehepartnern von überallher angereist.

---

* Aus dem »Bruderkrieg« zwischen Preußen und Österreich (1866) war Georg von Viebahn unverwundet, aber schwer typhuskrank in sein Elternhaus nach Oppeln zurückgekehrt. Es ging für ihn damals um Leben und Tod. Er war danach monatelang sehr geschwächt und erholte sich nur langsam.

Henri war mit seiner Frau Henriette sogar aus Indien gekommen. Sie wohnten alle im Victoria-Hotel, nicht weit von der Albrechtstraße entfernt, inmitten einer herrlichen Parklandschaft. Die kleine Christa überstand alle freudigen Blicke und Ausrufe mit großer Würde in ihrem weißen Kleid und dem kornblumenblauen Mäntelchen, das sie meist trug.

Christas Gesundheit war inzwischen so stabil, dass sie mit der Mutter im Sommer eine Reise nach Sylt machen konnte, um eine Verwandte zur Bäderkur zu begleiten. Sie wohnten in Westerland. Täglich wurde das Kind im Korbwagen in die Dünen und an den Strand gefahren, um die würzige Seeluft einzuatmen. Christa wurde zusehends gesünder und kräftiger. Der Aufenthalt dauerte bis Mitte September.

Das Weihnachtsfest 1874 konnte die Familie diesmal in ungetrübter Freude feiern. Christa versuchte, die Lichter am Baum auszublasen und brabbelte in ihrer Babysprache vor sich hin. Im Juni 1875 konnte sie aber schon alle Worte nachsprechen, sogar holländische, die sie von Großmama Ankersmit hörte. »Mamile« und »Papile« erfand sie selbst für die Eltern. Sie saß gern auf dem Teppich und beschäftigte sich oft stundenlang still mit einem Spielzeug, untersuchte und betrachtete es immer wieder konzentriert.

Am 16. September 1875 wurde Elisabeth geboren. Nach der schweren Geburt musste die geschwächte Mutter einige Wochen das Bett hüten. Das kleine Schwesterchen weinte oft und Christa stimmte dann lauthals mit ein.

Christa verlieh ihre Bilderbücher und Spielsachen gern an Elisabeth. Doch manchmal meinte sie, ihren ersten Platz gegenüber der Schwester behaupten zu müssen. Dies beschreibt der Vater so:

Zuweilen konntest Du recht unartig und eigensinnig sein und mußtest dann manchmal gestraft werden. Mama und mir wurde das oft sehr schwer, weil Du dann wohl eine viertel oder eine halbe Stunde gar nicht aus Deinem Eigensinn herauskommen konntest.

Viel Mühe bereitete es ihr, laufen zu lernen. Doch am 22. März 1876 lief die Zweieinhalbjährige zum ersten Mal allein durch das Zimmer. Und als Frühling und Sommer kamen, eroberte sie den Garten, in dem der

Vater einen Sandhaufen hatte aufschütten lassen. Mit den »Kuchen«, die dort gebacken wurden, hätten die Schwestern die Kompanie des Vaters versorgen können.

Das größte Vergnügen bereitete Christa der vierbeinige »Schelm«, ein Fuchspony. Zur Ausfahrt wurde es vor einen kleinen Wagen gespannt, und Christa war meist mit von der Partie. Der Vater musste ihr immer wieder Geschichten von Katzen, Hunden, Vögeln, Pferden und Kaninchen erzählen. Als ihr im Herbst Tante Mis* das Lied: *Frau Schwalbe ist 'ne Schwätzerin, sie schwatzt den ganzen Tag* beibrachte, sang sie es in einem fort.

Jedes Jahr besuchte die Familie die Großeltern in Amsterdam. Für Christa war dort der Besuch im Zoo immer die große Attraktion. Sie fürchtete sich vor keinem Tier. Ihr Lieblingstier war ein kleiner Gamsbock, den sie immer besuchte, ausgiebig streichelte und mit Gras fütterte.

Bald nach Christas drittem Geburtstag kam Großmama Viebahn nach Wiesbaden, um den Winter bei der jungen Familie zu verbringen. Sie hatte sich gewünscht, dass sich die Familie jedes Jahr im Sommer fotografieren ließ. Daher gibt es eine Fülle von Fotos, auf der die Entwicklung der Kinder festgehalten ist. Auf den frühen Bildern wirkt Christa immer etwas kämpferisch, mit einem entschlossenen Zug um den Mund. Oder sie hält ungelenk eine Puppe in den Armen, als wollte sie sagen: Was soll ich mit diesem leblosen Ding da! Großmama Viebahn spielte und sang viel mit den Kindern und ließ sie dazu tanzen.

Am 22. März 1877 kam Maria auf die Welt. Und natürlich wurde es in der Soldatenfamilie vermerkt, dass genau an diesem Tag Kaiser Wilhelm I. seinen achtzigsten Geburtstag feierte.

Der Geschwisterkreis erweiterte sich am 10. August 1878 um den ersten Sohn. Kronprinz Friedrich Wilhelm bot sich an, Pate zu sein. Deshalb erhielt der Junge den Namen Friedrich Wilhelm, in der Familie bald nur F. W. genannt. Am Morgen des Tauftages schenkte der Kronprinz der glücklichen Mutter eine kostbare, mit Rubinen, Diamanten und Perlen verzierte Goldbrosche mit seinem Foto auf der Rückseite

---

* Mies (holländisch = Marie), Mis oder Miß, die Schreibweise wechselt in den Dokumenten. Wir entschieden uns für Mis. Marie Ankersmit ist die jüngere Schwester von Christine.

unter Glas. Diese »Kaiserbrosche« blieb in der Familie und wurde später oft bei diplomatischen Empfängen mit Stolz getragen.

Im Frühjahr 1878 zog die Erzieherin Henriette Mertens aus Berlin in das Viebahnsche Haus ein, um besonders die beiden ältesten Schwestern zu betreuen und zu fördern. Sie gab Christa und Elisabeth den ersten Schreib- und Leseunterricht. Mit dem »i« fing auch bei den Viebahnkindern alles an. Bald konnte Christa auf ihrer Schiefertafel schreiben und die ersten Worte lesen. Henriette wurde von den Kindern sehr geliebt. Doch nach zwei Jahren musste sie ihren Dienst aufgeben. Der Vater schreibt: *Es war wohl auch anstrengend, da immer viel zu tun war und oft nachts aufgestanden werden mußte.*

Damit war der Reigen immer wieder wechselnder Lehrerinnen oder Lehrer eröffnet.

KAPITEL 2

Hannover 1878 –1883

Bald hieß es Koffer, Kisten und Kasten packen, ins Hotel ziehen, die Wohnung leer räumen. Georg von Viebahn war zum Major ernannt und nach Hannover versetzt worden. Dort musste die Familie wieder Zimmer in einem Hotel mieten, bis eine entsprechende Wohnung gefunden und eingerichtet war. Nach Christas fünftem Geburtstag setzte ein langer, harter Winter ein. Die Schwestern vergnügten sich mit dem Schlitten, einem Weihnachtsgeschenk von Tante Mis (Marie Ankersmit), im Schnee: Elisabeth und Maria auf dem Sitz, Christa, mutig, ganz vorne als Lenkerin des Gefährts. Wie oft die Kinder dabei umkippten, im Graben landeten oder anderweitig die Orientierung verloren, ist nicht überliefert.

Hängelampe, Hühnerhof und Halsweh

Zum ersten Weihnachtsfest in Hannover bekamen die Schwestern einen Spielzeugschrank* und eine Hängelampe in ihr Zimmer. Außerdem hatte der Vater von einigen Soldaten eine Puppenstube aus Holz bauen lassen. Die Eltern tapezierten sie schön, Gardinen und Teppiche fehlten nicht. Großmama Viebahn spendierte die kleinen Möbel dazu.

Sonntags nahmen sich die Eltern viel Zeit für die Kinder. Es wurde gespielt, gebastelt und gesungen, man erzählte biblische Geschichten oder ging spazieren. Auf den Sonntag freuten sich die Kinder sehr, denn werktags hatten sie viele Pflichten zu erfüllen und Aufgaben pünktlich zu erledigen. Für die Tierfreunde in der Familie ließ der Vater im Laufe des Winters einen Hühnerhof anlegen, aus dem die Kinder später viele Eier einsammeln konnten.

---

* Der Schrank steht heute im ursprünglichen Mutterhaus in der Sonnenbergstraße in Aidlingen.

Großmama von Viebahn war inzwischen von Oppeln zu ihrem Sohn Rudolf* nach Hildesheim gezogen. Eine willkommene, interessante Abwechslung war für Christa und Elisabeth die Eisenbahnfahrt mit den Eltern dorthin.

Bald stellten sich Kinderkrankheiten als ungebetene Gäste ein: Masern, Keuchhusten, Scharlach, auch die gefürchtete Diphterie befiel die Kinder.

Als Christa mit einer schweren Halsentzündung kämpfte, waren Arzt und Eltern sehr besorgt um sie. Während der ganzen Nacht wurde ihr entzündeter Rachen immer wieder mit einer Tinktur eingepinselt, was Christa sehr zum Lachen reizte. Sie musste Eisbrocken lutschen, *inhalieren und Medizin in unaufhörlicher Reihenfolge schlucken.* Diese Prozedur, die sie heldenhaft ertrug, vertrieb tatsächlich die Krankheit.

In Hannover feierte Christa ihren sechsten Geburtstag. Die Eltern schenkten ihrer Tochter ein eigenes Schränkchen. Ihre Mutter packte Christas kleine Besitztümer selbst hinein und zeigte ihr, wie sie alles in Ordnung halten konnte.

Reisefreuden und erste Verluste

Aus dem Jahr 1879 sind einige Tagebucheinträge von Christine von Viebahn erhalten, die ihren Aufenthalt mit den Töchtern Christa und Elisabeth (Lisa) in Amsterdam anschaulich beschreiben:

*Juny 7. 1879 – Heute früh mit Christa und Elisabeth nach Amsterdam gereist. Wir fahren bis Osnabrück, wo wir dreißig Minuten Aufenthalt hatten. Weil das Wetter so herrlich ist, gehen wir auf dem Bahnsteig auf und ab. Bald kommt ein kleiner Extrazug an mit einem Königlichen Salon-Wagen, und es steigt die junge Witwe aus, die Prinzessin Heinrich der Niederlande**. Sie geht mit ihrer Hofdame auf und ab. Sie sieht noch ebenso einfach und mädchenhaft aus wie vor fünf Jah-*

---

* Rudolf von Viebahn hatte ebenfalls eine militärische Karriere gemacht, er war General der Infanterie, gest. 1928 in Berneuchen.
** Prinzessin Marie von Preußen.

ren, wie ich auf der Insel Sylt ihr vorgestellt wurde. Sie besteigt unseren Zug, und zwar ist ihr ein 1. Classe Coupé neben unsrem Coupé reserviert worden. Der Anblick der saftigen holländischen Wiesen mit dem schönsten Vieh bevölkert, unter blauem Himmel und bei hellem Sonnenschein, macht den Kindern unendlich viel Freude und auch mir. Abends glücklich angekommen, nachdem die Kinder schon lange vorher und bei jedem Anhalten des Zuges die Ankunft mit Ungeduld herbeigesehnt haben, fahren wir nach dem Elternhause und werden freudig von allen empfangen. Die Kinder sind sehr lieb und werden bald nach dem Essen zu Bett gebracht, wobei sie sich sehr über die Gardinenbettchen freuen. (…) Henri telegrafiert an Georg die glückliche Ankunft.

Sonntag. Morgens stehen wir zu spät auf, um zur Kirche zu gehen. Nachher gehe ich mit Papa und den Kindern spazieren. Koos (Jakobs) Haus, welches er vor zwei Jahren gekauft und nachher umgebaut und renoviert und wundervoll eingerichtet hat, deutet so zu sagen auf unbegrenzten Reichtum. Es ist mit dem größten Comfort und größter Harmonie ausgestattet.

Mittwoch. Henriette, Marie, die Kinder und ich fahren im offenen Wagen nach dem Zoologischen Garten, wo sich die Kinder über alles, was sie sehen, sehr freuen. Die Enten werden gefüttert. Die Onkels haben viel Freude an den Kindern. Henri läßt sich nachher von Elisabeth alles erzählen und amüsiert sich über ihre klugen Antworten.

Donnerstag. Wir gehen mit Christa zum Zahnarzt, weil sie wiederholt an zwei Backenzähnen Schmerzen gehabt hat. Wir verabreden mit dem Arzt, daß wir den nächsten Tag um 12 Uhr wiederkommen wollen, um die beiden Zähne ausziehen zu lassen.

Freitag. Christa ahnt nichts von dem, was ihr bevorsteht. Mis und ich fahren mit ihr zum Zahnarzt. Sie wird leicht chloroformiert, ich halte sie fest und der erste Zahn wird ausgezogen. Trotz der Betäubung wehrt sie sich beim zweiten Zahn, aber es ist schnell geschehen und die Besinnung kehrt gleich nachher wieder. Sie ist sehr nervös, aber sehr lieb, sie weint viel. Wir fahren schnell nach Hause. Ich halte sie auf dem Schoß. Sie fragt dann, ob der Arzt ihr einen Zahn ausgezogen habe, sie fühle ein tiefes Loch; sie hat es doch nicht gemerkt.

Sonnabend, 14. Juny. Ich sitze auf der Veranda und schreibe, die

Kinder sitzen bei mir und spielen. Nachher gehen wir nach dem Zoologischen Garten, wo alle möglichen Tiere, ja sogar die Nilpferde mit kleinen Zwiebäcken gefüttert werden.

Sonntag, den 15. Ich schreibe auf der Veranda und die Kinder spielen im Garten. Um 11 Uhr erhalte ich einen lieben Brief von Georg. Nachher nehme ich die Kinder mit nach oben und erzähle ihnen aus der Schrift und bete mit ihnen. Ich spreche mit ihnen von dem Gleichnis des Schafes, was verloren ist, und den 99, die der Hirte verläßt, um das Verlorene zu suchen.

Montag. Die Kinder stellen sich morgens immer unter die Brause und lassen sich gern helfen. Sie sind beide voller Liebe und Zärtlichkeit zu mir. Wie ich nachmittags meinen besten Hut aufsetze, freuen sie sich sehr und Christa sagt: »O Mama, wie bist du so schön mit deinem Ballhut!«

Donnerstag. Heute sind meine Eltern fünfundvierzig Jahre verheiratet. Wir sind alle im Saal versammelt. Als die Eltern hereinkommen, gratulieren wir ihnen. Darauf setzen wir uns zum Frühstück und Papa schenkt jedem Kind ein Papier im Werte von 1000 Gulden. Jedem Enkelchen 45 Gulden in Anbetracht der fünfundvierzig Jahre. Jakob, Ernst und Pauline sind alle zu Tisch bei uns und wir sind sehr vergnügt. Jakob muss nachher zur Teevisite an dem kleinen Tisch mit den Kindern Milch trinken zu ihrem großen Vergnügen. Nachmittags hat Christa der Großmama die Melodie von »Müde bin ich, geh zur Ruh« *vorgespielt.*

Freitag, 20. Juny. Frühmorgens fühle ich mich nicht wohl und nachdem ich frisiert bin und gerade mit den Kindern nach dem Badezimmer gehen will, falle ich besinnungslos gegen das Bett, und wie ich wieder zu mir komme, hält mich Mis im Arm, und Christa weint und ruft: »Was ist denn mit Mama, wird Mama auch wieder gesund?« *Lisa will mich gar nicht verlassen, wie ich mich zu Bett gelegt habe. Nachmittags streichelt und liebkost mich Christa immer und sagt u. a.:* »Liebe kleine artige Mama, fällst du mir auch nicht wieder um?« *Als die Kinderchen zu Bett gehen, sagt Lisa:* »Mama, gehe nur recht früh zu Bett, daß du dich ausruhst und nicht wieder hinfällst.« *Elisabeth betet alle Abende:* »Behüte unseren lieben Papa und behüte die lieb Großmama und das kleine Brüderchen und Mariachen. Mache Hen-*

*riette (die Erzieherin) und Dora (das Kindermädchen) fromm.« Heute Abend betet sie auch für August und Johann, die beiden Burschen.**

Nach dem Herbstmanöver (1880), das immer eine mehrwöchige Abwesenheit des Vaters bedeutete, unternahmen die Eltern mit Christa und Elisabeth eine Reise nach Wiesbaden. Zunächst fuhren sie mit dem Zug nach Köln. Dort war einige Tage zuvor der Kölner Dom nach sechshundertjähriger Bauzeit vollendet worden. Die Familie besichtigte das gewaltige Bauwerk. Danach ging es weiter bis Koblenz. Am nächsten Morgen bestieg die Familie das Dampfschiff »Lorelei«. Die Kinder waren begeistert von der schönen Rheinfahrt bis Lahnstein. Mit der Bahn fuhren sie weiter bis Assmannshausen. Trotz Regen trug ein gemieteter Esel die Kinder hinauf zum Niederwald. Der Vater hielt diesen Eselsritt seiner Töchter in einer reizenden Zeichnung fest.

Noch am selben Abend erreichten sie mit dem Zug Wiesbaden, wo sie sechs Tage blieben und einige Besuche machten. Besonders lag ihnen die Begegnung mit dem befreundeten und inzwischen recht kränklichen

---

* Nach einem kurzen Eintrag über einen Friseurbesuch enden die Aufzeichnungen.

Ehepaar von Röder am Herzen. In ihren Anfangsjahren in Wiesbaden hatten Röders der Familie Viebahn viel Liebe und Zuwendung geschenkt. Deshalb wollten sie noch einmal ausgiebig mit ihnen zusammen sein. Am 4. November reiste die ganze Familie wieder nach Amsterdam. Inzwischen war die geliebte Großmama Ankersmit gestorben. Nach dem Besuch der Grabstätte schreibt der Vater in die Chronik seiner Tochter Christa:

Da hast Du nun zum ersten Male an dem Grabe eines lieben Menschen gestanden, der viel Liebe für Dich gehabt und Dir viel Wohltat erwiesen hat. Daß diese Erde mit allem, was sie Liebes und Schönes hat, schnell vergeht, daß wir eine bessere, eine bleibende Heimat suchen müssen, daß wir nicht für diese Erde, sondern für das Himmelreich erschaffen sind, das ist damals Deinem jungen Herzen zum ersten Male nahe getreten, wenn Du es auch noch nicht verstanden hast. Aber wenn Du älter geworden sein wirst, wirst Du öfter und immer öfter an das Grab anderer geführt werden, die Du lieb hast, bis einst der Herr Dich abruft. Daß Du dann in Frieden und Freude scheiden kannst, gebe Dir der Herr. Als ich noch ein Kind war, schrieb mir meine teure Mutter auf die erste Seite eines kleinen Stammbuches am 17. November 1849:

Du weintest einst, als du die Welt erblicktest,
doch aller Augen Lächeln grüßte dein Erscheinen.
Gott gebe, daß wenn du dein Auge schließt,
du lächelst, während alle weinen.

Neben dieser ernsten Erfahrung kamen in den drei Wochen in Amsterdam fröhliche und lustige Erlebnisse nicht zu kurz: zum Beispiel eine Dampfschifffahrt durch die Grachten. Die Kinder ließen kleine Körbe zu Wasser, die der Vater an einen starken Zwirnsfaden gebunden hatte. Nun tanzten die »Boote« wild hinter dem Schiff her! Außerdem besuchten sie den Vogelpark, den Zoo und spielten mit der Puppenstube von Tante Mis. Und als Krönung schenkte Onkel Koo (Jakob Ankersmit) seiner Nichte Christa zum Geburtstag eine Kochmaschine*!

---

* Womit wohl ein Herd gemeint ist.

Zurück in Hannover gingen die Freuden nahtlos weiter. Das Pony »Schelm« war inzwischen von »Krimhild« und »Ingo« abgelöst worden, auf denen die Kinder reiten durften. Sie fanden Freundinnen in der Nachbarschaft. Es gab wieder Unterricht, drei Stunden pro Woche, aber bei der Mutter lernten die Kinder täglich eine Stunde jeden Vormittag. Dazu gehörte auch der Klavierunterricht. Christa übte gern und fleißig, dabei zeigte sich schon ihre musikalische Begabung. Für Mutter und Tochter war der Unterricht ein Vergnügen. Später nahm Christine von Viebahn selbst wieder Klavierstunden, um mit Christa vierhändig spielen zu können.

Der Geburtstag der Mutter wurde getrübt durch die ernste Scharlacherkrankung von Christa und Friedrich Wilhelm. Da noch Diphterie dazu kam, fürchteten die Eltern, beide Kinder zu verlieren. Maria erkrankte ebenfalls und zu allem Übel auch die Mutter. Es war eine schwere Zeit. Gott schenkte es aber, dass alle wieder gesund wurden und der Geburtstag nachgefeiert werden konnte. Der Vater hatte ein Gedicht verfasst, das die Kinder aufsagten:

Christa:
Du bist so treu!
Für uns zu sorgen,
bemühst Du Dich vom frühen Morgen
bis abends spät beim Lampenschein,
wir danken Dir, mein Mütterlein.
Du bist so gut!
Uns zu erfreuen
sehn wir Dich keine Mühe scheuen;
Du denkst was aus, Du kaufst was ein,
ja, Du bist gut, mein Mütterlein!

Elisabeth:
Du bist so fleißig!
Deine Schritte
gehn leise hin durch unsere Mitte;
so ordnest Du Dein ganzes Haus;
ruh Dich nur heute einmal aus!

Du bist so still!
In Deinem Herzen
bedenkst Du unsre Freud' und Schmerzen,
bald mahnst Du uns, bald tröstest Du,
o Mütterlein, wer ist wie Du?

Maria:
Du bist so freundlich!
Dein Erscheinen
stillt alles Schreien, Klagen, Weinen;
Du weißt, was jedes wünscht und mag,
wärst Du nur hier den ganzen Tag!

Friedrich Wilhelm:
Du bist die Liebste!
Wenn dereinst
Du einmal traurig bist und weinst,
dann, Mütterlein, dann komme ich
und streichele und tröste Dich!

1881 veröffentlichte von Viebahn eine Reihe militärpolitischer Schriften. Eine davon fand die besondere Beachtung des Kaisers. Darin beleuchtet und verteidigt er ideelle Werte, Rechte und Pflichten als Grundlagen deutschen Soldatentums.

So gingen die Jahre in der Leinestadt hin. Immer gab es etwas zu feiern, zu beschreiben, zu beweinen, zu erzählen, zu erleben. Später, am 26. Dezember 1926, erzählt Christa von Viebahn selbst aus dieser Zeit:

In Hannover erlebte ich in einer befreundeten Familie das Sterben von zwei Geschwistern meiner ersten Freundin, das griff einschneidend in mein Leben ein. Das Mädelchen, das starb, war etwa neun oder zehn Jahre, und bald darauf starb ein kleiner Bub. Das weiß ich noch wie heute. Die Mutter hatte das Kind auf dem Schoß und in ihren Armen hat es den letzten Atemzug getan, das hat auf mich einen tiefen Eindruck gemacht.

Dann kam in Hannover meine Lieblingsschwester Pauline zur Welt. Dieses Kindlein hat Gott mir vom ersten Tag ihrer Geburt an (14. April 1882) aufs Herz gelegt, und das ist bis auf den heutigen Tag so geblieben.

Die erste Bibel

Mit acht Jahren gab mir mein Vater eine schöne Bibel in die Hand, die mir eine liebe Taufpatin geschenkt hat. Er sagte zu mir: »*Kind, jetzt darfst Du jeden Tag einen Abschnitt in Deiner Bibel lesen.*«
Das tat Christa. Ihre in Leder gebundene erste Bibel mit den schönen Messingschließen ist noch erhalten.* Christa las und arbeitete viel darin. Mit feiner Feder schrieb sie kleine Kommentare an den Rand, unterstrich Bibelstellen, die ihr zu Herzen gingen oder die sie (noch) nicht verstand; sie zog Verbindungslinien zwischen Texten, die inhaltlich zusammengehören, und notierte viele Parallelstellen.

Sie las zuerst die Evangelien nach Johannes und Lukas. Es gab damals kindgemäße Erklärungen für Bibeltexte, die sie benutzte. Der tägliche Umgang mit dem Wort Gottes ging ihr in Fleisch und Blut über.

Das Jahr 1882 ging zu Ende. Der Weihnachtsbaum wurde geschmückt. Dabei halfen die großen Mädchen mit. Zur Puppenstube gesellte sich in diesem Jahr der Kaufladen mit vielen süßen Waren, Elisabeths Puppe Renata bekam einen neuen Kopf – jeder hatte sich für jeden kleine Überraschungen ausgedacht.

Nachdem alles aufgebaut war, läutete der Vater mit einer kleinen Glocke. Alle kamen in das festlich geschmückte, von Kerzen erleuchtete Zimmer und wurden an ihre Gabentische geführt. Viele Weihnachtslieder, mit dem Klavier begleitet, klangen durchs große Haus. Der Vater las die Weihnachtsgeschichte aus dem Lukasevangelium vor. *(…) und zum Schluß beteten wir um die Gnade, Gemeinschaft und den Frieden unseres Heilandes und dankten Ihm für Seine Liebe, die Ihn aus dem Himmel zu uns auf die Erde führte, um uns selig zu machen.*

---

* Sie wird im Archiv des Diakonissenmutterhauses in Aidlingen aufbewahrt.

KAPITEL 3

Engers am Rhein 1883–1888

Fototermin*

Im Juni 1883 marschierte die ganze Familie wieder zum Fotografen. Die Viebahn-Oma wartete auf das neue Familienbild. Dieses Foto ist durchaus künstlerisch gestaltet: Die vier Kinder stehen da wie die Orgelpfeifen. Maria lehnt am linken Bildrand an einem Holzgitter. Sie schaut etwas gelangweilt in die Kamera, vielleicht dauerte ihr die Prozedur zu lange. Sie trägt ein helles, zweigeteiltes Band im Haar, eine kleine Halskette auf ihrem weißen Kleid, ihre Füße stecken in schicken, seitlich geschnürten Stiefelchen. Mit beiden Händen hält sie einen kleinen Puppenwagen mit zierlichen Rädern fest.

Friedrich Wilhelm, nur wenig größer als Maria, schmiegt sich in den rechten Arm des Vaters. Von seinem weißen Hemd blitzt nur der Kragen heraus, er trägt einen zweiteiligen wollenen Hosenanzug, dessen Oberteil auffallend elegant gearbeitet ist. Er hält lässig eine Peitsche in der rechten Hand.

Elisabeth, wie Maria im weißen Kleidchen, mit einer feinen Halskette, lehnt sich von links an den Vater und hat ihre kleine Hand unter die große des Vaters geschoben, der seine Majorsmütze festhält. Sie hat sich eine Gießkanne zum Fototermin ausgesucht. Zwischen beiden Kindern ragt der Präsentierdegen des Vaters mit Quaste und schön geschmücktem Knauf hervor.

Christa, hoch aufgeschossen, trägt ein dunkleres Kleid mit feinem Karo, Samtbesatz an den Schultern und den Ärmelbündchen, aus denen weiße Rüschen hervorschauen. Um den Hals trägt sie eine Kette mit einem Medaillon. Sie hält einen schönen Spielreifen in den Händen. Ernst, mit forschendem Blick, schaut sie direkt in die Kamera.

---

* Siehe Bildteil Foto S. 5 oben

Paulinchen, noch etwas pummelig, sitzt gelassen auf dem Schoß der Mutter und guckt munter in die Welt.

Mutter Christine schließt das Ensemble auf der rechten Seite des Bildes ab. Sie sitzt in tadelloser Haltung auf einem Stuhl, den rechten Fuß auf einem kleinen Schemel. Ihr weiter, bortengeschmückter Rock ist kunstvoll um ihre Beine drapiert. Die weiße Bluse ist hochgeschlossen und am Hals mit einer Brosche – der »Kaiserbrosche«? – geschmückt. Sie schaut leicht lächelnd mit wachem Blick zum Fotografen.

Vater Georg nimmt eine leicht erhöhte Position ein, verkörpert auf diese Weise dezent das Familienoberhaupt. Er trägt die Barttracht des Kronprinzen Friedrich Wilhelm, einen gepflegten Vollbart. Die feinen, klaren Züge des Gesichts kommen aber trotzdem zur Geltung. In seinen Augen glimmt stille Freude über seine um ihn versammelte Familie.

Weltausstellung und Nieuwe Kerk

Wieder stand eine Reise nach Amsterdam auf dem Terminkalender. Dort war im Mai 1883 die große Weltausstellung eröffnet worden, eine internationale Messe für Kolonien und Export.

Auf dem Gelände gab es viele interessante Pavillons aus aller Herren Länder. Die Viebahns besuchten die Ausstellung an mehreren Tagen. Sie besichtigten die fremdartigen Einrichtungen der chinesischen Wohnhäuser. Im indonesischen Pavillon lauschten sie den Klängen eines Gamelan-Orchesters, das mit Metallophonen, Klangplatten, Gongs und Flöten musizierte. Im tunesischen Pavillon bestaunten sie gestickte seidene Gewänder, blank polierte Waffen und kostbare Teppiche. Neue Eisenbahnwagen und Lokomotiven waren zu sehen. In einem Haus wurden Brillanten und Perlen gezeigt. Eine Brücke aus Bambusrohr trug tatsächlich die ganze Familie, und im – verhältnismäßig kleinen – deutschen Pavillon war u. a. eine bedeutende Klavierausstellung zu sehen.

Die Nieuwe Kerk in Amsterdam, ein neugotischer Bau, ist die zweitälteste Kirche der niederländischen Hauptstadt, eingerahmt vom neuen Rathaus und dem königlichen Palais. Sie ist seit 1814 die Krönungskirche der Niederländer.

Am 25. Oktober 1883 fand in der Nieuwe Kerk eine deutsche Trauung statt. Tante Mis organisierte es, dass ihre Gäste aus Hannover dabei sein konnten. Georg und Christine von Viebahn waren elf Jahre zuvor in dieser Kirche getraut worden. Das steigerte natürlich das Interesse der Kinder an der Zeremonie.

Als die Familie nach dem Kirchenbesuch in das Haus am Singel Nr. G 361 zurückkam, lag ein Telegramm aus Deutschland auf dem Tisch. Hellsichtig meinte Christine von Viebahn: »Gewiss bist du versetzt worden!« Und so war es.

Der Major war zum Direktor der Kriegsschule in Engers am Rhein ernannt worden. Die Kriegsschulen unterstanden direkt dem Kaiser, der sie oft besuchte. Orte wie Engers profitierten auch wirtschaftlich von der Einquartierung der Fähnriche und Offiziere.[3]

Engers liegt am rechten Rheinufer, etwa zwölf Kilometer nördlich von Koblenz, im sogenannten Neuwieder Becken. 1815 wurde das katholische Engers preußisch. Die in der Regel protestantischen Beamten und Soldaten, die von Berlin nach Engers kommandiert wurden, lebten dort in der Diaspora.

Nun überstürzten sich die Ereignisse: Der Vater musste auf schnellstem Weg nach Berlin und sich bei seinem obersten Dienstherrn, dem Kaiser, melden. Großpapa Ankersmit erkrankte jedoch plötzlich schwer. So wurde verabredet, dass Christine mit den Kindern in Amsterdam bleiben sollte, während Georg schweren Herzens abreiste. Kurz darauf, am 29. Oktober 1883, starb der geliebte Großpapa.

Begleitet von ihrem Bruder Frits trat Christine mit den Kindern nach der Beerdigung die Rückreise nach Hannover an. Es gab eine Menge zu besprechen, ehe Georg nach Engers und von dort weiter nach Wiesbaden zu einer Badekur aufbrach. Seit dem letzten Manöver plagten ihn Ischias-Schmerzen, die er kurieren lassen wollte.

Zu Hause hatte Christine nun alle Hände voll zu tun. Friedrich Wilhelm erkrankte sehr schwer an Gelenkrheumatismus, Lungen- und Brustfellentzündung. Wieder hing das Leben eines ihrer Kinder am seidenen Faden. Der Vater notiert im Rückblick:

In ihrer großen und treuen Liebe wollte Mütterchen die große Last,
den Schmerz und die Verantwortung lieber allein tragen. Um nur nicht

meine Kur zu unterbrechen, schob sie es denn so lange wie möglich hinaus, mich herbeizurufen. Die heißen Gebete, die von allen Seiten für das Leben unseres Jungen aufstiegen, erhörte der Herr. Tante Mis war sogleich bei der Nachricht von der Erkrankung nach Hannover geeilt, um Mütterchen beizustehen. Am 15. November war der schwerste Tag, dann wandte der Herr die Krankheit zur Genesung.

Am Ende der Kur fuhr Georg von Viebahn nach Engers, um seinen Dienst anzutreten. Christine und ihre Schwester Mis organisierten den Umzug. Die Kinder wurden bei Freunden untergebracht, während sortiert, gepackt, beschriftet und der Transport überwacht wurde.

Am 18. Dezember 1883, einem verschneiten, kalten Wintertag, fuhr der Zug in Engers ein, sehnsüchtig von Georg von Viebahn erwartet. Er kutschierte seine hochschwangere Frau und die lebhafte Kinderschar selbst zum Schloss, seinem neuen Arbeitsplatz.

Als er seiner Frau und den Kindern das ehemalige kurfürstliche Jagdschloss* zeigte, sah es in etwa so aus, wie es noch heute besichtigt werden kann:

Das Schloss ist dreiflügelig angelegt. Auf der Rheinseite ist der Mittelbau reich verziert. Eine den Mittelbau abschließende, von Löwen präsentierte Wappenkartusche mit dem Kardinalshut ist weithin sichtbar. Für die vorüberfahrenden Schiffe bot die Prunkfassade einen imposanten Anblick.

Auf der Hofseite ist der Mittelbau weniger prunkvoll gestaltet. Vor dem Schloss ist ein ovaler Platz als Ehrenhof angelegt, der durch ein kunstvoll ausgeführtes Prunkgitter betreten wird.

Die herrschaftlichen Räume und Zimmer sind lichtdurchflutet. Große, bis zum Boden reichende Fenstertüren schaffen eine harmonische Verbindung zum weiten Flusstal. Atemberaubend schön ist der große Festsaal im Obergeschoss. Wegen seines Deckenfreskos wird der Festsaal auch Dianasaal genannt. Er gilt als Höhepunkt weltlicher Innenraumgestaltung in Deutschland am Ende der Rokokozeit.[4]

---

* Das preußische Kriegsministerium musste sich verpflichten, keine gravierenden Veränderungen am Schloss vorzunehmen, obwohl dies für die Schulungsräume günstiger gewesen wäre.

Drama im Spee-Haus

Das Spee-Haus liegt etwas abseits vom Schloss, umgeben von einem Garten. Es wurde nach den Grafen Spee genannt, die zeitweise Besitzer des Anwesens gewesen waren. Seit Eröffnung der Kriegsschule im Januar 1863 residierten und arbeiteten dort die Kommandeure. Im Obergeschoss wohnte die Familie, im Erdgeschoss waren die Geschäftsräume, die Schreibstube, die Druckerei und die Schlafräume der Hilfsschreiber untergebracht. Auch die 32 000 Bände umfassende Bibliothek hatte hier ihren Platz. Vor dem Haus hielten Soldaten Wache.*

Christine von Viebahn richtete das Haus mit viel Liebe ein, es gefiel ihr außerordentlich gut. Morgens, wenn es hell wurde, lag der Rhein oft in einem magischen Licht. Die Viebahns standen morgens früh auf und konnten diesen Lichtzauber und die vorbeifahrenden Lastkähne mit ihren bunten Lampen am Mast täglich beobachten.

Wasser musste von der einzigen Pumpe am Marktplatz des etwa 1 200 Einwohner zählenden Ortes geholt werden. Beleuchtet wurde das Haus mit Petroleumlampen. Nachmittags fuhren die Eltern oft nach Neuwied, um einzukaufen. Die Frau des Kommandeurs verfügte natürlich über Personal, das ihr zur Hand ging. Trotzdem blieb an der Hausfrau und Mutter von fünf Kindern viel Arbeit hängen, die sie von morgens bis abends in Trab hielt.

Zum ersten Mal richtete sie im Haus eine komplette Schulstube für die Kinder ein, was ihr besondere Freude machte. Irgendwann stand alles an seinem Platz, die Wohnung war gemütlich und stilvoll eingerichtet, Christine von Viebahn konnte aufatmen und fröhlich ihren siebenunddreißigsten Geburtstag feiern. Es war der 13. Januar 1884. Die Kinder trugen wieder ein Gedicht vor, als die Mutter ins Esszimmer kam. Nachmittags durften die Kinder kochen, *und wir saßen alle als eure Gäste am Eßtische,* vermerkt der Vater.

Dreizehn Tage später wurde in den frühen Morgenstunden die Tochter Anni geboren, von allen herzlich begrüßt. Zunächst ging alles

---

*   Heute wird das Gebäude vom Rehabilitationszentrum »Heinrich-Haus Neuwied« als Verwaltungszentrum genutzt.

seinen gewohnten Gang. Auch die neue Erzieherin der Kinder, Fräulein Bajohr, kam in diesen Tagen an und bezog ihr Zimmer.

Doch nach drei Tagen bekam Christine von Viebahn hohes Fieber. Das gefürchtete Kindbettfieber* hatte sie befallen. Hilflos musste der Vater zusehen, wie seine Frau immer mehr verfiel. Es gab nichts, was ihr helfen konnte. Wadenwickel und andere fiebersenkende Mittel schafften nur etwas Linderung, keine Heilung. Mis war längst nach Engers gekommen, um ihre Schwester zu pflegen und sich der Kinder anzunehmen.

In der Nacht zum 2. Februar wurden die Kinder aus den Betten geholt und zur Mutter gebracht. Sie knieten am Krankenbett. Der Vater half seiner sterbenden Frau, die fieberheißen Hände segnend auf den Kopf jedes ihrer Kinder zu legen. Sie konnte nicht mehr sprechen. Deshalb sprach der Vater über jedes Kind ein kurzes Segensgebet. Dann wurden sie wieder ins Bett gebracht.

Am Sonntagmorgen des 3. Februar schien die Sonne schon hell, als die Kinder aufstanden. Sie hörten den Vater so laut weinen, dass sie vor Schreck erstarrten. Dann kam er in ihr Schlafzimmer und sagte: *Euer Mütterchen ist zum Herrn Jesus gegangen, sie ist nicht mehr da.*

Viele Jahre später erzählt Christa von Viebahn von diesem schmerzlichen Ereignis:

Wir wurden dann an ihr Sterbebett geführt. Wir konnten alles gar nicht fassen. Dann ließ der Vater anspannen. Wir fuhren nach Neuwied, um den Sarg zu kaufen. Das war eine schwere Fahrt. Es wurde alles auf die Beerdigung vorbereitet. Der Vater kaufte einen Acker ganz nah am Ufer des Rheins. Da blickte man von ziemlicher Höhe herab auf den Strom und weit hinaus auf den Rhein, wie er dahinfloß. Der Acker wurde mit Sträuchern bepflanzt und eingezäunt.

Es war ein schwerer Tag, als der Vater mit uns Kindern am Grab stand. Später hat der Vater einen Grabstein aus braunem Granit machen lassen, wo ihr Name darauf stand und der Spruch eingemeißelt war: »Es sollen wohl Berge weichen und Hügel hinfallen, aber meine Gnade soll nicht von dir weichen und der Bund meines Friedens

---

* Heute auch als Wochenbettfieber bezeichnet.

soll nicht hinfallen, spricht der Herr, dein Erbarmer« (Jesaja 54,10).
Es war der Konfirmationsspruch des Vaters.

Die Sonne schien ihren Glanz verloren zu haben. Vorbei war die Unbe-
schwertheit vergangener Tage. Der Witwer und seine mutterlosen sechs
Kinder trauerten.

Ein Platz bleibt leer

Die seelische Verarbeitung des Schmerzes war für den Witwer und
seine Kinder mühsam und hart. Lange Zeit weinte der Vater bei jedem
Mittagessen. Für die Kinder waren diese Mittagsstunden deshalb bei-
nahe unerträglich.

Der Direktor der Kriegsschule musste für seine Offiziere immer
wieder ein Essen geben. Auch da ließ er den Platz, an dem seine Frau
gesessen hatte, eindecken. Aber der Korbstuhl blieb leer.

Sonntag für Sonntag wurde das Grab der Mutter besucht. Dieser
Gang und der Ernst, der nun im Haus herrschte, belasteten besonders
die größeren Kinder zunehmend.

Außerdem war die Erzieherin nicht sehr einfühlsam. Distanziert,
ohne Wärme, arbeitete sie mit ihren Schülern. Auch die Kleinen behandelte sie mit großer Strenge. Der Vater, im Schmerz gefangen und mit
seinem Dienst beschäftigt, hatte kein Ohr für die Klagen der Kinder.
Er verlangte strikten Gehorsam gegenüber Fräulein Bajohr.

Christa litt sehr. Die Lehrerin beklagte sich immer wieder beim
Vater über die Kinder. Vor allem die Kleineren hatten unter unberech-
tigten Vorwürfen zu leiden. Diese ungerechte Behandlung empörte
Christa. Sie ergriff mutig Partei für ihre Geschwister und setzte sich
furchtlos für den schüchternen, empfindsamen F. W. – *der liebe kleine
Bub* – beim Vater ein.

Der gebrochene Mann

Georg von Viebahn stürzte sich in die Arbeit an der Kriegsschule.[5] Dies war eine anspruchsvolle Aufgabe. Achtzig bis hundert Fähnriche wurden in vier bis fünf Gruppen ausgebildet. Auf dem Lehrplan standen Taktik, Waffenlehre, Befestigungslehre, Heerwesen, Planzeichnen, Französisch oder Russisch, Kartieren, Rundschrift, militärisches Schreibwesen, Reiten, Schießen, Turnen, Fechten, Truppendienst, Winken (mit Fahnen Zeichen geben), Telefonieren. Die körperlichen, geistigen und seelischen Anstrengungen der Ausbildung waren enorm. In einem humorvollen Gedicht eines Stabsarztes heißt es:

Kriegsschulzeit, du bist nicht leicht,
Tapfer heißt es ringen,
Bis man etwas hier erreicht,
Schwer nur kann's gelingen.

Ach, man möcht verzweifeln schier,
Greift sich an die Stirne,
Soviel Lehrer haben wir,
Und nur ein Gehirne!

Auf dem Ehrenhof vor dem Schloss wurde wie immer zum Appell angetreten, Kommandos hallten laut über den Platz, die Hacken wurden zusammengeknallt, man präsentierte das Gewehr. Der straffe Dienst lenkte den Witwer von seinem Kummer ab. Doch während er, auf dem Pferd sitzend, die Parade abnahm, diszipliniert Unterricht erteilte und die Verwaltungsarbeit erledigte, war er bedrückt und traurig.

Erst gegen Ende 1884 fand Georg von Viebahn die Kraft, unter das letzte Familienbild mit Christine zu schreiben:

Dieses Bild stellt den Höhepunkt meines und eures Erdenglückes dar. Unser Herr fand es heilsam, daß es nur kurz dauern sollte. Sein Name sei gelobt.*

---

* Siehe Seite 38 und Bildteil, Foto S. 5 oben

Die größte Fotografie in der Chronik, die eine ganze Seite füllt, zeigt *die Schlafstube und das Bett, in welchem Mütterchen zu Engers entschlafen ist.* Dieses Bild klebte der Vater 1885 ein. Die Kinderbilder der Jahre 1885/86 zeigen ernste, fast erstarrte Kinder. Auf einem Foto aus dem Frühjahr 1886 sitzt Christa teilnahmslos auf einem Drehstuhl, mit unbeweglicher Miene aus dem Fenster schauend, hinter ihr der schmächtige traurige Bruder.*

Dennoch vernachlässigte der Vater seine Kinder in dieser traurigen Zeit nicht. Als z. B. Pauline erkrankte, ließ er ihr Bett von Soldaten in sein Amtszimmer tragen und schlief dann nachts auf der Chaiselongue, um in ihrer Nähe zu sein. Er dachte sich immer wieder eine kleine Freude für die Kinder aus. Aber er war ernst und streng geworden.

Auch die Kinder bemühten sich, den Vater zu erfreuen. Im Schulunterricht waren alle fleißig. Jeden Montag wurde in der Schulstube ein kleines Examen abgehalten, bei dem der Vater anwesend war. Ihn interessierte, was und wie die Kinder in der vergangenen Woche gelernt hatten. Christa und Elisabeth hatten dem Vater zum Geburtstag Pantoffeln bestickt, die er täglich benutzte.

Inzwischen war ein Geschenk von Onkel Frits aus Amsterdam angekommen: der Ziegenbock Hopsassa, der besondere Freund von Maria und F. W., mit dem sie im Gelände herumkutschierten.

Während Maria gute Fortschritte im Klavierspiel machte, war der Bruder keineswegs begeistert davon. Obwohl von seiner geliebten Christa beim Üben beaufsichtigt, *war er oft sehr unliebenswürdig, so daß ich es aufgab, damit eure geschwisterliche Liebe keinen Schaden nähme,* notiert der kluge Vater.

Armen-Arbeitsstunde

Eine weitere Neuerung führte der Vater ab Januar 1886 in der Sonntagsgestaltung ein. Vormittags setzte er eine »Armen-Arbeitsstunde« an. Während die Kinder allerlei strickten, nähten, häkelten und bastelten, las ihnen der Vater vor. So kam im Laufe des Jahres für die Armenbe-

---

* Bildteil S. 5 unten

45

scherung an Weihnachten eine ganze Menge zusammen, um damit vielen Menschen eine Freude machen zu können. Wer diese Armen waren, wird nicht gesagt. Vielleicht waren es einige Fähnriche der Schule. Für eine solche Ausbildung bei den Preußen kratzten manche Familien den letzten Heller zusammen, um das Notwendigste zu beschaffen. Da blieb für Weihnachtsgeschenke kein Geld übrig. Mit der »Armen-Arbeitsstunde« lenkte der Vater den Blick seiner heranwachsenden Kinderschar auf arme Menschen in ihrer Umgebung. Aus einem späteren Briefwechsel wissen wir, wie wichtig ihm dies war. Als sich seine beiden Töchter Pauline und Anni in einem Pensionat in der Schweiz befanden, schreibt der Vater am 20. November 1898:

Ich finde es immer gesegnet, wenn wir uns der Armen annehmen dürfen. Da Ihr noch längere Zeit in Morges bleibt, so fände ich es schön, wenn Ihr dort eine arme Familie hättet, die Ihr sonntags oder sonst besuchen und irgendeine Wohlthat ihnen thun könntet, um ihnen die Liebe Jesu kund zu machen.

In einer Notiz von Pauline, die sich auf die Zeit in Engers bezieht, heißt es:

Unser Väterchen nahm uns als Kinder schon sonntags mit, um Arme zu besuchen. Und einen Tag vor Weihnachten fand eine großartige Bescherung in unserem großen Saal* statt, wo die ganzen Familien, die besonders betreut wurden, mit Lebensmitteln, Spielsachen und wohl auch Kleidungsstücken beschenkt wurden und unser Väterchen eine Andacht hielt. Dadurch angeleitet durften wir auch später, als wir erwachsen wurden, Armenbesuche machen und sie betreuen.

Engagement in der Gemeinde

Die evangelische Kirchengemeinde in Engers lebte lange Zeit in der Diaspora. Im Laufe der Jahre wuchs sie auf »vierhundert Seelen« an und wurde einmal monatlich vom Garnisonspfarrer aus Koblenz betreut.

---

* Damit könnte der Diana-Saal in Engers gemeint sein.

Die Evangelischen in Engers hatten keine eigene Kirche. Darum fanden ihre Gottesdienste im Prunksaal der Kriegsschule statt, im Diana-Saal. Doch die sehr weltlichen Gemälde an der Decke und den Wänden lenkten nicht nur die jungen Fähnriche von der Andacht ab. Deshalb wurde der Gottesdienst in den Speisesaal verlegt, an dessen Wände Georg von Viebahn Bibelworte hatte schreiben lassen. Später zog die größer werdende Gemeinde in die Turnhalle der Soldaten um. Etwa vier Jahre lang beherbergte die Kriegsschule auf diese Weise die evangelische Kirchengemeinde von Engers.

In einer Festschrift aus dem Jahr 2007 zum 650-jährigen Jubiläum der Stadt Engers heißt es:

Von den Kommandeuren der Kriegsschule ist General Georg von Vie-bahn hervorzuheben: Er ist den Engerser Bürgern wegen seiner gro-ßen Familie und wegen seiner Frömmigkeit besonders in Erinnerung geblieben. Als Leiter der Kriegsschule war er sehr erfolgreich in der Erziehung der jungen Fähnriche. Auf Initiative der Familie Viebahn wurde schon bald mit dem Bau einer evangelischen Kirche begonnen.[6]

Der erste Spatenstich für die neue Kirche erfolgte am 3. September 1900, obwohl die Bausumme noch nicht vollständig vorhanden war. Es ist vermutlich Georg von Viebahn zu verdanken, dass Kaiser Wilhelm II. der Kirchengemeinde am 21. August 1901 sechstausend Mark schenkte. Schon 1902 konnte die Kirche eingeweiht werden. Dazu stiftete Kaiserin Auguste Victoria eine kostbare silberbeschlagene Bibel mit einer handschriftlichen Widmung.*

Die Verbundenheit zwischen den Viebahns und der evangelischen Kirchengemeinde in Engers besteht bis heute. Dies belegt ein Bericht aus der Festschrift zur Hundertjahrfeier der Kirche:

Die Evangelische Kirchengemeinde besitzt keinen eigenen Friedhof. Jedoch befindet sich an der Nordseite der Kirche eine Familiengrab-stätte der in den Jahren 1884 bis 1926 verstorbenen Glieder der Fami-lie von Viebahn. Im Frühjahr 1952 wurden auf Wunsch des Sohnes

---

* Sie kann im evangelischen Pfarramt in Engers besichtigt werden.

Dr. Ing. Friedrich Wilhelm von Viebahn die sterblichen Überreste und Grabsteine von dem Familienfriedhof am Hohen Rhein an die Kirche überführt. Die Kosten in Höhe von 665,00 DM übernahm Dr. Viebahn. Die Pflege dieser Stätte unterliegt seitdem der Gemeinde, das Presbyterium war selbstverständlich im Hinblick auf die kirchlichen Tätigkeiten von Generalleutnant von Viebahn damit einverstanden.

Verborgener Kampf

Christa vermisste ihre Mutter sehr. Sie bezeichnet später den Tod der Mutter als *furchtbaren Riss in unserem Leben, den ich als ältestes Kind wohl am meisten empfunden habe.*

Ein Brief, den sie am 1. März 1944 diktiert, lässt uns ein wenig in die Verarbeitung ihres Kummers hineinschauen:

Meine liebe Maria!

Wie tief bewegt es mich doch, daß der Herr Eure liebe Mutter abgerufen hat, und daß Ihr nun mit Eurem lieben Vater in so großem Schmerz steht! Mein Herz ist viel mit Euch beschäftigt, und ich bitte den Herrn, Euch sehr nahe zu sein und Euch nach Seinem Rat zu leiten!

Ich selbst habe meine liebe Mutter verloren in der Jugend und stand als Älteste im Kreis meiner Geschwister. Ich mußte sehen, wie sehr ihnen die Mutter fehlte und habe früh gesucht, ein wenig Mütterlichkeit an ihnen zu üben. Der Herr aber benützte diese Jahre großen Kummers, um mich ganz nahe zu sich zu ziehen, und Sein heiliges Wort wurde mir zur täglichen Zuflucht und zum alleinigen Ratgeber. Auf solche Weise hat der Herr mich ganz früh in den Dienst der Liebe für andere hineingezogen, und ich lernte, für alle Trübsale zu danken, weil mir da die ganze Herrlichkeit Seines Königreiches und die ganzen Hilfsquellen Seiner Gnade aufgetan wurden. So lernte ich leben von jedem Worte, das durch den Mund Gottes ausgeht. Möchte es auch Dir so geschenkt werden.

Das war aus der Rückschau geschrieben. Aber wie fand sie als Kind den Weg aus der Not?

Während die elfjährige Christa versuchte, für die Geschwister die Mutter zu ersetzen, kämpfte sie einen verborgenen Kampf. Sie las vermehrt in ihrer Bibel, oft im Propheten Jesaja ab dem vierzigsten Kapitel. Zweimal hatten ihr Freundinnen das Wort geschrieben: »Ich will euch trösten, wie einen seine Mutter tröstet« (Jesaja 66,13). Aber sie empfand keinen Trost. Stattdessen quälten sie viele Zweifel: Wie kann Gott mich trösten, wie meine Mutter es konnte? Geht das überhaupt? Oder hat mich Gott gestraft, weil ich eine Sünderin bin? Weil ich hochmütig und manchmal dünkelhaft bin?

Sie las nicht nur im Trostbuch des Jesaja, sondern auch die für ein junges Mädchen schweren Worte im Römerbrief, z. B. Kapitel 3,12: »Da ist keiner, der Gutes tut, auch nicht einer« – auch nicht Christa. Solche Worte ließen sie verzweifeln. Bei jedem Gewitter fürchtete sie sich schrecklich; sollte ein Blitz sie treffen, sie wäre ewig unrettbar verloren. Solche und ähnliche Gedanken plagten sie. Immer wieder betete sie und bat Gott um Hilfe: Ein Jahr. Zwei Jahre. Drei Jahre. Sie verschloss ihren Kummer so in sich, dass niemand etwas davon ahnte. Glücklicherweise richtete ihre Tante Mis ihr ein eigenes Zimmer ein. Hier war sie ungestört, aber hier grübelte sie auch viel.

Von der Last befreit

Dann kam der Karfreitag 1887. Der Vater versammelte die Familie und die Hausangestellten zu einer Andacht und sprach darüber, dass Jesus am Kreuz für alle Menschen und für jede Sünde dieser Welt sein Leben gelassen hat. Der Sünder braucht nicht länger Gottes Zorn zu fürchten. Der Erlöser erlöst den, der sich ihm anvertraut.

Wie oft hatte der Vater schon über dieses Ereignis von Golgatha gesprochen. Doch diesmal, während Christa zuhörte, geschah etwas mit ihr. Die Last fiel von ihr ab. Es wurde ihr leicht ums Herz, als sie begriff: Das gilt ja mir! Für mich ist Christus gestorben. Von diesem Tag an war etwas neu geworden zwischen Gott und ihr. Sie konnte dem himmlischen Vater wieder vertrauen. Darüber wurde sie unbeschreiblich froh. Den 8. April 1887 würde sie nie mehr vergessen. Endlich war der Druck von ihr gewichen. Diesmal feierte sie das Osterfest ganz anders!

Ein weiterer Lichtblick, nicht nur für Christa, sondern für alle Geschwister, war ihre Tante Mis. Sie hatte über die Jahre versucht, die Lücke ein wenig zu schließen, die der Tod ihrer Schwester in die Familie gerissen hatte. Sie sollte ihre zweite Mutter werden.

Georg und Marie Ankersmit wurden am 29. März 1887 an der Stelle in der Wohnstube getraut, an der Christines Sarg gestanden hatte. Dort, wo die Geschichte einer Liebe und glücklichen Ehe durch den Tod beendet worden war, sollte eine neue Geschichte beginnen.

Die Kinder freuten sich unbeschreiblich, die vertraute Tante Mis nun als neue Mutter immer bei sich zu haben. Und vielleicht trug dies auch dazu bei, dass sich Christa mehr und mehr öffnen konnte.

Im Drei-Kaiser-Jahr*, am 10. März 1888, schenkte die vierzigjährige Marie von Viebahn einem Jungen das Leben, der nach dem Vater genannt wurde: Georg II.

Ende Dezember 1888 schreibt der Vater die letzte Eintragung in die Chronik seiner Tochter Christa:

Die Zeit des Abschiedes von Engers nahte. Am 14. November abends kam das Telegramm, welches mir meine Versetzung nach Frankfurt am Main mitteilte. Wir wissen, daß der Herr uns dorthin führt, nicht Menschen, darum ist es gut.

Wir verlassen eine Stätte reichen Glückes und ernster Prüfungen. Du selbst, mein teures Kind, bist hier vom Kind zur jungen Frau gereift, hast Deinen Gott und Heiland gefunden in diesen Jahren, hast unermeßlich reiche Segnungen und ungezählte Freuden hier empfangen von Deinem himmlischen Vater.

Unser teures Grab lassen wir hier zurück. Unsere Gedanken werden hier heimatlich bleiben. Der Herr aber geht mit Dir und uns und trägt uns bis in die ewige Heimat. Deinen Geburtstag haben wir hier noch fröhlich gefeiert.

*Nun ist der Moment gekommen, von dem ich einst mit Mütterchen** gesprochen hatte: daß ich dies Buch für Dich schreiben wollte,*

---

* Siehe »Der Tod des Kaisers«, S. 232
** So wurde Christine von Viebahn im Unterschied zur zweiten Mutter Marie von Viebahn genannt.

bis Du es später selbst könntest. Halte dies Buch wert, es ist ein Zeichen der liebenden Fürsorge Deines Mütterchens, die Dein ganzes Leben mit Liebe im Voraus überdachte, als Du noch im Steckkissen lagst.

Die Chronik und das Wappen

»Das Buch«, das der Vater erwähnt, umfasst 125 Seiten. Es wurde in Wiesbaden extra angefertigt. Aufgeschlagen misst es 73 Zentimeter, es ist 25 Zentimeter breit und wiegt 2,8 Kilogramm. Durch die vielen eingeklebten Fotos, Zeichnungen und kleinen Handarbeiten wölbt es sich etwas in der Mitte. In den weinroten Einband wurde auf der Vorderseite ein Ranken- und Kästchenmuster geprägt, das von feinen umlaufenden Goldlinien eingefasst wird. In der Mitte ist in gotischer Goldschrift »Christine von Viebahn« eingeprägt, darüber eine goldene Krone.

Im Viebahnschen Familienwappen fehlt jedoch die Krone, das Privileg des Adels. Der Grund dafür liegt weit zurück: Die Viebahns stammen aus dem Bergischen Land, das an Westfalen grenzt und noch zum Rheinland gehört, ein weitverzweigtes Geschlecht, das es zu Wohlstand und Ansehen gebracht hatte.* *Es stellte Bauern und Arbeiter, Gutsbesitzer und Unternehmer, Pfarrer und Generäle, Lehrer und Professoren, Techniker und Juristen, Minister und Botschafter, deren hervorragende Leistungen mit dem persönlichen und erblichen Adel belohnt wurden.*[7]

Einer dieser Vorfahren, Johann Heinrich von Viebahn, war ein berühmter Rechtsgelehrter, der unter dem preußischen König Friedrich Wilhelm I. mit Ämtern und Ehren überhäuft wurde. Er besaß eine enorme Schaffenskraft, war gewissenhaft und zuverlässig. Deshalb erhob ihn der König 1728 in den erblichen Adelsstand. Johann Heinrich nahm den Titel unter einer Bedingung an: Er wollte sein Familienwappen unverändert als Adelswappen übernehmen. Dieser Wunsch wurde erfüllt und in dem ausführlichen Adelsbrief vermerkt.

Das Familienwappen ist ein sogenanntes Doppelwappen. Es entstand 1649 durch die Ehe des Gerichtsassessors und Bergvogts Johann

---

* Wer heute in einem Telefonbuch von Gummersbach den Namen »Viebahn« sucht, wird viele Einträge entdecken.

Viebahn mit Agnes Brunöhler, die das Gut Hohl bei Vollmershausen in die Familie einbrachte. Das Wappen der »Brunöhlerin«, der Kübelhelm mit den Sehschlitzen, wurde mit dem Viebahn-Wappen – dem hervorspringenden Stier – verbunden.[8]

Warum die Eltern damals in Wiesbaden beschlossen, die kleine Krone und nicht das Familienwappen auf die Chronik prägen zu lassen, ist nicht überliefert.

Als der Vater seiner Tochter die Chronik übergab, hatte er 111 Seiten eng beschrieben. Christa schrieb dann mit einer zierlichen, aber schon ausgeprägten Handschrift nur noch bis Seite 118 weiter. Dazwischen klebte sie zwei große Fotografien von Kaiser Wilhelm II. und seiner Gemahlin Auguste Victoria*. Die Eintragungen enden mit dem Jahr 1892 und einem ebenfalls großen Foto von Marie von Viebahn, ihrer zweiten Mutter.

Glücklicherweise sind noch viele Briefe, Nachschriften ihrer persönlichen Lebensberichte und Erinnerungen sowie Berichte von Zeitzeugen vorhanden, sodass es nicht schwierig ist, die Lebensgeschichte von Christa von Viebahn auch nach 1892 weiterzuerzählen.

---

* Deutsche Kaiserin und Königin von Preußen, von 1888–1918.

KAPITEL 4

Frankfurt, Tübingen, Trier 1888–1892

Frankfurt – entscheidende Begegnungen

Das kurze Jahr, das die Familie in Frankfurt verbrachte, war erfüllt von Freude und vielen neuen Erfahrungen. Christa erlebte zum ersten Mal viele evangelische Christen an einem Ort. Sie lernte in Allianz-Versammlungen Menschen kennen, die über konfessionelle Unterschiede hinweg gemeinsam Gottes Wort hörten. Nach der isolierenden Diaspora-Erfahrung im katholischen Engers fühlte sich die ganze Familie in Frankfurt sehr wohl. Diesen neuen Lebensraum beschrieb Christa enthusiastisch: *Ich hatte noch nie so etwas mitgemacht, es war mir etwas ganz Neues, Herrliches.* Der Vater knüpfte Kontakte zum Leiter der französischen Gemeinde in Frankfurt, Pastor Correvon. Auf der aktuellen Homepage dieser Gemeinde heißt es:

Die Gemeinde wurde 1554 von französisch sprechenden Flüchtlingen aus der Wallonie (im heutigen Belgien) gegründet, die wegen ihres evangelischen Glaubens verfolgt und nach mehrjähriger Flucht in Frankfurt aufgenommen wurden. Mit über 450 Jahren ist diese Gemeinde die älteste verfasste Kirchengemeinde Frankfurts.

Nach der Verfolgung der Hugenotten (Protestanten aus Frankreich) 1685 hat die kleine französisch-reformierte Gemeinde 23 750 Glaubensflüchtlinge unterstützt und wurde zu einer Drehscheibe für die Ansiedelung von Hugenotten in Deutschland. Zu der Gemeinde gehörten viele bekannte Handwerker, Kaufleute und Gelehrte. Bis 1916, länger als in allen anderen Hugenottengemeinden, wurde im Gottesdienst und in den Gemeindeveranstaltungen Französisch gesprochen.[9]

Der Französischunterricht im Hause Viebahn war so gut gewesen, dass die großen Töchter ohne Schwierigkeiten den Gottesdiensten der französischen Gemeinde folgen konnten.

Viebahns schlossen Freundschaft mit der Familie des Bankiers Charles de Neufville. Er war 1885 aus den USA in seine Heimatstadt zurückgekommen, damals 36 Jahre alt. Er wollte gern junge Menschen für Christus gewinnen.

Kurzerhand mietete er einen Tanzsaal und bald strömten die Kinder in die sogenannte »Sonntagsschule«. Die Arbeit wuchs geradezu explosionsartig. Auch Erwachsene ließen sich einladen. Auf diese Weise entstand die *Nordost-Gemeinde-Frankfurt.**

Die Viebahns lernten *eine liebe gläubige Dame kennen, St. Claire von Gemmingen, die auch in der Gemeinde mitarbeitete.* Sie kam öfter zu Besuch und unterstützte vor allem die Mutter, als am 15. September 1889 der kleine Wilhelm Jonathan Johann Karl Anton von Viebahn geboren wurde, während der Vater noch im Manöver war.

Wilhelm wurde von Elias Schrenk getauft. Aus den Erinnerungen des später in Trier geborenen Bernd von Viebahn[10] wissen wir ein wenig über die Hintergründe dieser Namensgebung:»Wilhelm« war eine Verbeugung vor dem Kaiserhaus;»Jonathan« war der Wunsch des Vaters, der sich in dieser Zeit begeistert mit der biblischen Gestalt des Jonathan im 1. Buch Samuel beschäftigte;»Johann« gehört in den Geschlechternamen;»Karl« ehrte den befreundeten Carl de Neufville;»Anton« hieß einer der Brüder Ankersmit. Die vielen Namen der Kinder wurden immer mit Bedacht gewählt.

Viele Gäste gingen im Frankfurter Haus der Viebahns aus und ein, was für die Kinder ungemein interessant war. Unter ihnen war auch der alte Professor Christlieb, *der mit seinen langen Locken, wie die Theologen sie damals trugen, mir großen Eindruck machte*, notierte Pauline.

Der Professor, der ein Jahr später starb, war der Vater von Alfred Christlieb, dem in christlichen Kreisen weit berühmten Pfarrer des oberbergischen Dorfes Heidberg.

---

* Hier treffen sich bis heute Menschen jeden Alters und unterschiedlicher Herkunft, um ihren Glauben an Jesus Christus und ihr Leben miteinander zu teilen.

Die herausragende Persönlichkeit jener Tage in Frankfurt war jedoch Elias Schrenk. Er war zur Einweihung des neu erbauten Vereinshauses der Nordost-Gemeinde eingeladen worden.

Was in unserer Kirche an echtem Leben mit Jesus vorhanden ist, steht weithin auf den Schultern dieses Mannes. In seiner Frömmigkeit vereinigen sich pietistische Prägung, Einflüsse der Heiligungsbewegung und die Orientierung an biblisch-reformatorischer Theologie. (Erich Schnepel)

Christa erlebte mit, wie Schrenk vierzehn Tage lang abends Evangelisationsvorträge im überfüllten Vereinshaus hielt. Nachmittags legte Schrenk in Bibelstunden den 1. Petrusbrief aus. Als sie im Jahr 1929 davon erzählte, war ihr immer noch ein Wort daraus sehr lebendig: *»Die ihr durch Gottes Macht durch den Glauben bewahrt werdet zur Seligkeit«* (1. Petr 1,4b).

St. Claire von Gemmingen besuchte die meist ernst und traurig wirkende Christa immer wieder in ihrer kleinen Stube. Christa erzählte ihr manches, was sie beschwerte. In diese stille Vertrautheit hinein sprach die mütterliche Freundin ein Bibelwort, das Christa in dieser Zeit stark berührte: »Die Freude am Herrn ist eure Stärke« (Neh 8,10). Es war das rechte Wort zur rechten Zeit. Viele Jahre später konnte sie sagen:

Es kam ein Moment, wo der Heilige Geist mir die Herrlichkeit und Kostbarkeit meines auferstandenen, gekrönten Herrn zur lebendigen Kraft und Sicherheit machte. Die Freude am Herrn Jesus ist die Kraft meines Herzens, meiner Seele, meines Lebens und die Kraft meines Alltags.

Wir wollen uns nicht nur darüber Gedanken machen, wie wir dem Herrn dienen wollen, sondern auch darum besorgt sein, daß unsere Seele in beständiger Freude bleibt. Denn es ist wahr: »Ein fröhliches Herz bringt gute Besserung, aber ein zerschlagener Geist vertrocknet das Gebein!«*

---

* Sprüche 17,22.

Christas Ausbildung bei der Erzieherin war beendet. Sie studierte nun zwei Semester Klavier am Konservatorium in Frankfurt und belegte musiktheoretische Fächer. Außerdem nahm sie Privatunterricht bei Fräulein Ballin. Diese liebenswürdige Dame war lange in England gewesen. Die Nachmittage, die Christa bei ihr verbrachte, begannen in der Regel sehr gemütlich und *very british* mit einer *teatime*. Mit Fräulein Ballin las sie auch in der englischen Bibel. Für Christa waren die fröhlichen und teilweise überraschenden Kommentare ihrer Englischlehrerin ein Erlebnis.

Christa nahm weiterhin Zeichenstunden und belegte außerdem einen Nähkurs an der Schneiderakademie. Ihre Ausbildung sollte nach dem Willen der Eltern in einem Pensionat in Tübingen erweitert und gefestigt werden. Für Mädchen gab es damals noch keine Gymnasien, in denen das Abitur gemacht werden konnte.* Es war ein Privileg der Oberschicht, dass sie ihren Töchtern auf Privatschulen eine gute Ausbildung ermöglichen konnte.

Tübingen – die Zeit im Pensionat

In der Universitätsstadt Tübingen führte Fräulein von Reutern, eine Baltin, eine Pension für externe Schülerinnen ihres erblindeten Neffen. Dr. Lawton hatte durch die aufopferungsvolle Hilfe seiner Tante seine Lehrerausbildung mit einem Doktortitel abschließen können. Nach seiner Heirat gründete er eine Privatschule, die einen sehr guten Ruf hatte. Dorthin kam Christa. Zum ersten Mal verließ sie das elterliche Haus für längere Zeit. Sie hatte nie eine öffentliche Schule besucht und außer ihren jüngeren Geschwistern keine Schulkameraden erlebt. Wetteifern, Kämpfen, Streiten, Lachen, Toben mit Gleichaltrigen – das kannte sie nicht. Aber, so erzählt sie 1926: *Es tat mir so gut, aus der strengen Erziehung herauszukommen in diese Umgebung, da lebte mein Gemüt auf. Die Zeit in Tübingen war eine sehr schöne.*

---

* Das erste Gymnasium dieser Art wurde 1893 in Karlsruhe eröffnet, vom Verein »Frauenbildungs-Reform«, womit aber noch keine automatische Zulassung zum Studium verbunden war.

Der Unterricht wurde von den Lehrern sehr abwechslungsreich gestaltet. Die Bildungsinhalte waren breit gefächert. Unangemeldet galt es z. B. einen Aufsatz über das Mönchtum zu schreiben oder eine Darstellung der Städte des Mittelalters und der Hanse zu verfassen. Christa gefiel auch der Geografieunterricht. Sie genoss ihre Eigenständigkeit und eine bisher nicht gekannte Freiheit. Selbstverständlich vertiefte sie weiterhin ihre Kenntnisse der englischen und französischen Sprache. Die ernste Christa hatte jedoch kein Gefallen an *der Übermütigkeit und Lustigkeit der anderen Schülerinnen.* Eine davon war Adele Hesse aus Calw, die zwei Jahre ältere Schwester des Dichters Hermann Hesse. In einem Brief vom 16. Dezember 1889 erzählt Adele ihrem Bruder vom Unterricht, von ihrer bevorstehenden Heimreise und widmet darin Christa und ihrem Bruder Friedrich Wilhelm auch einige Zeilen.*

Christa durchlebte in der Tübinger Zeit eine späte pubertäre Phase. Bisher war ihr das nicht möglich gewesen. Immer war sie die Älteste gewesen, die sich um so vieles kümmern musste. Sie hatte stets das Vorbild im Geschwisterkreis sein und einige Zeit die Mutter ersetzen müssen. In Tübingen schwärmte sie nun für eine Lehrerin, die so ganz anders als Fräulein Bajohr war. Sie widersetzte sich manchmal den gut gemeinten Ratschlägen der »Pensionsmutter« und war viel mit einer Freundin zusammen.

Eine Freundin für viele Jahre

Die jungen Mädchen wurden oft von christlichen Familien zum Essen oder zu Konzertabenden eingeladen. So kam eine Begegnung mit der Familie des Tübinger Theologieprofessors Robert Kübel** zustande. Dabei lernte Christa die Tochter Elisabeth kennen. Die beiden freundeten sich an. Christa spürte, dass die nach außen fröhlich wirkende Elisabeth in Wirklichkeit recht unglücklich war. Auf vielen Spazier-

---

* Der bisher unveröffentlichte umfangreiche Briefwechsel zwischen Adele und Hermann Hesse wird im Deutschen Literaturarchiv in Marbach aufbewahrt.

** Er wurde am 12. Februar 1838 in Kirchheim unter Teck (Württ.) als zwölftes Kind des Stadtschultheißen und Rechtsanwalts August Kübel geboren und starb im Dezember 1894 in Tübingen.

gängen sprachen sie offen miteinander. Christa, die selbst erlebt hatte, wie man innere Nöte lange Zeit in sich hineinfressen kann, zeigte der Freundin, wie sie durch den Glauben an Christus überwunden werden können.

Diese Erfahrung, einem Menschen zum ersten Mal den Weg zum Heil in Jesus zu zeigen, überwältigte Christa. Sie betete viel für ihre Elisabeth und suchte täglich den Kontakt mit ihr. Fräulein von Reutern sah diese Entwicklung mit etwas Sorge und mahnte Christa: *Kind, Kind, verschwende nicht Deine ganze Liebe an einen Menschen, Du musst die andern auch noch lieb haben.* Elisabeth und Christa waren sehr gegensätzliche Charaktere. Wahrscheinlich war ihre Freundschaft deshalb von so langer Dauer.

Bettruhe für einen Bücherwurm

In jener Zeit hatte Christa einen unersättlichen Lesehunger. Sie las in jeder freien Minute. Es waren jedoch nicht die Romane jener Zeit, die sie fesselten, nicht die gesellschaftskritischen, spannenden Werke wie »Oliver Twist« von Charles Dickens, »Anna Karenina« von Tolstoi, nicht »Schuld und Sühne« von Dostojewski, nicht »Die Weber« von Gerhard Hauptmann oder »Les Miserables« von Victor Hugo. Instinktiv spürte sie: Die eigentlichen Antworten für ihr Leben und das ihrer Nächsten würde sie in ihrer Bibel finden; darum wollte sie theologisch-geistliche Literatur durcharbeiten, die ihr die Bibel aufschloss. So verschlang sie alle Bücher über solche Themen, die sie ergattern konnte.

Christa fuhr in den Weihnachtsferien 1889 über Straßburg und Frankfurt nach Trier, wohin der Vater inzwischen als Oberst und Regimentskommandeur des Infanterieregiments Nr. 29 von Horn* versetzt worden war.

Durch ihr übermäßiges Lesen kam sie bleich, hohlwangig und mit dunklen Ringen unter den Augen zu Hause an. Die erschrockenen Eltern und der Arzt bestanden auf sofortiger Bettruhe.

---

*   Benannt nach dem preußischen Generalleutnant Heinrich-Wilhelm von Horn (1762–1829).

Die findige Christa wusste, wo im Bücherschrank des Vaters »Der Botschafter des Heils«* stand. Waren die Eltern ausgegangen und die jüngeren Geschwister im Bett, schlich sie ins Arbeitszimmer des Vaters und holte sich die entsprechenden Bände. Dem Vater fiel der geheimnisvolle Bücherschwund anscheinend nicht auf. Christa war froh, mit der Diagnose »bleichsüchtig« ins Bett verbannt worden zu sein. So konnte sie ungestört lesen. Und wenn sich jemand der Zimmertür näherte, war die Bettdecke groß genug, alle ihre Schätze darunter zu verbergen. Sie war buchstäblich unersättlich nach diesen nicht gekannten geistlichen Wahrheiten. *Mein Durst nach Gott war unstillbar,* sagt sie selbst von jener Zeit, *was ich da erlebte, war wie eine neue Bekehrung.* Es dauerte fast sieben Wochen, bis sie wieder zu Kräften kam.

Später erzählte Christa ganz offen von einem weiteren Versuch, sich vom Elternhaus zu lösen: Nach ihrer Genesung stand die Rückreise nach Tübingen an. In den Schriften des Vaters hatte sie eine Reihe von Buchanzeigen gelesen und sich notiert, welche sie unbedingt kaufen wollte. Sie sparte dafür ihr Taschengeld zusammen. Von Natur aus etwas ängstlich, wagte sie nicht, ein dickes Buchpaket nach Trier oder Tübingen schicken zu lassen. Also verfiel sie auf die Idee, auf der Rückreise zum Tübinger Pensionat in Frankfurt eine Freundin zu besuchen.

Dort ging sie hin und kaufte die gewünschten und vorbestellten Bücher. Noch in derselben Nacht las sie stundenlang darin. Am nächsten Morgen verstaute sie die Literatur in ihrem Koffer und reiste weiter nach Tübingen. Wieder verwendete sie jede freie Minute, um zu lesen. Und wieder gab es eine besorgte Mahnung von Fräulein von Reutern, auf die Christa aber nicht einging: »*Kind, ist das denn nicht zu viel für Dich?*«

Die Schulprüfung im März 1890 verlief »*für alle Seiten angenehm*«, d. h. mit guten Noten für Christa. Wäre es ihr möglich gewesen, hätte sie vielleicht gern Theologie, Musik und Geschichte studiert.

Nach einer Ferienreise im August 1890 kam sie in Trier an, wo sie von Marie von Viebahn und den Geschwistern herzlich empfangen

---

* Eine Zeitschrift, von der Darbystischen Gemeinschaft herausgegeben, *die in die herrliche Freiheit der Kinder Gottes hineinführte.*

wurde. Der Vater war im Manöver. Doch er begleitete sie auf der Rückreise nach Tübingen. Sie unterbrachen die Reise, um gemeinsam Elias Schrenk zu hören und seine Familie und Freunde zu besuchen. Die letzten unbeschwerten Monate in Tübingen vergingen rasch. Christa konnte viel mit ihrer Freundin Elisabeth Kübel zusammen sein. Der Gesprächsstoff ging ihnen nicht aus. Inzwischen begannen neue Schülerinnen ihre Ausbildung, zu denen Christa schnell Kontakt fand. Sie half ihnen, sich in der neuen Umgebung zurechtzufinden.

Am 11. November 1890 erreichte sie eine Depesche: *Ein Brüderchen!* – Bernd war geboren. Er beschloss den Kinderreigen im Hause Viebahn. Fünf Mädchen und vier Jungen – an Arbeit und Umtrieb fehlte es Marie von Viebahn nicht. Zu Weihnachten sollte Christa nun endgültig nach Hause kommen. Der Abschied von Tübingen war nicht leicht für sie, *besonders von den lieben Kübels, bei denen mir so reiche Liebe und Güte zuteil geworden.*

Trier – Zwischen Küche, Keller, Studium und Seelsorge

Christa kehrte ins katholische Trier zurück. Der Gegensatz zu Frankfurt und Tübingen war groß. Die ganze Familie vermisste schmerzlich den Kontakt zu einer evangelischen Gemeinde. Die Gräben, die durch Bismarcks Kulturkampf zwischen den Konfessionen aufgerissen worden waren, schienen unüberbrückbar. Das Leben der Familie spielte sich in der Regel im Haus ab, freundschaftliche Kontakte zu anderen Familien gab es kaum.

Das Haus des Kommandeurs, das nahe am Moselufer lag, war alt und verwinkelt. Marie von Viebahn lief täglich viele Male treppauf, treppab, um ihren Haushalt zu organisieren. Doch sie hatte das Haus geschmackvoll eingerichtet, auch neue rote Salonmöbel waren hinzugekommen. Ein schöner Rosengarten, den der Vater anlegen ließ, entschädigte etwas für das dunkle Gemäuer. Im reizvollen Moseltal wurden weite Spaziergänge und Kutschfahrten unternommen.

Als erwachsene Tochter des Hauses hatte Christa geregelte Pflichten zu erfüllen. In der Küche half sie tüchtig mit und lernte bei der Köchin eine Menge. Auch in der Führung des großen Haushalts wurde sie unterwiesen. Doch sobald sie ihre Arbeiten erledigt hatte, zog sie sich in ihr Dachstübchen zurück. Dort übersetzte sie ihr erstes englisches Buch und studierte ihre Bibel mit entsprechender Literatur. So waren für sie die fünf Bücher Mose oder die Briefe des Apostels Paulus eine einzige, immerfort sprudelnde Quelle neuer Entdeckungen. Drei Jahre gingen über diesen Studien hin.

Waren die Eltern mit den größeren Geschwistern auf Reisen, übernahm Christa die Führung des Haushalts. Sie lud sich Elisabeth Kübel zur Gesellschaft ein und versorgte zusammen mit dem Kindermädchen Anna die Brüder Wilhelm und Bernd, von denen sie sagte: *Sie waren unser tägliches Vergnügen!*

In dieser Trierer Zeit begann sie, sich um die Hausangestellten zu kümmern. Sie lud sie abends zu sich ein, machte es ihnen gemütlich, schuf eine Atmosphäre, in der sie zwanglos miteinander reden konnten. So war es für die Mädchen leicht, mit dem jungen Fräulein von Viebahn auch über den Glauben zu sprechen. Bei Christus gibt es keine Standesunterschiede, das hatte Christa früh erkannt. Sie nahm ungern an Empfängen teil, die die Eltern für die gehobene Gesellschaft geben mussten. *Pomp und Glanz des Hauses* waren ihr unangenehm.

Der Vater ließ auf eigene Kosten ein christliches Soldatenheim einrichten[11] und berief einen Bruder aus der Prediger- und Missionsschule St. Chrischona bei Basel zum Heimleiter. Dieser Chrischona-Bruder ging immer wieder mit einem Koffer voller Bibeln von Tür zu Tür. Auf diese Weise gelangten viele Bibeln in die Häuser und zu den Familien in der Gegend.

Wenn die Fähnriche nach zwei Jahren ihren Abschluss machten, legte Oberst von Viebahn zu jedem Abschlusszeugnis immer eine Bibel dazu.

Die christliche englische Art

1892 verbrachte Christa von Viebahn ein halbes Jahr in England, wo sie mit Elisabeth Kübel bei einem Arzt-Ehepaar wohnte. Sie vertiefte sich in die englische geistliche Literatur. Dafür stand ihr die gesamte Bibliothek von Ehepaar Mainard zur Verfügung. Seitdem schwärmte sie förmlich für englische Bücher, kaufte sich immer wieder welche und empfahl sie auch ihren Geschwistern daheim.

Die Freundinnen besuchten mit ihren Gastgebern die Versammlungen der Darbysten, eine freikirchliche Gemeinde der Brüderbewegung. Sie lernten die englischen geistlichen Lieder kennen und lieben, die ohne Instrument, aber vierstimmig gesungen wurden. Sie schätzten den Reichtum der lebensnahen und praktischen Bibelauslegungen.

Es war eine besondere spirituelle Zeit, zu der sich Christa in England aufhielt: Der mitreißende Erweckungsprediger Dwight Lyman Moody (1837–1899) führte mit dem Sänger Ira D. Sankey (1840–1908) große Evangelisationen durch, zu denen bis zu zwanzigtausend Menschen strömten. Nach der Predigt wurden von Helfern Einzel- und Gruppengespräche geführt, die auf die Fragen und Nöte der Einzelnen eingingen und ihnen halfen, Christus als ihren persönlichen Retter anzunehmen.

In London hatte Charles Hadden Spurgeon (1834–1892) Woche um Woche mit seinen Predigten den großen *Metropolitan Tabernacle* gefüllt. Ihm war eine besondere Gabe des Predigens gegeben. Er sprach lebendig, benutzte viele Bilder aus dem täglichen Leben und erklärte den Glauben an Gott mit einfachen, aber eindrücklichen Worten. Seine Predigten wurden mitstenografiert, gedruckt und später in viele Sprachen übersetzt.

Was Christa auch beeindruckte, war die Persönlichkeit der Haushälterin Susan im Haus des Arztes. Sie war dienstbereit und bescheiden, eine gebildete, anteilnehmende Frau voller Glauben. Sie nahm an den Mahlzeiten und Hausandachten teil, war über die Freuden und Nöte von Missionaren informiert und wirkte immer freundlich und aufmerksam.

Die Brüderbewegung

Die große Erweckung, die Gott besonders in der ersten Hälfte des 19. Jahrhunderts in fast ganz Europa schenkte, erfasste auch England. In Plymouth, London und Bristol entstanden neue Zentren der Erweckung. Viele junge Männer fanden sich zusammen, man nannte diese Bewegung daher die »Brüderbewegung«. Sie zeichnete sich durch eine gewisse Emanzipation von der amtlichen Kirche aus. Diese jungen Männer wollten nicht von kirchlichen Amtsträgern bevormundet werden, wie es in der anglikanischen Kirche oft geschah. Sie sammelten sich in Privathäusern. Ein Zeichen ihrer Selbstständigkeit war auch, dass sie begannen, jeden Sonntag das Abendmahl ohne Pastoren zu feiern.

Die Bewegung spaltete sich bald in eine Gruppe der »Offenen Brüder« und eine Gruppe der »Geschlossenen Brüder«. Letztere standen unter der (engen) Führung des ehemaligen anglikanischen Pfarrers Darby. Er verlangte eine Trennung von allen Christen anderer Konfessionen, auch von gläubigen Christen anderer Prägungen.

In Deutschland fand die Brüderbewegung einflussreiche Anhänger im industriellen Rheinland. Hier entstand unter der Führung des Verlegers Carl Brockhaus, der sich eng an Darby anschloss, eine Gruppe der »Geschlossenen Brüder«, der sogenannten »Versammlung«.

Auch die »Offenen Brüder« fanden hier Freunde. Sie schufen sich nach dem Ersten Weltkrieg in Wiedenest im Oberbergischen ein wichtiges Zentrum. Ein dritter Zweig konstituierte sich unter der Führung des Seidenfabrikanten Hermann Grafe als »Freie evangelische Gemeinde«.

Alle drei Zweige haben sich über ganz Deutschland und darüber hinaus ausgebreitet.[12]

Nach ihrer Rückkehr nach Trier machte Christa bald wieder einen Besuch in Tübingen. Von Familie Kübel wurde sie wie eine Tochter des Hauses aufgenommen. Elisabeth Kübel hatte sich inzwischen dem Kreis der Darbysten angeschlossen, und die beiden Freundinnen besuchten miteinander die »Versammlung«.

Das Jahr 1892 ging mit einem strengen Winter zu Ende, das Thermometer fiel auf 18 bis 20 Grad minus. Genau jetzt kam wieder ein Marschbefehl für Oberst von Viebahn: Er wurde als Generalmajor und Brigadekommandeur nach Stettin kommandiert. Der neu ernannte General brach sofort auf nach Berlin zum Kaiser und weiter nach Stettin zu ersten Besuchen bei den Offizieren. Aber vor allem musste er eine Wohnung für seine große Familie finden. Zunächst zogen nur die Pferde des Generals um, was bei der Kälte für die Tiere sehr gefährlich war. Drei Tage und drei Nächte waren sie unterwegs, bis sie wohlbehalten bei ihrem Besitzer ankamen. Die Familie blieb jedoch bis 1. April

1893 in Trier. So lange dauerte es, bis alles für einen Umzug geregelt und ein »Drei-Etagen-Haus« in der Birkenallee in Stettin gefunden und gemietet war.

Georg von Viebahn lebte dort mit seiner Familie in einer Atmosphäre christlicher Erweckung und Hilfsbereitschaft und dem gleichzeitigen Verfall biblischer Werte und Normen am Ende des 19. Jahrhunderts.*

---

* Siehe auch »Europa im Strom christlicher Nächstenliebe«, S. 234

KAPITEL 5

Stettin 1893–1907

Die Hauptstadt Pommerns

Stettin war eine Festungsstadt mit wechselvoller Geschichte. Nach frühmittelalterlicher Besiedelung wurde die eigentliche Stadt im 13. Jahrhundert gegründet, für Dänen und Polen immer ein Objekt der Begierde. Links der Oder gelegen, 65 Kilometer vor der Mündung in die Ostsee, entwickelte sich Stettin zu einer bedeutenden Hafenstadt, vor allem nach ihrem Beitritt zur Deutschen Hanse.

Im 18. Jahrhundert wurde die Stadt preußisch. Schon ab 1840 erlebte die Stadt einen anhaltenden Aufschwung. Die Infrastruktur wurde ausgebaut, Stettin erhielt eine Kanalisation, ein Wasser- und Gaswerk. Der See- und Flusshafen entwickelte sich, die Bahnverbindung nach Berlin (1843), dann nach Posen und Stralsund machte Stettin zu einem bedeutenden Handels- und Verkehrsknotenpunkt. 1873 wurde die Festung endgültig geschleift, um neuen Raum für die wachsende Bevölkerung zu gewinnen. Werft- und Maschinenbau, Chemie- und Lebensmittelindustrie schufen viele Arbeitsplätze. Um 1888 lebten etwa 100 000 Menschen in Stettin, 1905 waren es schon 222 000. Heute gehört Stettin (polnisch Szczecin) zu Polen.

Eine Sternstunde für Stettin und ganz Pommern

Trotz der Anstrengungen der Wirtschaft, Arbeitsplätze zu schaffen, gab es in Stettin viele Menschen ohne Lohn und Brot.

Die Bemühungen Einzelner reichten nicht aus, die Not, die daraus entstand, zu lindern.

Am Abend des 28. Februar 1849 stand in der überfüllten Aula der Elisabethschule, die mitten im Zentrum Stettins liegt, dem Königstor gegenüber, ein Mann am Rednerpult und hielt einen mitreißenden, zweieinhalbstündigen Vortrag: Johann Hinrich Wichern[*]. Am nächsten Tag schrieb er einen Brief an seine Frau. Er zeichnet darin ein lebendiges Bild der religiösen und politischen Strömungen jener Tage, die auch zu Viebahns Zeit in Stettin noch zu spüren waren.[**]

Diakonissen in Stettin

Ein weiteres wichtiges Ereignis in Stettin war der Besuch von Theodor Fliedner[***], der im gleichen Saal der Elisabethschule einen Vortrag hielt: Im Mai 1850 sprach er über die Notwendigkeit, gut ausgebildete christliche Krankenpflegerinnen in den Dienst an Kranken, Kindern und Alten zu stellen. Unter seinen Zuhörern saß Pfarrer Rudolf Palmie. Er mietete bald darauf eine Wohnung, in der sich einige Frauen Not leidender Kinder annehmen konnten. Und schon am 15. Mai 1851 führte dies zur Gründung der »Kinderheil- und Diakonissenanstalt Stettin«. Um 1920 zog das Mutterhaus aus dem Zentrum Stettins ins nahe gelegene Finkenwalde um, wo sich noch mehr Möglichkeiten des Dienstes ergaben.[****]

Das Haus des Generals

Seit dem 1. April 1893 wohnte Familie Viebahn in Stettin. Langeweile kam in der Birkenallee Nr. 3 nicht auf: Die »Kleinen« tobten unter Georgs Führung durchs Haus. Anni spielte Geige, Friedrich Wilhelm blies das Horn, jedes Kind konnte Klavier oder Harmonium spielen, Bernd bekam zusätzlich noch Cello-Unterricht. Die drei ältesten Töchter hatten Gesangsunterricht bei Fanny Schrader, »Fännchen« genannt. Wenn die Schwestern ihre Stimmübungen machten, reizte es die Jungs zu Schabernack. So gelang es F. W. einmal, seinen Hampelmann vor dem Musikzimmerfenster in Stellung zu bringen. Im Takt zu *do-re-mi-*

---

[*]   Gründer der Inneren Mission 1848 u.a.
[**]   Siehe »Brief von Johann Hinrich Wichern an seine Frau, 1. März 1849«, S. 239
[***]   Evangelischer Pfarrer und Gründer der Kaiserswerther Diakonie.
[****] Heute Diakonissenmutterhaus Bad Harzburg e.V., das zum Bund Deutscher Gemeinschafts-Diakonissen-Mutterhäuser gehört.

fa-so-la-ti-do hüpfte der Hampelmann vor dem Fenster herum, und die singenden Frauen brachen in schallendes Gelächter aus.

Elisabeth hatte eine »überirdische«, reine Sopranstimme, Maria war etwas weniger begabt, Christa verfügte über eine auffallend tiefe Altstimme. Damit sang sie z. B. Beethovens dramatische Arie: *In questa tomba oscura …**

Daneben gab es weiterhin regelmäßigen Unterricht in Literatur und Geschichte für die großen Schwestern. Elisabeth und Maria bekamen in Berlin ein Vierteljahr lang Mal- und Zeichenunterricht.

Der General erfüllte diszipliniert einen straffen Dienst in seiner Brigade, auf dem Exerzierplatz, in der Kaserne und am Schreibtisch. Für seinen Weg zum Arbeitsplatz musste er fast die ganze Stadt durchqueren, oft hoch zu Ross. Dennoch versammelte er täglich seine Familie und alle, die im Haus wohnten und arbeiteten, zur Morgenandacht. Er las ihnen aus seiner alten, zerfledderten Bibel vor, legte ihnen den Text aus, sang mit ihnen und stellte sich und die ganze Hausgemeinde unter den Segen Gottes. Danach ging jeder an sein Tagewerk, in die Küche oder in die Kaserne, in die Ställe zu den Pferden, in den Garten, ins Gymnasium, ans Klavier, an den Schreibtisch, zum Einkauf oder zu Besuchen.

Als die Familie 1899 von der Mietwohnung in der Birkenallee in eine schöne eigene Villa an der Grabower Straße umgezogen war, wünschte sich Marie von Viebahn einen Flügel im Empfangszimmer, das neben dem sechs auf neun Meter großen Familienwohnzimmer eingerichtet worden war. Christa wurde mit einer ganzen »Horde Kinder« losgeschickt, um das Instrument auszusuchen. Sie nahmen auch den Jüngsten mit, Bernd, der später davon erzählt. Im dämmrigen Lagerraum ging Christa von Flügel zu Flügel, spielte jeden an, um immer wieder zu einem großen schwarzen Flügel der Firma Bechstein zurückzukehren. Schließlich fiel die einmütige Entscheidung: Den nehmen wir! Christa setzte sich und spielte »Tochter Zion, freue dich«** – für den neunjährigen Bernd war dies unvergesslich.

---

*   *In dieses Grabes Dunkel lass entschlummert mich sein …*
** Marsch aus Händels Oratorium *Judas Makkabäus:* »Seht, er kommt mit Preis«, der in christlichen Kreisen mit dem Text von Friedrich Heinrich Ranke (um 1820) »Tochter Zion, freue dich« gesungen wird.

Die Jungen gingen nacheinander auf das Gymnasium. Im Hause Viebahn wurde gelernt, gelacht, gespielt; es wurde selbstverständlich gerudert, geschwommen, geradelt, geritten, geturnt. Der Vater hatte einen Turnlehrer aus seiner Brigade bestellt und Turngeräte für die heranwachsenden Söhne angeschafft. Es musste an nichts gespart werden.

Der Vater unternahm mit seinen Söhnen große Sommerreisen, z. B. nach Rügen und Schweden, wo die Jungen zum ersten Mal »Knäckebroed« aßen, das in Deutschland völlig unbekannt war. Außerdem legte der Vater Wert darauf, dass täglich geschwommen oder gebadet wurde. Der Jüngste im Quartett, Bernd, erzählt später:

Hier habe ich das kälteste Bad meines Lebens genommen. Das Thermometer zeigte an einem Morgen 9 Grad Celsius. Aber wenn es auch eben gerade nur ein Hineinspringen und eiligst wieder Emporklettern war an diesem Tage – ins Wasser mußten wir – und Vater machte das selber auch mit.

Nachmittags wurde meistens gesegelt unter dem persönlichen Kommando von Onkel Holst. Er hatte die Gewohnheit, wenn alle an Bord waren, zuerst zu beten. Das hat uns Eindruck gemacht, und wir wurden später ermahnt, das bei unseren Ruderfahrten in Stettin auch so zu halten.

Einen Eindruck vom Umfang dieser jährlichen Sommerreisen erhält man, wenn man eine vollständige Reiseroute aus der Chronik betrachtet, hier vom 5. bis 20. Juli 1905: *Pfaueninsel, Potsdam, Frankfurt a. M., Heidelberg, Herrenalb, Baden-Baden, Burg Eberstein, Oppenau, Allerheiligen und Ruhestein, Hornisgrinde, Solfsbrunnen, Kniebisbäder, Fahrt nach Titisee, Feldberg, St. Blasien, Freiburg (Münster), Straßburg (Münster, Kaiserpalast), Schlachtfeld von Wörth (wo der Vater 1870/71 im Krieg gewesen war), Bingen, Niederwald-Denkmal, Dampfschifffahrt bis Königswinter, Drachenfels, Engers, Lahntal, Gießen (Schwimmen in der Lahn), Berlin.* Der Vater nahm sich auf diesen Reisen ausgiebig Zeit für seine Söhne, es waren gut durchdachte Erziehungs- und Bildungsreisen.

In Stettin kamen sehr viele Besucher ins Haus, so der im Ruhestand lebende Oberstleutnant von Knobelsdorf, der in Stettin eine Evangelisation hielt, Freiherr von Tiele-Winckler, Eva von Tiele-Winckler,

Forstmeister von Rothkirch, langjähriger Vorsitzender des CVJM – um nur einige zu nennen. Führende Persönlichkeiten der Erweckungsbewegung gingen im Haus ein und aus.

Eine sorgfältige Bildung, tadelloses Benehmen und eine selbstverständlich praktizierte Frömmigkeit prägten die Kinder. Die älteren Schwestern bemühten sich, die heranwachsenden Brüder für Christus zu gewinnen, was zunächst nicht ganz einfach war. Bald wohnte auch Julie Freiin von Verschuer im Haus. Ihr Vater war lange mit Viebahn befreundet gewesen. Nachdem die Eltern von Julie Verschuer recht früh gestorben waren, wurde der General Julies Vormund. Er nahm sie wie ein eigenes Kind auf. Ihr wurde ein Zimmer mit ihren Möbeln geschmackvoll eingerichtet. Für die Kinder war sie wie eine weitere große Schwester. Julie war sechs Jahre älter als Christa, ausgebildete Lehrerin, sprach fließend Französisch und Englisch und hatte viel Humor, was für die ernster veranlagten Viebahns wohltuend war. Sie wurde einfach Jule genannt. Wenn eines der kleineren Kinder hinfiel, konnte sie sagen: *Komm her, ich heb dich auf!*, worauf das Kind prompt aufstand und zu ihr lief. Sie verbreitete auch das Gerücht, Spinat mache artig. Bernd von Viebahn schreibt in Erinnerung an sie: *Welch ein Strom von Freude und Fröhlichkeit ist durch Jule in unsere Jugendzeit, in unser ganzes Haus gekommen! Sie war wirklich eine Sonne, und »Sönnchen« wurde sie auch manchmal genannt.*

Und es wurde geheiratet im Hause Viebahn. Den Anfang machte Maria 1899, es folgte Pauli 1902, dann F. W. im Januar 1908 und Anni im August 1908. Elisabeth heiratete nicht.

Missstände beim Militär

Schon 1894 erbat sich der General von höchster Stelle die Erlaubnis, ein christliches Blatt, das er selbst verfasste, wöchentlich in jede Kasernenstube legen zu können. Es waren *die Zeugnisse eines alten Soldaten an seine Kameraden.* Von manchen Kommandeuren wurde dies nicht gern gesehen.

Der Tod von Kaiser Friedrich III. lag erst sieben Jahre zurück, als der General im Oktober 1895 ins Elsass fuhr, um an der Einweihung eines Denkmals zur Erinnerung an seinen kaiserlichen Freund teilzunehmen. Die gesamte militärische Elite des deutschen Heeres war zu diesem Festakt angereist. Viebahn merkte bei allen Zusammenkünften im kleineren oder größeren Kreis, dass viele Militärs sich wenig mit Fragen des christlichen Glaubens befassten. Es gab zwar immer noch einen gewissen preußisch-verbindlichen Ehrenkodex, aber Alkohol- und Spielsucht führten zu einem Lotterleben und ruinierten viele Soldaten und Offiziere bis in die höchsten Kreise. Diese Missstände wurden allgemein toleriert.

Bedrückt kehrte der General nach Stettin zurück. In der Hand der Offiziere lag die Ausbildung vieler junger Männer. Durch ihr Vorbild und Bekenntnis sollten die Soldaten auch zum Glauben eingeladen werden – so dachte Viebahn. Den General quälte die Erkenntnis, dass dies nicht mehr ausreichend geschah. Statt Frömmigkeit griff eine gewisse Frivolität um sich, die zu vielen Gewissenskonflikten der Soldaten führte.

Der Evangelist

Eine im Januar 1896 abgegebene Beurteilung Viebahns durch den kommandierenden General der Infanterie von Blomberg lautet:

Ein fester Charakter von vorzüglichen Kenntnissen und praktischer Begabung, besitzt General von Viebahn eine seltene Schaffensfreudigkeit und ist unermüdlich bestrebt, seine Untergebenen in der kriegsmäßigen Ausbildung zu fördern. Ein hervorragendes Lehrtalent und eine seltene Vortragsgabe zeichnen ihn aus. Seine taktischen Übungen und die daran geknüpften Belehrungen sind mustergültig. Bei der strengsten Auffassung seiner und anderer Pflichten, ist er wohlwollend gegen seine Untergebenen. Mehr Wert als auf die Ausbildung der Truppe, legt er auf solche der Führer. Er selbst besitzt hervorragende Führereigenschaften. Ich erachte den Generalmajor von Viebahn für einen hervorragend tüchtigen Brigadekommandeur, der sich bedingungslos zum Divisionskommandeur eignet und zu den besten Erwartungen für die Zukunft berechtigt.[13]

Dem Generalmajor wurde der ehrenvolle Posten als Kommandant der Kriegsschule in Berlin in Aussicht gestellt. Doch er reichte seinen Abschied ein.

Am 18. April 1896 wurde er im Rang eines Generalleutnants zur Disposition (z. D.) gestellt. Nun war er frei, durch Schriften und Evangelisationen zunächst seinen Kameraden zu helfen, Christ *und* Soldat zu sein.

Der Enkel Georg-Eberhard Viebahn – er legte seinen Adelstitel nach dem Zweiten Weltkrieg ab – erzählt die Geschichte so:

Seine zunehmenden christlichen Aktivitäten mit Missionierungsvorträgen im ganzen Reich hatten nicht nur bei Militärgeistlichen Missfallen erregt. Es wurde auch vom Oberhofprediger dem Kaiser zugetragen. Als er dann zum Kaiser befohlen und von diesem vor die Alternative gestellt wurde, entweder seine religiöse Betätigung einzustellen oder seinen Abschied einzureichen, bedurfte es für ihn keines weiteren Überlegens und er antwortete: »Zu Befehl, Eure Majestät, ich bitte gehorsamst um meinen Abschied.«

Tatsächlich aber fiel Georg von Viebahn diese Entscheidung schwer. Sie bedeutete auch einen großen Einschnitt in das Familienleben. Der General, ab sofort in Zivil, musste nicht mehr den preußischen Staat repräsentieren. Aber er repräsentierte nun seinen Herrn. Er war ein gefragter Redner, der viele bedeutende Vorträge hielt, und er war ein ebenso gefragter Evangelist, der zu vielen Diensten gerufen wurde. Im Frühjahr und Herbst war er wochenlang unterwegs. An seine Gesundheit dachte der inzwischen Sechsundfünfzigjährige nicht.[*]

Julie von Verschuer arbeitete nun auch als Sekretärin für Georg von Viebahn. Für seine schriftstellerische Arbeit war dies dringend nötig. Er schrieb in den folgenden Jahren tausendeinhundert Texte der *Zeugnisse eines alten Soldaten*, jenes vierseitigen Verteilblatts, das in den Kasernen ausgelegt wurde. Ab 1899 entstand zudem die Vierteljahresschrift *Schwert und Schild*, eine biblische Tageslese für Soldaten.[**]

---

[*]   Siehe dazu auch: Im Hotel »Vier Jahreszeiten« und »Auseinandersetzungen«, S. 240–241

[**] Der Titel bezieht sich auf Epheser 6,16.17: »Ergreift den Schild des Glaubens ... und das Schwert des Geistes, das ist Gottes Wort.«

Unter dem Arbeitszimmer des Generals, in dem so konzentriert gearbeitet wurde, war das Klavierzimmer untergebracht. Julie von Verschuer behauptete, sie könne wesentlich schneller das Diktat aufnehmen, wenn Bernd währenddessen ein ordentliches Allegro spiele. Sie war auch eine »Meisterin des Fahrplans«, die wichtigsten Fernverbindungen hatte sie alle im Kopf.

Die Autorin

Ein etwas unterbelichtetes Foto zeigt Christa im Halbprofil am Schreibtisch sitzend. Gut möglich, dass es von F. W. stammt. Er war der Erste in der Familie, der mit einem Fotoapparat hantierte und auf dem Dachboden eine Dunkelkammer in einem dafür umgebauten Wandschrank bekommen hatte. In seinen frühesten Erinnerungen an Christa sieht auch der jüngste Bruder Bernd die erwachsene Schwester meistens am Schreibtisch sitzend. Dieser Schreibtisch hatte einen schön gearbeiteten Aufsatz mit Schubladen, offenen Fächern usw.

Christa war die Erste im Geschwisterkreis, die ein eigenes Wohnzimmer bekam. Dort organisierte sie einen Schriften- und Büchertisch, der gut sortiert gewesen sein muss. In einem Brief an ihre Schwester Pauli schrieb sie: *Neulich habe ich meinen ganzen Bücherladen bezahlen können. Von dem Geld von Onkel Frits durfte ich mir 600 Mark von den Zinsen kommen lassen.* Dies war damals eine große Summe.*

Christa von Viebahn schrieb auch selbst Texte für einen Abreißkalender und für die Zeitschrift »Gute Botschaft des Friedens«, die Dr. Emil Dönges (1853–1927) in Darmstadt herausgab. Er hatte Englisch und Französisch für das höhere Lehramt studiert und mit Staatsexamen und Promotion seine Studien abgeschlossen. Nach einiger Zeit als Lehrer an einem Gymnasium widmete er sich ganz dem geistlichen Dienst mit einer ausgedehnten Predigttätigkeit. Er gehörte der etwas »milderen« Richtung der »Versammlung« an. 1888 begann er mit der Herausgabe evangelistischer Literatur: Abreißkalender, Verteilschrif-

---

* Zum Vergleich: Im Jahre 1896 lag der Monatslohn eines Hamburger Hafenarbeiters bei brutto 61 Mark – bei 13 bis 14 Stunden täglicher Arbeit.

ten, Broschüren, Zeitschriften, »Der Freund der Kinder«* und verschiedene Bibelauslegungen. Außerdem leitete er eine »Christliche Anstalt für Schwachsinnige«.

Dass Christa von Viebahn von Dr. Dönges gebeten wurde, an der Herausgabe der verschiedenen Schriften mitzuarbeiten, freute sie sehr und forderte sie heraus, gute Texte zu verfassen. Sie lernte dadurch alles, was zur Fertigstellung einer Publikation gehörte, vom Manuskript über Korrekturen bis hin zum fertigen Produkt. Die Verbindung zum Verlag von Dr. Dönges in Darmstadt machte auch manche Reise nach Süddeutschland nötig, die sie oft mit einem Besuch in Tübingen verband.

Christa beriet ihre Kunden und Leser gut. In diesem Zusammenhang einige Zitate aus Briefen an ihre frisch verheiratete Schwester Pauline aus dem Jahr 1902:

Gestern Abend war Emma Schilling mit Agnes Schmidt und einige andere bei mir, und unser Zusammensein in meinem Wohnzimmer war recht gesegnet.

Ich wollte Euch noch raten, wenn Ihr Traktate bestellt, dann nehmt doch gleich 1000, dann sind sie nämlich bedeutend billiger; 1000 zweiseitige kosten 2 Mark, 1000 vierseitige kosten 4 Mark.

Mit der Arbeit für den Abreißkalender 1903 bin ich noch sehr im Rückstand; es war noch immer so viel im Haus zu ordnen, daß ich kaum zu einem Brief gekommen bin, geschweige an die schriftliche Arbeit. Und nun hat der Drucker schon gemahnt, er will die Arbeiten früh haben. Deshalb reise ich nun auch schon so schnell ab nach Darmstadt, um dort mit Dr. Dönges zusammen das letzte daran zu tun.

Von Darmstadt aus schreibt sie im April 1902:

Innige Grüße und Segenswünsche sende ich Dir für Dein neues Lebensjahr. Von England aus wird Dir ein kleines Büchlein zugehen, das ich Dir schenken möchte; es hat mir selbst großen Segen gebracht und auch Elisabeth (Kübel) schrieb mir, daß sie so gern darin lese.

---

* Erscheint bis heute als »Wochenzeitschrift für Kids von 4–12 Jahren«.

Wieder in Stettin am 9. Juli 1902:

Zuerst will ich nun Deine Fragen beantworten. Das Buch von den Ausgrabungen finden alle hier tödlich langweilig; man kann es also nicht empfehlen. George Müllers Leben in Englisch hat folgenden Titel: George Miller of Bristol by J. T. Pierson. Es soll neuerdings auch eine deutsche Lebensbeschreibung von Müller geben, F. W. will sich in Berlin darnach umsehen und Dir mitteilen. Durch Väterlein schicke ich Dir verschiedene Bücher, die mir für die Dame geeignet scheinen, für die Du etwas suchst; wenn sie eines oder mehrere davon kauft, kannst Du mir ja das Geld aufheben oder wenn sie sie gern geliehen hätte, kannst Du sie ihr ja leihen und dann behalten, es kommt mir nicht darauf an, den Geldwert ersetzt zu bekommen, wenn sie nur Segen stiften.

Sonntagabends haben wir oft sehr gesegnete Stunden; neulich betrachteten wir die Opfer in 3. Mose in den ersten Kapiteln. Die Betrachtungen über die fünf Bücher Mose sind doch sehr schön, sie eignen sich so gut, um sie miteinander zu lesen, das habe ich jetzt wieder neu empfunden. Es ist wunderbar, welcher Reichtum von Belehrung, Weisheit und Kraft in Gottes Wort verborgen liegt; o daß wir nur immer in einem passenden Zustand wären, um sie aufnehmen zu können. [*]

Gerne würde ich wissen, in welchem Teil der Bibel Du jetzt für Dich liest, mein Paulinchen, vielleicht kann ich Dir dann eine Betrachtung dazu schicken oder Dir einige Notizen machen.

Kakao, Gebäck und die Bibel

Christa wünschte sich immer mehr, die Menschen auf die großen Rettungstaten Gottes hinzuweisen. Sie fing in ihrer direkten Umgebung damit an. Weder die Gesangslehrerin noch der Kutscher, weder der Gärtner noch die Lieferanten waren davon ausgenommen. Sie kleidete

---

[*] Ihre späteren Auslegungen zum 3. Buch Mose finden sich als PDF-Dateien im Internet unter http://karker.de/download/vaeter/viebahn/3.mose_lat.pdf und unter www.wol-BLZ.net.

sich bewusst einfach und unterhielt sich freundlich mit den Bediensteten. Dadurch waren sie im Umgang mit der Tochter des Generals nicht so gehemmt und sprachen freimütig mit ihr. Die jüngeren Geschwister machten manchmal spöttische Bemerkungen darüber. Die ertrug sie. Ihre Klaviernoten hatte sie längst an die pianistisch hochbegabte Pauli weitergegeben, sie selbst nahm sich kaum noch Zeit, Klavier zu spielen. In den Sonntagsandachten begleitete sie die Lieder auf dem Harmonium.

Als die Köchin Laura ans Heiraten dachte, gab ihr Christa Näh- und Schneiderstunden, *damit sie sich später auf dem Lande helfen kann.* Laura, ein stilles, schüchternes Mädchen, war schon in Trier ins Viebahnsche Haus gekommen. Christa, die damals angefangen hatte, sich besonders um die Hausangestellten zu kümmern, hatte Laura für Jesus gewinnen können.

Sonntagabends lud Christa regelmäßig die Hausangestellten und andere junge Mädchen und Frauen aus der »Versammlung« zur Bibelstunde in ihr Wohnzimmer ein. Zuerst gab es Kakao und Gebäck oder ein kleines Abendbrot. Dabei kamen sie zwanglos miteinander über ihren Alltag ins Gespräch. Danach wurde in der Bibel gelesen. Christa besaß die Gabe, den einfachen Mädchen auch schwierige Texte verständlich zu machen. Es wurde gebetet und gesungen, und viele von ihnen begriffen, dass Jesus Christus auch für sie den Weg an das Kreuz von Golgatha gegangen war, und bekehrten sich.

Tante Änne vom Bosporus

Die Jüngste im Quintett der Schwestern, Anni, hatte sich mit Eberhard von Werthern, einem angehenden Arzt, verlobt. Beide bereiteten sich darauf vor, als Missionarsehepaar nach China auszureisen. Deshalb erlernte Anni die Krankenpflege, wozu sie einige Zeit in England weilte.

Eine Schwester ihrer zukünftigen Schwiegermutter, Generalin von Werthern, war Anna von Nostitz, »Tante Änne«. Sie hatte ein Waisenhaus am Bosporus geleitet und tauchte eines Tages in Stettin auf. Sie mietete sich mitten in einem düsteren Werftarbeiterviertel im Vorort Grabow eine kleine Wohnung. Ein Zimmer bestückte sie mit Bänken und einem Harmonium – fertig war das »Missionszentrum«. Dann nahm sie eine Stelle als Fabrikarbeiterin in einer Kaffeerösterei an und knüpfte Kontakte zu den Fabrikmädchen. Diese lud sie zusammen mit anderen Grabower Frauen, die sie auf den Straßen oder bei Besuchen in den Wohnungen ansprach, in ihre Missionsstube ein. Dort erzählte sie ihnen die gute Nachricht von Jesus, der sich liebevoll um jeden Menschen kümmert.

Sie bat Anni, ihr zu helfen. Anni war tief beeindruckt von der Tatkraft dieser Arbeiter-Missionarin. Nach kurzer Zeit wurde Tante Änne krank und die Arbeit in Grabow musste beendet werden. Aber Anni wollte nicht alles aufgeben. Die Eltern erlaubten ihr, ein Kellerzimmer in der Villa als Sonntagsschulraum einzurichten. Auch das Harmonium von Tante Änne fand dort einen neuen Platz. Bernd wurde zum Organisten der Sonntagsschule ernannt. Und dann kamen die Kinder, es waren hauptsächlich Arbeiterkinder aus Grabow. Die Gruppe wurde so groß, dass sie geteilt werden musste. Georg wurde der Lehrer der Jungen, während die Mädchenklasse weiter von Anni unterrichtet wurde.

Kleine Stadtmission in Stettin

Diese Initiative ihrer wesentlich jüngeren Schwester Anni ermutigte und beflügelte Christa, ihrem Hauskreis weitere Kreise von außerhalb hinzuzufügen. Sie wollte – wie Tante Änne – zu den Arbeiterinnen, Armen und Kranken gehen. Nach ihrer Rückkehr von einem erneuten Aufenthalt in England begann sie in den Vororten von Stettin mit einer kleinen stadtmissionarischen Arbeit.

Es war natürlich undenkbar, dass sich ein Fräulein aus adeligem Hause allein in diese »hässlichen Vororte« begab. Waren die Töchter irgendwo zum Unterricht außer Haus, wurden sie immer entweder vom Vater oder einem der Brüder dorthin begleitet und wieder abgeholt. Christa bat deshalb Anna Maier, eine befreundete ältere Dame, sie auf diesen Gängen in die Vororte zu begleiten.

Zunächst verteilten sie auf den Straßen und an den Fabriktoren Traktate, kleine Schriften, die leicht verständlich geschrieben waren und christliche Werte vermittelten. Nach einiger Zeit war eine Frau in der

Vorstadt bereit, in ihre Wohnung andere Frauen einzuladen, die mehr von diesen Themen hören wollten. Bald waren drei solcher regelmäßigen, wöchentlichen Treffpunkte entstanden. Dort erfuhr Christa von Viebahn viel von der Not der Frauen, von ihrer schweren Arbeit in der Fabrik, der Mühe, die Familie zu kleiden und zu ernähren. Manchem Mangel und Kummer konnte Christa fürsorglich abhelfen. Hin und wieder nähte sie Bettwäsche und half im Haushalt, wenn ein Kind geboren war. Ihre Bibel hatte sie immer dabei. Sie las den Frauen daraus vor und kam mit ihnen darüber ins Gespräch.

Für die Eltern und Geschwister war diese reale Hinwendung Christas zu den *Armen und Schlichten* des Guten zu viel. Ihr Verhalten schien ihnen etwas zu extrem. Sie hielten sie zwar nicht davon ab, teilten aber nicht ihre Ansichten darüber. Doch Christa fühlte sich wohl bei diesen Frauen, die so anders und so offen waren. Diese Stunden mit den Industriearbeiterinnen blieben für sie unvergesslich. Sie sagte von dieser Zeit: *Da habe ich große, wunderschöne Familienkreise gehabt mit sehr viel Freude, klare Bekehrungen und wunderschöne innere Fortschritte bei den Frauen.* Es gelang ihr sogar, wöchentlich in einer Fabrikhalle eine Bibelstunde zu halten. Auf ihrer hingebungsvollen Arbeit unter diesen *Armen und Schlichten* lag viel Segen.

Auch Fromme fallen in Versuchung

Für Christa, die sich mit fast militärischem Gehorsam an die Heilige Schrift hielt, war es undenkbar, dass sich aufrichtig fromme Menschen heillos in dunkle Machenschaften verstricken könnten. Sie schreibt dazu Jahre später:

Bis dahin hatte ich die Überzeugung, daß jedes Kind Gottes nach all dem Licht wandelt, das es hat, und wandelt ganz mit seinem Gott. Ich mußte die schreckliche Entdeckung machen, daß es möglich ist, viel aus Gottes Wort zu wissen und doch in der Sünde zu stecken. Das war für mich wie ein Sturz in den Abgrund. Diese Entdeckung war einfach ganz erschütternd. Ich habe wochenlang daran gekrankt und mir nicht zu helfen gewußt. Der Mann, der das Wort Gottes auslegte und in sehr kostbarer Weise darüber sprach, war ein Ehebrecher. Er hat die jungen Mädchen in seine Sprechstunden kommen lassen und hat die schlimmsten Dinge mit ihnen getrieben. Dies ging jahrelang so fort, ehe es ans Licht kam.

Vermutlich erfuhr Christa durch ihre Gespräche mit den Mädchen in ihrem Hauskreis von diesen Missbrauchsfällen. Sie konnte sich aber an niemand wenden, ohne einen Skandal auszulösen und damit auch die Mädchen in große Probleme zu bringen. Außerdem wären die jungen Frauen von ihr bitter enttäuscht gewesen, hätte sie die Verschwiegenheit des seelsorgerlichen Gesprächs verletzt.

Irgendwann kam die ganze Sache doch heraus, und der Skandal war groß. Eine vermeintlich ideale, vor Sünden und Verfehlungen geschützte Welt war zerbrochen.

Die bittere Enttäuschung, die Christa hier erlebte, war eine Lektion in Sachen Menschenkenntnis. Sie wusste nun aus eigener Anschauung, dass sich das Böse auch mit Frömmigkeit maskieren, dass man fromm reden und schlimme Dinge treiben kann. Diese Erfahrung sollte für ihre spätere Arbeit wichtig werden, in der viele Menschen Hilfe und Rat bei ihr suchten.

Henriette Schüler-Ankersmit

Christas Tante Henriette, die in Breunigeshain mit Pfarrer Schüler verheiratet war, soll an dieser Stelle ausführlicher vorgestellt werden. Auch sie war eine Frau, die an ihrem Platz als tatkräftige Christin wirkte:

Sie war die ältere Schwester von Christine von Viebahn. Vielseitig gebildet in Sprachen und verschiedenen künstlerischen Tätigkeiten, hielt sie sich von 1861 bis 1863 in einer Pension in Barton on Humber (England) auf. Dort fand sie als Erste aus der Familie Ankersmit zum lebendigen, persönlichen Glauben und brachte die Botschaft vom Heil in Jesus Christus nach Hause mit. Nach und nach ließen sich Christine und Marie von diesem Weg überzeugen.

Henriette lernte auf einer großen Konferenz in Amsterdam ihren späteren Mann, August Schüler, kennen. Als sie dem Witwer nach

Deutschland folgte, konnte der Kontrast zwischen dem reichen Patrizierhaus in Amsterdam und dem einfachen evangelischen Pfarrhaus in der Provinz nicht größer sein. Es entstanden große zwischenmenschliche Spannungen mit der ebenfalls im Haus lebenden betagten Mutter des Pfarrers und der Tochter Sophie aus erster Ehe. Doch Henriette Ankersmit wusste sich von Gott geführt und ertrug tapfer alle Unbequemlichkeiten und Schwierigkeiten. Henriette und August Schüler wurden Jetta, Martha und Friedrich geboren. Ein Umzug nach Marburg in ein geräumigeres Haus mit Garten brachte einige Erleichterung in die äußeren Verhältnisse. *Sie hat ein hartes, schweres Leben gehabt*, schrieb Pauline später von ihr.

Nach dem Tod ihres Mannes legte Henriette Schüler-Ankersmit nicht einfach die Hände in den Schoß oder ging zurück in ihr Elternhaus. Nein, ihr aufmerksamer Blick fiel auf eine besondere Gruppe von Frauen, die mit ihrer Not von der Gesellschaft allein gelassen wurden: Junge Frauen, die unverheiratet waren und ein Kind erwarteten oder ohne ausreichende Versorgung schon mit ihrem Kind lebten. Sie öffnete für diese Frauen nicht nur ihr Herz, sondern auch ihr Haus und betreute sie. Bald wurde der Platz zu eng. So gründete sie 1888 in der Schwanallee in Marburg ein Versorgungshaus und ein Kinderheim. Dies war für damalige Verhältnisse eine sehr mutige Tat. Aber wie sollte es weitergehen? Henriette Schüler-Ankersmit konnte diese Arbeit auf Dauer nicht allein bewältigen.

Da fiel ihr Blick eines Tages in einem christlichen Blatt auf den Bericht über ein neu entstandenes evangelisches Gemeinschafts-Schwesternhaus. Carl Ferdinand von Blazejewski hatte vom Brüderrat der Gemeinschaftsbewegung in Pommern den Auftrag zur Gründung eines solchen Hauses erhalten. Seine Frau war damit ganz einverstanden, dass er 1899 zunächst vier Frauen im Pfarrhaus in Borken (Ostpreußen) aufnahm. Sie gaben sich Regeln und lebten als kleine Schwestern-Gemeinschaft, die sich den Aufgaben zuwandte, die Gott ihr vor die Füße legte.

Leider starb Blazejewski schon ein halbes Jahr nach dem hoffnungsvollen Beginn. Sein Freund Theophil Krawielitzki trat die Nachfolge an. Ende 1900 übersiedelten die inzwischen acht Schwestern in das für sie neu erbaute Schwesternheim nach Vandsburg (Ostpreußen).

1906 wirkten bereits zweihundert Diakonissen in verschiedenen Bereichen der Kranken-, Kinder- und Altenpflege. Krawielitzki gab sein Pfarramt auf und widmete sich ganz der wachsenden Schwesternschaft.

Als Henriette Schüler-Ankersmit von dieser Arbeit erfuhr, schrieb sie 1902 einen Brief an Frau Blazejewski. Sie bat um Unterstützung ihrer Arbeit in der Schwanallee durch Diakonissen. Schwester Emilie Losereit wurde noch im selben Jahr in diese Arbeit an den jungen Frauen in Marburg entsandt.

Aber Henriette Schüler-Ankersmit hatte noch eine größere Vision, für die sie betete: ein Diakonissen-Mutterhaus direkt in Marburg. 1904 schrieb sie darüber in einem Brief an Pfarrer Krawielitzki: *Könnte sich nicht in meinem eigenen Hause ein Mutterhaus bilden?* Was zunächst aussah wie eine fantastische Träumerei, erfüllte sich auf wunderbare Weise: Am 1. November 1908 wurde das Diakonissen-Mutterhaus Hebron in Marburg gegründet. Henriette Schüler-Ankersmit musste sich zwar aus Gesundheitsgründen immer mehr aus der Arbeit zurückziehen, aber ihr Glaube, ihre Gebete, ihre Liebe zu den Menschen hatten zur Gründung eines Werkes beigetragen, das bis heute besteht. Henriette Schüler-Ankersmit starb 1915 in Bad Blankenburg.[14]

Im Hause Viebahn in Stettin wurde die Arbeit der Tante, Schwägerin und Schwester aufmerksam begleitet. Sie war immer wieder zu Besuch gekommen. Überhaupt pflegten die Geschwister Ankersmit einen engen Kontakt untereinander.

Abschied und Aufbruch

Blicken wir auf die vierzehn Jahre, die Christa von Viebahn in Stettin verbrachte, so sehen wir ein buntes Kaleidoskop diakonisch-sozialmissionarischer Einflüsse. Als sie Anfang dreißig war, spürte sie ein starkes Verlangen nach einer selbstständigen Aufgabe. Der Wirkungskreis im Stettiner Haus wurde ihr mehr und mehr zu eng. Die Treffen mit den Frauen und Mädchen in den Stettiner Vororten ließen sich in Verbindung mit den häuslichen Pflichten nicht weiter ausdehnen. Noch war unklar, wie und wo sie eine eigene Arbeit beginnen sollte.

Als alleinstehende adelige Dame hatte sie kaum eine Chance, aus ihrem privilegierten Leben auszusteigen.

Da ergab es sich 1906, dass ihre Freundin in Tübingen, Elisabeth Kübel, einige Zeit nach dem Tod des Vaters *aus ihren häuslichen Verhältnissen frei wurde*. Die beiden Frauen beschlossen, eine Wohnung in Stuttgart zu mieten. Den Vater befremdeten diese Pläne. Seine Älteste, dazu unverheiratet, wollte den elterlichen Haushalt verlassen? Undenkbar! Zudem konnte Christa nicht klar sagen, wie sie im fremden Stuttgart eine missionarische Arbeit unter Frauen und Mädchen beginnen wollte. Und es gab in Stettin und ganz Pommern genug zu tun.

Aber wie ähnlich waren sich Vater und Tochter: War er nicht auch aus dem Militärdienst ausgeschieden, als ihm klar war, dass er den Soldaten in ganz anderer Weise dienen sollte? Hatte er nicht die Uniform an den Nagel gehängt, seine Karriere aufgegeben, um als Evangelist und Schriftsteller tätig zu sein?

Ähnlich gewiss war sich Christa, dass sie aus ihrer behüteten Umgebung aufbrechen und einen neuen Weg gehen musste, um deutlicher zu erkennen, wie sie Gott mit ihren Gaben dienen konnte. Dabei war ihr natürlich bewusst, dass das Wagnis dieses Aufbruchs die Möglichkeit des Scheiterns mit einschloss.

Marie von Viebahn nahm Christas Wunsch verständnisvoll auf. Als die junge Frau von ihrem Entschluss, das elterliche Haus zu verlassen, nicht mehr abzubringen war, richtete Marie von Viebahn die Stuttgarter Wohnung aus ihrem persönlichen Vermögen den Wünschen Christas entsprechend ein. In der Silvesterchronik notierte der Vater: *Am 4. September 1907 verließ Christa unser Haus, um nach Stuttgart zu ziehen, ein großer Verlust, ein tiefer Schmerz.*

ZWEITER TEIL

WAGNIS UND
ERFÜLLUNG

KAPITEL 6

Stuttgart 1907–1927

Stuttgart, eine fortschrittliche Stadt

Die schöne Stuttgarter Residenz hat keine würzige Seeluft zu bieten, dafür steile Weinberge, die bis in die Stadt herunterreichen. Sie bilden einen nach drei Seiten hin abgeschlossenen Talkessel, in dem sich oft die Hitze staut. Um sich ausdehnen zu können, mussten die Häuser und Straßen Stuttgarts im Lauf der Jahre die Hänge hinauf gebaut werden. Dabei wurden die Treppen, die die Winzer in ihren Weinbergen angelegt hatten, als Fußwege benutzt: die »Stäffele«. Es soll mehr als vierhundert davon geben mit einer Gesamtlänge von etwa zwanzig Kilometern. Wen verwundert es, dass die Stuttgarter im Volksmund »Stäffelesrutscher« heißen!

In Württembergs Hauptstadt* herrschte durchweg ein Klima des Fortschritts: Die Straßenbahnen hatten über 14 Millionen Menschen befördert, 1904 ging die elektrische Straßenbahn Bopser – Neue Weinsteige – Degerloch in Betrieb. Am 1. Juli 1906 wurde in der Tübinger Straße das erste Kino eröffnet und etwa einen Monat später führte Robert Bosch den Achtstundentag ein – eine Sensation. Und es wurde hell in der Stadt: Schon um 1900 waren etwa 52 000 Glühlampen installiert.[15] Es leuchtete aber noch ein ganz anderes Licht in jener Zeit:

Das helle Licht des Evangeliums

Die vielfältige Verkündigung des Wortes Gottes brachte Licht in die Herzen der Menschen. Württemberg im Allgemeinen und Stuttgart im Besonderen waren vom Pietismus und der Erweckungsbewegung stark geprägt. Ludwig Hofacker (1798–1828) hatte dazu früh den Grund gelegt. Die

---

* Siehe auch: »Die Schwabenmetropole«, S. 242

Themen seiner Predigten waren Buße, Kreuz und Gnade. Obwohl schwer krank, predigte er:

> Ich rufe, ich schrei, ich posaune es aus! Ihr Knechte des Verderbens! Ihr großen Schuldner, ihr jungen Schuldner, ihr alten Schuldner, ihr bankrotten Leute, ihr armen Leute, kommt! Kommt! Bekennet eure Missethat, hier ist euer Herr, der euch alle Schulden nachlässt!

Wegen seiner schweren Erkrankung wurden seine Predigten vorgelesen und anschließend gedruckt verbreitet. Die Wirkung war enorm. In ganz Württemberg entstanden im Lauf der Jahre Zentren der Erweckung.

Gegen Ende des 19. Jahrhunderts wirkte Christian Dietrich (1844–1919) im Stuttgarter Raum. Er war Rektor am Evangelischen Töchterinstitut. Dietrich gründete zusammen mit Reichsgraf Eduard von Pückler den »Deutschen Verband für Evangelische Gemeinschaftspflege und Evangelisation« (1897).[16]

Zwei mutige Frauen

In dieses vitale und fromme Stuttgart begaben sich zwei Frauen im Herbst 1907. Die Tochter des Generals und die Tochter des Professors wohnten zunächst in der Urbanstraße, zwei Jahre später in der Hohenheimer Straße, ab 1. April 1915 in der Hohenstaufenstraße. Gleichzeitig mieteten sie im Hinterhaus der Augustenstraße einen größeren Saal; im August 1929 erfolgte der Umzug in die Danneckerstraße*.

Diese Umzüge wurden nötig, weil die jeweilige Wohnung immer wieder zu klein wurde. Ständig luden die Freundinnen Frauen und Mädchen ein, mit denen sie in Kontakt kamen. Sie nahmen auch hin und wieder Mädchen in ihrer Wohnung auf, die in der Großstadt sonst unter die Räder gekommen wären. In die Wohnung in der Hohenheimer Straße kamen auch Kinder aus der Nachbarschaft zu Kinderstunden. Es war ein ständiges Kommen und Gehen. Telefon und Türglocke läuteten im Wechsel oder sogar gemeinsam den ganzen Tag.

---

*   Noch heute wohnen Aidlinger Schwestern im Haus in der Danneckerstraße 48 A und versehen von dort aus ihre verschiedensten Dienste: Verkündigung, Seelsorge, ein Schülertreff mit Hausaufgabenbetreuung.

Deshalb nutzte Christa von Viebahn einen Raum in der Augustenstraße als Rückzugsort. Hier konnte sie in Ruhe ihrer schriftstellerischen Tätigkeit nachgehen. Später in der Hohenstaufenstraße herrschte
sogar noch mehr Betrieb.

Christa von Viebahn fuhr oft nach Darmstadt. Ihr Verlagsleiter und
Mentor, Emil Dönges, steckte sie an mit seiner Begeisterung für den
schweizerischen Reformator Guillaume Farel (1489–1565). Er sagte
von ihm:

*Farel ist im deutschen Sprachraum leider nicht sehr bekannt gewor-
den, obwohl er unter den Reformatoren derjenige sein dürfte, der der
biblischen Wahrheit am nächsten kam, sowohl in seiner Erkenntnis
als auch in der praktischen Verwirklichung.*

Christa arbeitete mit Dönges an der Herausgabe von Farels Biografie
und seinen theologischen Schriften. Ihre hervorragenden Französischkenntnisse kamen ihr dabei sehr zugute.

Über die kurzen Besuche ihres Vaters freute sich Christa. Nachdem
der Trennungsschmerz überwunden war, konnte Georg von Viebahn
den Weg seiner Tochter ganz bejahen und unterstützte sie dabei.

Die Freundinnen blieben sicher nicht unberührt von einer Mel-
dung, die Anfang November 1908 durch die Stuttgarter Presse ging:
Eine ledige Dienstmagd hatte aus Verzweiflung auf dem Stuttgarter
Hauptbahnhof ihr Kind getötet. Herzogin Wera gründete daraufhin
die »Zufluchtsstätten in Württemberg«, und bald darauf entstand das
erste Frauenhaus in Stuttgart, das Wera-Heim, für ledige werdende
Mütter.

Das ist ein Hinweis darauf, wie groß die innere und äußere Not
unter Frauen und Mädchen in jener Zeit war. Aber wo ist *unser* Auftrag,
wo *unser* Platz? – so mögen sich Christa von Viebahn und Elisabeth
Kübel immer wieder vor Gott gefragt haben.

Es ist manches »Einschreibebuch« von Christa von Viebahn erhalten. Darin notierte sie Bibelstellen, wichtige Sätze aus Büchern, eigene
Gedanken oder kleine Geschichten. Aus diesen Notizen schöpfte sie
für ihre schriftstellerische Tätigkeit und ihre Bibelstunden. Sie ver-
mitteln uns Einblicke in Themen und Gedanken, mit denen sie sich

beschäftigte. In einem eng beschriebenen Büchlein von 1911/12 lesen wir auszugsweise:

Der Tod ist der größte Augenblick in unserem Leben (abgesehen von der Bekehrung), wo nichts bleibt, als das, was man gegeben hat!

Wir haben einen freien Willen und können wählen, wem wir dienen wollen und was Ziel und Zweck unseres Lebens sein soll. Ich möchte aus diesem kurzen Leben gewinnen, was irgend ich gewinnen kann und es deshalb so einrichten, daß Gott das meiste aus meinen Leben machen könne.

Da wir nur ein Leben haben, sollten wir es dem geben, der uns am meisten dafür bietet, und ich denke, daß Christus derjenige ist, der das meiste aus einem Menschenleben machen kann.

Erstens deshalb: Wenn man sich in seine Hände gibt, so verschönert und vervollkommnet er unseren Charakter. Und zweitens wird er uns und unsere Gaben so gebrauchen, daß sie Gott Ehre machen, der Menschheit zum Segen sind und unserem eigenen Herzen für Zeit und Ewigkeit Befriedigung gewähren. Es sollte das Motto unseres Lebens sein: »Das Beste für das Höchste zu geben«.

Solange das Mühlenrad sich in fließendem Wasser befindet, bleibt es in Bewegung. So müssen wir im Strom des Geistes bleiben, dann ist er auch in uns und wir werden für ihn nützlich sein und anderen zum Segen.

Mit gründlicher Erweckung ist immer das Bekenntnis der Sünde verbunden. Nach der Heiligen Schrift läßt sich Bekenntnis der Sünden und Vergebung der Sünden nicht trennen.

Menschen des Gebets wissen aus den dunkelsten Verhältnissen und Verhängnissen die kräftigsten Bitten und kühnsten Erwartungen an Gott zu stellen!

Jedem Neubekehrten sollte erklärt werden: Der Herr Jesus hat dich so lieb, daß er dich ohne Unterbrechung bei sich haben möchte, um dir seine Liebe auch zu beweisen und zu erzeigen.

Christian Heinrich Zeller, Rettungshaus Beuggen: Zur praktischen Bereitschaft für Gott gehört es, daß es in der Schrift keine Stelle geben darf, die wir nicht bereit sind, auszuleben.

Brauereisaal und Kaiserbau

Im Jahr 1913 mieteten die Freundinnen den »Saal vom Dinkelacker«, um eine Evangelisation durchzuführen. Dass es sich hier um eine Brauerei handelte, störte die jungen Frauen nicht. Christa von Viebahn hatte sich der Konventionen ihres Standes längst entledigt und fühlte sich frei zu tun, was Gott ihr zeigte. Sie verteilte selbst Einladungszettel für die Evangelisationsabende. Außerdem gelang es ihr, im Kaiserbau am Marienplatz zwei kleine Ladenräume zu mieten. Dort konnte sie montagabends einen evangelistischen Vortrag halten und donnerstagabends eine Bibelstunde.

Diese Kombination von »Einladung der gottfernen Menschen« zur Evangelisation und »Pflege der Gläubigen« durch Bibelstunden hatte sie damals in Frankfurt bei Elias Schrenk eindrücklich erlebt. Sonntagmittags traf sie sich mit jungen Mädchen, es wurde gesungen, ein schönes Buch vorgelesen und dann ging es wieder um Texte der Bibel.

Diese Konzeption behielt sie in ihren Grundzügen immer bei: Persönliches Verteilen von Einladungen, Evangelisation, Aussprachen (seelsorgerliche Gespräche), Bibelstunden, Pflege der Gemeinschaft durch sinnvolle Freizeitgestaltung, auch durch praktische Hilfe, wo sie nötig war. Sie vergaß keinen Geburtstag des immer größer werdenden Kreises und besuchte die Einzelnen, wenn sie krank waren.

Ob Sonntag, Werktag, Feiertag – sie war immer für die Frauen und Mädchen da, immer im Dienst, wenn nötig bis tief in die Nacht. Eine Frau erinnert sich: *Es war so hilfreich, daß Fräulein von Viebahn keinen Unterschied gemacht hat, wenn man bei ihr war. Da saßen wir im Kreis: die Postbeamtinnen und daneben die Frauen aus der Altstadt.*

Einige Gesprächsnotizen:
Ist es auch warm in deinem Zimmer?, fragte Christa von Viebahn eine junge Frau.
Nein, denn ich habe keinen Ofen drin.
Da telefoniere ich gleich mit dem Flaschner und bestelle einen Gasofen, wie wir ihn in unserer Wohnung haben, und lasse ihn anschließen.

Jemand musste sich einer Operation unterziehen und vorher noch einen Arztbesuch machen. Prompt fragte Christa von Viebahn:

Hast du jemand, der dich begleitet?

Nein.

Dann begleite ich dich.

Anfallende Kosten deckte sie aus ihrem geerbten privaten Vermögen. Kein Weg war ihr zu weit, keine Stube zu klein, kein Ort zu armselig – sie diente den Menschen, wo sie konnte und wohin man sie rief. Sie fuhr auch nach Stetten im Remstal – in eine »Heil- und Pflegeanstalt für Epileptische und Schwachsinnige«, ein »Bethel« des Südens. Dort hielt sie Bibelstunden für die Pflegerinnen.

Das Vermächtnis

Christa von Viebahn fasst an Weihnachten 1950 in Worte, was sie selbst gelebt hat:

Unser Werk soll hauptsächlich ein Rettungswerk sein. Es ist mein Gebet, daß der Herr die Flamme der Retterliebe in euer aller Herz ganz lodernd entfache. Wenn der Heilige Geist uns die Liebe ins Herz gibt, wie der Herr Jesus sie hat für die Verlorenen, dann können wir seinen Auftrag recht ausführen. »Des Menschen Sohn ist gekommen zu suchen und zu retten, was verloren ist.«* Wenn wir doch die tiefsten Elendsstätten auch erreichen könnten und die unglücklichsten Menschenkinder.

Unser Wirken muß genug von der Liebe Christi und vom Licht der Bibel, vom Licht des Heiligen Geistes durchdrungen werden, dann wird der Herr uns weiter die Gnade schenken, die wir ja schon oft genug gehabt haben.

Dieser Charakterzug der Liebe Jesu möchte doch stark von Neuem hervortreten und möge der Herr viele Einzelne im Verborgenen so erfüllen mit seinem Geist und seiner Retterliebe, daß wir wirklich

---

* Lukas 19,10.

gedrängt werden vom Heiligen Geist, den Menschen nachzugehen und ihnen ein Zeugnis zu geben von Jesus Christus, dem Heiland der Welt.

Mein ganzes Herz brannte von früh an, Menschen zu retten und ich ging in die Elendsstätten. Ich flehte den Herrn an: Herr, gib mir doch diese vom Geist gewirkte Liebe und Geschicklichkeit, Menschen davon zu überzeugen, daß sie ohne dich verloren sind und sie zu dir zu führen.

Ich hatte bald Gelegenheit zu sprechen, zu Frauen und Mädchen. Ich ließ mir Heftchen kommen. Zum Verteilen in erster Linie, aber ich wollte selbst daraus lernen, wie jene Schreiber die Menschen zum Heil brachten. Ich habe einfach mal diese Büchlein studiert für mich und habe daraus gelernt, wie sie die Unbekehrten ansprachen und wie sie die große Liebe des Herrn Jesus beschrieben, die Liebe Gottes, der die Verlorenen rettet. Da habe ich etwas ganz Neues gelernt, etwas, von dem ich vorher fühlte: das fehlt mir noch.

Dies zeichnete nicht nur die frühen Jahre in Stuttgart aus: Christa von Viebahn blieb lernfähig und mutig, Neues auszuprobieren. Über Widerstände, Schwierigkeiten, politische Wirren, persönliche Nöte sprach und schrieb sie wenig.

Unruhe bei der Hauptpost

Die Hauptpost in Stuttgart beschäftigte viele Frauen bei der Telefonvermittlung, an den Schaltern und im Telegrafenamt. In allen Abteilungen gab es Frauen, die offen über ihren Glauben sprachen. Die Kollegen wussten das und warnten manchen, der sich einladen ließ: »Du wirst doch nicht auch so werden wollen wie Fräulein … und dir nichts mehr gönnen, was dir Spaß macht.« So erging es Emmy Lehrenkraus (1887–1975):

»Theater, das war mein Leben!«

Die hübsche hochgewachsene schlanke Postassistentin war im großen Saal des Telegrafenamts nicht zu übersehen. Sie hatte mit sechs Jahren ihren Vater verloren. Später besuchte sie das Evangelische Töchterinstitut. Die eineinhalb Jahre in New York bei ihrem Bruder bzw. in Brooklyn bei einem Vetter hatten sie weltoffen gemacht.

Nach der Rückkehr ins Schwabenland wurde es für sie zur Regel, dass sie sonntagmorgens zur Kirche ging, abends ins Theater. Sie spielte auch Tennis. Trotz allem war sie nicht recht zufrieden mit ihrem Leben. War die Operette vorbei, schien der Alltag umso trister. Aber so war es eben, es ließ sich nicht ändern. Wenn da nicht ihre Kollegin Anna Ihle gewesen wäre. Sie hatte keine Eltern mehr und versorgte neben der Arbeit ihre drei jüngeren Geschwister. Wenn Emmy sehr viel Arbeit hatte, saß Anna oft neben ihr und half ihr. »Wann besuchen Sie mich mal, Emmy?«

Irgendwann ließ sich der Besuch nicht mehr aufschieben. Als Emmy kam, las Anna gerade in einem Heft. Emmy, selbst eine Leseratte, interessierte sich für den Lesestoff der Kollegin. Anna hielt das Heft hoch und sagte: »Ach, das ist eine Schrift von Herrn General von Viebahn, *Schwert und Schild.*«

Komisch, dachte Emmy, dass Anna sich für solche militärischen Sachen interessiert!

Sie unterhielten sich. Irgendwann sagte Anna: »Jeder Mensch muss sich bekehren.«

»Ja? Ich dachte, das müssen nur Menschen tun, die ein schlechtes Leben geführt haben. Die gehen zur Heilsarmee und bekehren sich dort.«

»Können Sie sich vorstellen, dass Sie einmal vor Gottes Thron sagen können: Ich bin ganz in Ordnung, auch an meinem Lebensstil ist nichts auszusetzen?«

»Nein, so könnte ich das nicht sagen. Obwohl ich immer in die Kirche gehe, weiß ich eigentlich nicht so genau, was Gott über mein Leben denkt.«

Das Gespräch ging weiter hin und her. Dann sagte Anna Ihle: »Am besten, wir beten jetzt miteinander«, sprach's, kniete sich an ihrem Wohnzimmerstuhl nieder und betete. Emmy kniete – notgedrungen – auch nieder. Ihr blieb fast die Luft weg. So etwas hatte sie noch nie erlebt. Zu alledem sagte Anna: »Jetzt können Sie auch beten. Und wenn Sie wollen, sagen Sie dem Herrn Jesus, dass Sie ihm nachfolgen möchten.«

Merkwürdigerweise wollte sie es. Sie sprach stockend ihr erstes kleines frei formuliertes Gebet. So einfach schien es, ernsthaft das eigene Leben Gott anzuvertrauen.

Anschließend gab es Tee. Nebenan waren die Schwestern von Anna und kamen nun zusammen mit einem »Besüchle«, Amanda Tisch, dazu. Emmy hörte zu, als sie »Sicher in Jesu Armen« sangen, ein »Trostlied« von Fanny Crosby (1823–1915) übersetzt von Dora Rappard (1842–1923), ein für die Erweckungszeit typisches Lied:

Sicher in Jesu Armen, los von der Sorge Qual,
sicher in der Versuchung durch Jesu Wundenmal!
Frei von dem Druck des Kummers, frei von des Zweifels Pfad,
nur noch ein wenig Prüfung, nur etwas Tränensaat!
Sicher in Jesu Armen, los von der Sorge Qual,
sicher in der Versuchung durch Jesu Wundenmal!

Jesus, des Herzens Zuflucht, Jesus, du starbst für mich!
Sicher auf diesen Felsen stütz ich mich ewiglich.
Hier will ich stille warten, bis dass vergeht die Nacht,
bis an dem goldnen Ufer leuchtend der Tag erwacht.
Jesus, des Herzens Zuflucht, Jesus, du starbst für mich!
Sicher auf diesen Felsen stütz ich mich ewiglich.

Als das Lied verklungen war, erklärte Emmy ungerührt: »Jetzt muss ich gehen, ich bin zum Theater verabredet.«

»Ach, kommen Sie doch mit uns in die Bibelstunde!«

»Nein.«

Emmy ging zur Tür. Anna Ihle schenkte ihr eine kleine Bibel zum Abschied. »Lesen Sie immer wieder darin.«

Im Theater wurde an diesem Abend »Der ewige Jude« als Operette aufgeführt. Die Besucher lachten amüsiert. Emmy lachte nicht, sie weinte. Mutter und Schwester schauten sie verwirrt an. »Was hat sie denn? Wird sie krank?« Krank wurde sie nicht, aber sie spürte, dass ihre Erfahrung bei ihrer Kollegin und die Operette an diesem Abend nicht richtig zusammenpassten. Erklären konnte sie es ihren Angehörigen nicht. Wie auch, sie hatte selbst noch kein Verständnis dafür.

Zu Hause kramte Emmy die kleine Bibel aus ihrer Handtasche und blieb noch eine Weile allein im Wohnzimmer. Sie las darin. Dann ließ sie die Bibel auf dem Tisch liegen, als »stille Post« für ihre Angehörigen. Und die fragten sie tatsächlich am nächsten Morgen danach. Emmy stammelte ein wenig, aber sie brachte es doch fertig zu sagen: »Ich will dem Herrn Jesus nachfolgen.«

Die Schwester verdrehte die Augen, die Mutter fragte entgeistert: »Ist das jetzt dein neuer Sport? Du hast doch erst mit Tennis angefangen! Also Mädle, was du nicht alles anfängst!«

Emmy antwortete nichts darauf, dachte aber bei sich: Ihr werdet es ja sehen. Dann ging sie zur Arbeit. Dort lernte sie nun all die anderen kennen, die auf diesem Weg mit Jesus waren. Es waren viele.

Im lila Kleid

Eines Abends trafen sie sich zu einer Gebetsrunde im kleinen Stübchen bei Fräulein Veil. Als sie so zusammen waren, sagte die Gastgeberin: »Heute Abend besucht uns Fräulein von Viebahn.« Viebahn? Das war doch der Autor von *Schwert und Schild*, ging es Emmy durch den Kopf. Das Fräulein wird eine vornehme Dame sein. Adelig!

Die Tür ging auf und Fräulein von Viebahn kam in einem lila Kleid herein, auf dem Haar ein schwarz-samtenes Tüchlein. Sie wirkte ganz anders, als Emmy sich eine Adelige vorgestellt hatte. Freundlich und bescheiden begrüßte sie jede Einzelne und freute sich, dabei zu sein.

Vor der Gebetsstunde sprach Christa von Viebahn über das Wort: »Der Pfad des Gerechten ist wie das glänzende Morgenlicht, das stets heller leuchtet bis zur vollen Tageshöhe.«* Dann wurde gebetet. Die Kolleginnen nannten offen ihre dienstlichen und persönlichen Schwierigkeiten. Das faszinierte Emmy. Sie waren als Beamtinnen vereidigt und standen unter der Schweigepflicht. Doch im Gebet konnten sie ihre Lasten und Konflikte abladen und neue Kraft erbitten. Und bei alledem war die adelige Dame weder steif noch überheblich, sondern sehr freundlich und gewinnend. Der Abend gefiel Emmy Lehrenkraus.

---

* Sprüche 4,18.

Bald darauf, es war kurz vor Weihnachten 1914, wurde Emmy auf der Königstraße von Fräulein von Viebahn eingeladen. Sie verteilte dort persönlich Einladungen zur Evangelisation in den kleinen Ladenräumen am Marienplatz. Sie erkannte Emmy nicht, aber Emmy wusste sofort, wer sie war. Sie folgte der Einladung nicht gleich. Einige Wochen verstrichen. Aber dann machten Amanda und Emmy es miteinander fest: Kommenden Sonntag gehen wir da einmal hin.

Als sie ankamen, stand Christa von Viebahn in der Tür zwischen den beiden kleinen Zimmern. Es waren etwa zwölf junge Mädchen und Frauen da.

Emmy Lehrenkraus erzählt später über diese Zeit:

Es war arg schön

Das Wort Gottes hat einfach richtig zu mir gesprochen und ich wurde auch zur Sündenerkenntnis geführt. Elsbeth Pickersgill war dort. Sie hatte durch Christa von Viebahn zum Glauben an Jesus gefunden und arbeitete engagiert mit. Als ich sie kennenlernte, war sie die Sekretärin von Fräulein von Viebahn. Eine Anna kam, die oft blutig geschlagen wurde von ihrem Vater. Marie Pred war auch da. Sie war schon mit Christa von Viebahn bei den Darbysten gewesen und so kamen viele nach und nach.

Dann ist man umgezogen in die Augustenstraße. Da hatte man einen großen Raum von der Rolladen-Fabrik. Nun konnten wir unsere Kolleginnen einladen: Hede Vögele, Julie Vögele, Toni und Berti Klug, Martl Haist und Lina Etter, Else Hetzel war auch da, ein lieber Mensch. Frau Rollers Mädchen, Gertrud, habe ich auch dorthin eingeladen, und die Kathrin aus Tailfingen. Übrigens, Lina Etter hatte immer so gebrannte Löckchen über der Stirn. Am Tag nach ihrer Bekehrung waren da keine Löckchen mehr. Da sagte eine Kollegin zu ihr: »Fräulein Etter, Sie sehen aus wie eine Maus, die ins Wasser gefallen ist.«

Noch viele kamen. Es war arg schön.

In der ersten Zeit in der Augustenstraße entschloß ich mich, zu Fräulein von Viebahn zu gehen, um mit ihr zu sprechen. Ich läu-

tete in der Hohenstaufenstraße 7. Sie öffnete mir selbst die Tür. Ich sagte, daßich sie heute besuchen wolle. Worauf sie antwortete: »Auf das Besüchle warte ich schon lange.« Ich habe mich dann über alles ausgesprochen, was mir auf dem Herzen lag.

Als dann bald darauf die Evangelisation im Gustav-Siegle-Haus mit Pastor Modersohn* war, gingen wir jeden Abend hin. Ich war innerlich so frei und so aufnahmefähig, daß ich das Wort Gottes gut fassen konnte.

Frau Stockburger kam auch zur Evangelisation. Sie war ein Original. Am Schluß kam die stattliche Frau in ihrer Schwarzwälder Tracht nach vorn, zog aus ihrer Tasche ein Paket heraus, gab es Pastor Modersohn und sagte laut: »Das nehmen Sie mit für Ihr Weib!«

Trennung nach zwanzig Jahren

In der Stuttgarter Anfangszeit hielten sich die beiden Freundinnen zur Darbystischen Gemeinschaft. Dort übernahmen sie Sonntagsschulunterricht, Frauenbibelstunden, Kinderstunden usw. Doch Christa von Viebahn merkte allzu deutlich, dass *der Dienst der Frau in dieser Gemeinschaft nicht sehr geschätzt wird*. Durch ihre Stettiner Erfahrungen war ihr Blick auf die Gemeinschaft zudem auch kritischer als früher.

Am 26. Dezember 1929 erzählt sie davon:

Die Weltlichkeit und Oberflächlichkeit legte sich mir sehr auf die Seele, auch daß sie andere Kinder Gottes nicht achten. Das wurde mir alles sehr unerträglich. Gott gab mir immer mehr die Klarheit ins

---

* Ernst Modersohn (1870–1948) war der jüngere Bruder des Landschaftsmalers Otto Modersohn. Die berühmte Malerin Paula Modersohn-Becker war seine Schwägerin. Er selbst wollte sich auch der Kunst widmen und Schauspieler und Maler werden. Doch Gott durchkreuzte seine Pläne. Nach dem Studium der Theologie bekehrte er sich während seiner Zeit als Vikar im Siegerland. Er stand zunächst der Pfingstbewegung nahe. 1906 wurde er von der Deutschen Evangelischen Allianz nach Bad Blankenburg berufen und ab 1910 für die Evangelisationsarbeit. Er predigte volkstümlich und lebensnah. Man nannte ihn bald den »deutschen Moody«.

Herz, mich von der Gruppe zu trennen. Im Frühjahr 1914 kam es zur Lösung.

Zwanzig Jahre hatte ich unter diesen Geschwistern gelebt. Man wollte mich nicht gehen lassen. Die leitenden Männer bearbeiteten mich stundenlang. Sie hielten mir vor Augen, wo ich ohne die Gemeinschaft hingeraten würde. Es wurde mir sehr schwer gemacht. Aber ich hatte den Kampf schon vorher durchgekämpft, monatelang. Ich konnte den Lieben zum Schluß sagen: »Hier stehe ich, ich kann nicht anders, ich muß gehen!«

Und sie ging. Den nicht anwesenden Mitgliedern der Gemeinschaft teilte sie ihren Entschluss schriftlich mit, nannte dabei auch offen die Gründe für die Trennung. Während der Vater bei den »Brüdern« um Verständnis für seinen Weg warb und in der Gemeinschaft blieb, verließ Christa die »Versammlung«, als ihr dies innerlich klar geworden war.

Wo sollte nun in Zukunft ihre geistliche Heimat sein? Die beiden Frauen besuchten verschiedene Kreise, um dies herauszufinden. Bald darauf trat Christa von Viebahn wieder in die Landeskirche ein. Sie arbeitete aber grundsätzlich mit allen gläubigen Christen zusammen, auch außerhalb der Landeskirche.

Einem, dem sie diesen Schritt auch mitteilen musste, war Dr. Dönges in Darmstadt. Ihr Austritt aus der Gemeinschaft der Darbysten bedeutete den schmerzlichen Verlust der schriftstellerischen Arbeit. Diese Konsequenz war ihr durchaus bewusst gewesen. Sie bat Gott um neue Möglichkeiten, ihm auch mit ihrer Gabe des Schreibens weiter dienen zu können. Es schien zunächst keine Gelegenheit dafür zu geben.

Christa von Viebahn findet ihre Lebensaufgabe (1914–1924)

Der Erste Weltkrieg war ausgebrochen.[*] Die Mächtigen schickten die Männer in den Krieg. Frauen und Kinder, Alte und Kranke blieben

---

[*] Siehe auch: »Der Erste Weltkrieg 1914–1918«, S. 243

zurück. Christa von Viebahn sah deutlich eine Aufgabe vor sich: *Wir müssen uns vermehrt um diese Frauen und Mädchen kümmern.* Sie ließ etwa fünftausend Einladungen drucken, die Weihnachten 1914 auf den Straßen Stuttgarts verteilt wurden. Sie selbst drückte Menschen auf der Königstraße die Blätter in die Hand. Auch an den Fabriktoren und Geschäften wurden nach Dienstschluss die Einladungen verteilt. Im Amtsblatt für Stuttgart ließ sie unter der Rubrik »Kirchanzeigen« drucken: *Evangelisation und Bibelstunden für Frauen und Mädchen am Marienplatz, Kaiserbau. Jede Frau und jedes Mädchen ist herzlich willkommen.*

Zunächst kamen nur wenige Frauen. Als dann die regelmäßigen Montags- und Donnerstagsstunden angeboten wurden, erweiterte sich die Zahl der Besucherinnen schnell. Unter ihnen waren auch Emmy Lehrenkraus und andere Frauen von der Hauptpost. Nach einer Erkrankung wurde Emmy Lehrenkraus zu ihren Vorgesetzten zitiert und aufgrund dieser »frommen Unruhestiftung« – die angeblich auch ihre Grippe verursacht hatte! – in eine andere Abteilung »strafversetzt«.

Zu den seelsorgerlichen Gesprächen, die Christa von Viebahn anbot, meinte jemand: *Sie müssen nicht denken, dass Sie hier in Norddeutschland sind, da mag das wohl möglich sein, aber in Schwaben werden Sie es nie erleben, daß die Menschen sich aussprechen.*

Doch erstaunlich viele Frauen wollten sich aussprechen. Sie wollten ihre Lasten loswerden, ihre Sünden, ihren Kummer, ihre Sorgen. Jetzt war Gottes Stunde gekommen für die meist schlichten und unbeschützten Frauen und Mädchen, für »Mädchen in Stellung«, für alleinstehende Lehrerinnen und Beamtinnen, für Hausfrauen, Mütter und Kinder.

Fräulein Haist, eine Lehrerin, wurde durch ihre Schwester auf die Anzeige im Amtsblatt aufmerksam gemacht: *Du, da gehst du hin, du liest doch immer die Zettel von Herrn General von Viebahn.* Diese Schriften hatte sie in Rumänien kennengelernt. Durch die Evangelisation fand sie nun Anschluss an den Kreis um Christa von Viebahn.

Das war eine schöne Sache, erzählt sie. *Ein Lädchen ist's gewesen mit einem Ladenstübchen – nicht viel Platz –, aber es war wunderbar. Daß eine alleinstehende Frau in dem »frommen Stuttgart« so etwas anfängt, hat viel Aufsehen erregt. Fräulein von Viebahn ist auf großen Widerstand gestoßen.*

Frau Munzinger hatte an Ostern 1915 begriffen, dass die Geschichten von Jesus etwas mit ihrem Leben zu tun hatten. Eine große Freude erfüllte sie. Nun wollte sie mehr darüber erfahren. Ihre Schwägerin sagte:

Da gehst du runter zum Marienplatz in den Kaiserbau. Da hält eine Generalstochter Evangelisationsvorträge.
Und was ist das, ein Evangelisationsvortrag?
Das wirst du dann bald merken, was das ist.

Sie merkte es tatsächlich bald und hielt sich zu diesem Kreis.

Eines Abends sagte Christa von Viebahn: *Es ist gut, wenn jeder seine eigene Bibel mitbringt.* Frau Munzinger hatte nur ihre große bebilderte Traubibel. Die klemmte sie sich immer unter den Arm, wenn sie zur Bibelstunde kam.

Aber eines Tages kaufte sie sich eine kleine Bibel. *Die billigste, die es gab, um 1 Mark. Ich war arm, mein Mann war im Feld. Das war damals schon eine Anschaffung.*

Auch sie wurde zur »Aussprache« eingeladen. Aber es dauerte eine Weile, bis sie die Notwendigkeit dazu sah. Eines Tages lag auf dem Büchertisch eine kleine Schrift von General von Viebahn: *Winke und Ratschläge für Neubekehrte.* Diese Schrift nahm sie mit. Sie entdeckte, dass doch manche Dinge in ihrem Leben zu ordnen waren. So läutete sie bald an der Hohenstaufenstraße Nr. 7 – auch wenn sie unterwegs immer wieder umkehren wollte.

Am 1. Januar 1915 gründete Christa von Viebahn den *Christlichen Kreis für Frauen und Mädchen*, der sich im Laufe von Jahrzehnten weit über Stuttgart hinaus ausdehnte. Wieder war ein Schritt im Glauben getan, dessen Tragweite damals nicht abzusehen war.

Trauer im Hause Viebahn

Seit Beginn des Jahres 1911 wohnten die Viebahns in Berlin-Dahlem. Nach seinem siebzigsten Geburtstag hatte der General das Haus in Stettin verkauft. Die meisten Kinder waren aus dem Haus, und von

Berlin aus konnte Georg von Viebahn schneller und einfacher zu seinen Diensten als Evangelist reisen.

Als der Erste Weltkrieg ausbrach, bemühte sich der General, wieder als Divisionskommandeur aktiv zu werden. Er begann wieder zu reiten. Das war eine Tortur für seine untrainierten Knochen und Muskeln. Aber der General ignorierte die Schmerzen. Er war entschlossen, auf einem Pferd zu sitzen, wenn er die Truppe kommandierte. Die ungewohnte Reiterei führte aber zu einer schweren Nierenerkrankung, die ihn wochenlang ins Bett zwang.

Im Mai 1915 führte er eine Evangelisation durch. Dabei brach er zusammen und musste nach Hause geholt werden. Die Vierteljahresschrift *Schwert und Schild* sollte am 1. Juli erscheinen, aber der General war außerstande, sie zu schreiben. In einem Brief bat er Christa um Hilfe. Sie kam von Stuttgart nach Berlin und erledigte zügig die anfallenden Arbeiten. Der Vater sah alle Korrekturbögen durch und freute sich über die Texte, die Christa geschrieben hatte, zumal schwierige Bibelstellen aus dem 3. Buch Mose und aus dem Buch Daniel auszulegen waren. Der Vater bat sie nun, die Herausgabe der Vierteljahresschrift ganz zu übernehmen. Es waren Auslegungen von Bibeltexten für jeden Tag zu schreiben. Gern übernahm Christa diese Aufgabe.

Ihre Gebete waren erhört worden: Sie konnte wieder schriftstellerisch tätig sein.

Friedrich Wilhelm, der gern zur Marine gegangen wäre, war wegen eines ererbten Augenleidens kriegsuntauglich. Sein Bruder Wilhelm war gleich nach der Mobilmachung* als Freiwilliger in den Krieg gezogen. Schon an Weihnachten 1914 kam die Depesche mit der traurigen Nachricht: Er war auf einem Erkundungsritt unter ungeklärten Umständen erschossen worden.

Im August 1914 hatte Christas Bruder Georg II Gudrun von Tiele-Winckler geheiratet. Sie wollten sich ein Haus bauen, die Pläne dazu waren fertig. Doch der Kriegsausbruch warf alle Projekte über den

---

* Am 31. Juli 1914 verkündigte der Leutnant Heinrich von Viebahn vom Kaiser Alexander-Garde-Regiment Nr. 1 vor dem Berliner Zeughaus den Kriegszustand. Er ist der Sohn des ältesten Bruders von Georg von Viebahn – Hermann, Generalleutnant z.D. Der junge Heinrich von Viebahn fiel am 1. Juni 1915 in Polen.

Haufen. Georg trat in das Artillerie-Regiment Nr. 60 in Schwerin ein und wurde verhältnismäßig schnell befördert. Im Herbst 1915 kam er noch einmal kurz nach Hause. Am 8. Dezember 1915 fiel er in der Champagne.

Durch die traurigen Nachrichten vom Tod der Söhne verschlechterte sich der Zustand des kranken Vaters zunehmend. Er spürte sein nahes Ende. Alle Kinder, auch Christa, eilten an sein Sterbebett. Sie war in der letzten Nacht bei ihm. Er starb am 15. Dezember 1915 im Alter von 75 Jahren.[*]

Der im Kampf gefallene Georg hatte zuvor ein Gedicht geschrieben, das den Glauben und das Lebensziel des Generals und seiner ganzen Familie beschreibt – sein Bruder Bernd vertonte es später:

Dem Ziele zu! Es naht die Stunde,
wann wir dich sehn, dem wir geglaubt.
O selges Wort, gewisse Kunde,
dass nichts aus deiner Hand uns raubt!
Ob Sonnenschein, ob Sturmeswehn,
bald werden wir dich droben sehn.

Bis hin zum Ziel – du hast's versprochen –
willst du, o Jesus, bei uns sein.
Nie hast du je dein Wort gebrochen,
du bleibst bei uns, denn wir sind dein.
Ja, du wirst immer mit uns gehn,
bis wir dich, Jesus, droben sehn.

Bis hin zum Ziel! Der Erde Leiden,
sie sind nicht wert der Herrlichkeit,
die an uns wird in ewgen Freuden
dort offenbar nach kurzer Zeit.
Schnell wird die Nacht vorüber gehn;
der Morgen naht, da wir dich sehn.

---

[*]   In Berlin-Eichwalde ist eine Straße nach ihm benannt. Siehe auch: »Die Saat ist aufgegangen«, S. 244

Bis hin zum Ziel, die Meilen schwinden;
der Glaube siegt in Kampf und Streit.
In dir ist Kraft zum Überwinden,
du trägst durch jede Schwierigkeit.
So laß in deiner Kraft uns gehn,
bis wir dich, Jesus, droben schn.
Georg von Viebahn II

»Schreibwerkstatt« und Helferinnenkreis

Neujahr 1916: Die Kaffeetafel in der Augustenstraße 10 war festlich gedeckt. Die Gäste hatten Grund genug, im neuen Versammlungsraum eine kleine Einweihungsfeier abzuhalten.

Christa von Viebahn hatte die Schreinerwerkstatt der Rollladenfabrik für zehn Jahre gemietet. Mit Phantasie und eigenen Geldmitteln wurde aus dieser Werkstatt ein einladender Versammlungsraum gemacht. Christa hatte ihr kleines Vermögen von ihrem Onkel Frits, *aber freilich groß waren unsere Einkünfte nicht,* notiert sie. Trotzdem gelang es mit vereinten Kräften, den Raum schön einzurichten mit hübschen Vorhängen und Stühlen und hell gestrichenen Wänden.

Im vorderen Teil befand sich eine Nische. Diesen etwas abgegrenzten Raum richtete sich Christa von Viebahn als »Schreibwerkstatt« ein. Dort schrieb sie die ersten Jahrgänge von *Schwert und Schild.* Später wurde die Schrift *Bibellesezettel* – BLZ – genannt, weil sich die Auslegungen nicht mehr in erster Linie an Soldaten richteten.

Sie sollten jedem zugänglich sein, der Gottes Wort besser kennenlernen wollte. In ihrer »Nische« in der Augustenstraße konnte sie ungestört arbeiten. Auch wenn sie immer wieder jemand dorthin einlud: *Wenn du vom Geschäft kommst oder unterwegs bist, dann komme geschwind zu mir herein!* Diese Stippvisiten bei Christa von Viebahn machten die Frauen gern.

In der Augustenstraße fanden auch die ersten Chorstunden statt, die zuerst Christa von Viebahn leitete, später Toni Krug. Von Anfang an delegierte sie Aufgaben an die jungen Frauen. Sie wurden gebraucht: Öfen waren zu heizen, Liederbücher auszuteilen, Stühle zu stellen, Leute abzuholen, Einladungen zu verteilen, Kinderstunden zu halten, mit dem Gitarrenchor in Gastwirtschaften zu singen u. v. m.

Am 31. Mai 1919 entstand der Helferinnenkreis. Christa von Viebahn berief Einzelne aus dem großen Kreis zum Helferinnen-Dienst. Sie schrieb auf die Einladung für diesen Tag:

Bei dem steten Wachstum unseres Vereins ist es uns ein Bedürfnis, aus solchen, die Liebe und Verständnis für die Arbeit und für die Seelen* haben, einen Helferkreis zu bilden. Er würde in Zukunft alle vier Wochen am Samstagabend zusammenkommen, um gemeinsam die Anliegen des Vereins zu besprechen und vor den Herrn zu bringen und ihn um das fernere Wirken seines Geistes unter uns anrufen zu können. Von unseren Helferinnen würden wir erwarten, daß sie uns in der Arbeit mit Gebet und Flehen unterstützen und sich gern um andere Menschen im Verein annehmen.

Verbindliche Mitarbeit

Fast »generalstabsmäßig« mutet die Organisation des Helferinnenkreises an. Klare, verbindliche Regeln ordneten die geistlichen Voraussetzungen, um in den Kreis aufgenommen zu werden. Ebenso eindeutig wurden die daran geknüpften praktischen Dienste und Erwartungen ausgesprochen. Hier einige Auszüge daraus:

Von einer Helferin erwarten wir, daß sie eine klar geordnete Vergangenheit hat. Sie soll nichts Hinderndes und dem Herrn Mißfälliges bewußt in ihrem Herzen und Leben belassen;

daß sie sich von ihrem natürlichen Ich-Leben**, soweit erkannt, vor dem Herrn aufrichtig getrennt hat und als eine entschiedene Jüngerin Jesu ein tägliches Leben des Überwindens und des Sieges in der Kraft Gottes führt.

---

* So wurden damals in gläubigen Kreisen die Menschen genannt, weil sie für die Ewigkeit geschaffen waren und das auch erfahren mussten.

** »Ich-zuerst-Mentalität« (Bill Hybels).

Hierzu bedarf sie notwendig ihrer täglichen Stille, eines wirklichen Gebetsumgangs mit ihrem Herrn und eines verlangenden Lesens in seinem Wort.

Daß jede Helferin hierzu dankbar den Bibellesezettel benutzt, um in der eigenen Bibel vertraut zu werden, erwarten wir.

Eine Helferin soll ein brennendes und leuchtendes Licht sein an ihrem Platz, um andere Menschen durch ihren Wandel zu gewinnen.

Soweit es der irdische Beruf erlaubt, nimmt sich die Helferin um andere Vereinskinder* an – besonders vor und nach den Vereinsstunden und macht auch einzelne Besuche.

Die Helferin hat sich besonders um fremd Hereinkommende und Jüngere anzunehmen in herzlicher Liebe und Freundlichkeit.

Wir erwarten auch, daß sie sucht, die Mithelferinnen nach und nach alle kennenzulernen und mit ihnen in dem von Gott geschenkten herzlichen, schwesterlichen Verhältnis zu stehen!

Von unseren Helferinnen erwarten wir, daß sie, wenn nicht etwas ganz Außerordentliches vorliegt, an unseren Versammlungen sonntags und donnerstags regelmäßig teilnehmen, daß sie innerlich anteilnehmend und betend da sind! Für die Helferinnenversammlungen gilt dies natürlich ebenso.

Bei besonderen Veranstaltungen – auswärtiger Besuch im Verein, Evangelisation, Vortrag über ein besonderes Thema oder Ähnliches – erwarten wir, daß alle unsere Helferinnen die Sache in Verantwortung mittragen, daß sie eifrig dazu einladen, dafür beten und sich mitfreuen und daß sie pünktlich von Beginn ab anwesend sind! Ist dies in einem besonderen Fall nicht möglich, so ist eine Entschuldigung am Platz!

Eine Helferin muß auch Geheimnisse, die ihr von den Seelen oder von uns anvertraut werden, bewahren können, muß schweigen und reden können zur rechten Zeit und in der rechten Weise!

Wir erwarten von jeder Helferin Treue, Gewissenhaftigkeit und Hingabe in den übernommenen Pflichten und Aufträgen und daß sie nicht für sich Liebe, Ehre, Anerkennung sucht, sondern ganz für den Herrn Jesus und für andere da sein will. Das 12. Kapitel des Römerbriefes zeigt ihr ihre Aufgabe!

---

* So wurden allgemein die Mitglieder des Vereins genannt.

Im April jeden Jahres entscheidet es sich neu für jede einzelne Helferin, ob sie im Helferinnenkreis bleibt. Sie besucht Christa von Viebahn und spricht sich aus. Um weiter als Helferin zu gelten, braucht sie eine neue Helferinnenkarte.

Schon in Stettin hatte Christa von Viebahn den Wunsch geäußert, »Dienerinnen für Jesus Christus zu erziehen«, Frauen auszubilden für den Dienst mit dem Wort Gottes und der praktischen Nächstenliebe.

Erziehung und Disziplin spielten im Leben der Generalstochter eine große Rolle. Die einzuhaltenden klaren Ordnungen und Regeln sah sie als Hilfe an für die innere Ordnung eines Lebens in der Nachfolge Jesu. Hier trat sehr deutlich ihre Prägung im Elternhaus zutage. Gleichzeitig stand sie ganz unter dem Einfluss der Erweckungs- und Gemeinschaftsbewegung des 19. Jahrhunderts:

Bekehrung, Hinwendung zu Gott; daraus folgt

die *Hingabe*, der rückhaltlose Einsatz für Gottes Reich;

das *Gebet*, das selbstverständliche Gespräch mit dem himmlischen Vater über alles, was das Herz bewegt;

die *Taten Gottes bezeugen*, ohne Menschenfurcht davon weitersagen und sich auch im Alltag als ein Mensch Gottes bewähren, ein Spiegel seiner Liebe und Barmherzigkeit sein;

dadurch *Seelen gewinnen*, in Menschen die Sehnsucht nach Gottes Nähe zu wecken und ihnen zu helfen, ihr Leben Gott anzuvertrauen.

Würden sich Frauen bereitfinden, in diesem Sinne ganz verbindlich mitzuarbeiten? Sich in eine solch strenge Ordnung einzufügen? Und dies alles neben dem Beruf, der auch in jener Zeit fordernd und anstrengend war?

Es fanden sich viele dazu bereit, Christa von Viebahn zu unterstützen. Fotos aus jener Zeit zeigen größere und kleinere Gruppen von Helferinnen und Vereinsmitgliedern. Oft sind es Ausflüge, z. B. 1921 in Bonlanden: Christa von Viebahn und ihre Sekretärin und Helferin Elsbeth Pickersgill sind von etwa fünfzig Frauen und Mädchen umgeben. Später würden es Hunderte sein.

Die Helferinnen waren im Kreis schnell an ihrem »Helferinnenknopf«, den sie trugen, zu erkennen. Sie gingen ausgesprochen herzlich und freundlich miteinander um. Sie konnten sich aufeinander verlassen, konnten einander vertrauen. Diese Herzlichkeit und Unbefangenheit übertrug sich auch auf die Besucher der Versammlungen. Gern holten sie die Schüchternen ab, begrüßten Neue mit großer Freude, übersahen niemand, der sich vielleicht bekümmert in eine Ecke verdrückte, nahmen Anteil an traurigen oder frohen Nachrichten, versprachen, zu Besuch zu kommen oder bei der großen Wäsche zu helfen.

Nur ein einziges Mal

Meta Decker (1908–1979) erzählt aus einer etwas späteren Zeit, wie sie die Arbeit der Helferinnen praktisch erlebt hat:

Ich hatte Fräulein Moser versprochen, nach den Ferien einmal – aber wirklich nur ein einziges Mal! – mit ihr in den Verein zu gehen, um zu sehen, wie es da ist. Es kam der Donnerstag. Ich war sehr gespannt. Äußerlich – am Raum und an den zusammengewürfelten Menschen – fand ich nichts, was mir gefallen hätte. Aber das Lied: »Ich brauch dich allezeit« gefiel mir, und ich sang von ganzem Herzen mit. Sonst ist mir nicht mehr viel in Erinnerung geblieben. Nur am Schluß, da begrüßte mich Schwester Julie Funke sehr lieb und lud mich freundlich ein, wiederzukommen.

Und ich bin von da ab regelmäßig donnerstags und bald auch sonntags in die Bachstraße gewandert. Es gab selten einen Grund in all den zwölf Jahren, der mich abgehalten hätte, den weiten Weg von der Seyfferstraße in die Bachstraße zu machen, obwohl ich ihn am gleichen Tage schon viermal zurückgelegt hatte. Nun fing ich auch an, den Bibellesezettel und die Bibel regelmäßig zu lesen.*

Die »lieben Auswärtigen«

Die Helferinnen hielten weiterhin Kontakt zu den Frauen, die inzwischen ihre Stellung aufgegeben und Stuttgart wieder verlassen hatten.

---

*   Meta Decker trat 1939 in die Schwesternschaft des Aidlinger Mutterhauses ein.

An ihren neuen Wohnorten entwickelten sich neue kleine Zellen der Vereinsarbeit, z. B. in Steinenberg und Kohlberg.* Die Frauen dort luden andere Frauen zu sich ein und baten eine Helferin, dabei zu sein und einen biblischen Text auszulegen.

Besuche, ein reger Briefwechsel und das Abonnement des *Bibellesezettels* knüpften ein starkes Band zwischen den »Auswärtigen« und dem ständig wachsenden Stuttgarter Kreis.

Da gab mir der Herr den Gedanken, die lieben Auswärtigen alljährlich zu Neujahr – dem Gründungstag unserer Vereinsarbeit – einzuladen, notiert Christa von Viebahn. Das erste Zusammentreffen dieser Art, die erste »Tagung«,** fand Neujahr 1924 statt.

Dies alles geschah mitten in einem verheerenden Krieg bzw. in der Nachkriegszeit. Die äußeren Ordnungen des Staatsgefüges lösten sich auf, das Kaiserreich zerfiel ebenso wie der Wert des Geldes. Welcher »vernünftige« Mensch würde jetzt mit einer Arbeit beginnen, die sich um »Seelen« kümmerte? Es war aber gerade diese Kombination von geistlicher und praktischer Hilfe, die den jungen Frauen und Mädchen in jener Zeit Halt bot.

Manche waren wie Strandgut in die Stadt gespült worden, waren bei reichen Leuten in der Küche oder im Haus angestellt, »in Stellung«, wie das kurz hieß. Sie hatten keine Kontakte, hockten nach einem anstrengenden Tag in einem armseligen Kämmerchen, waren einsam, oft nicht wertgeschätzt, verängstigt.

Christa von Viebahn ließ sich vom *Landesverband für weibliche Jugend* Adressen zugezogener junger Mädchen geben, die dann von den Helferinnen besucht wurden. Auch im Zug oder in der Straßenbahn sprachen sie Frauen an, die mit ihrem Pappkoffer unterwegs waren, gaben ihnen Einladungskärtchen weiter und ermutigten sie zu einem Besuch der Bibelstunden.

---

* Später kamen nach und nach noch andere Orte hinzu: Grafenberg, Untertürkheim, Neckarwestheim, Hessigheim, Korntal, Holzgerlingen, Asperg, Nufringen, Gärtringen, Großbottwar, Murr, Esslingen, Obertürkheim, Herrenberg, Zuffenhausen, Wangen, Althütte, Poppenweiler, Walheim, Fellbach, Cannstatt, Lindorf, Endersbach, Vaihingen u. v. a.

** Noch heute finden diese »Tagungen« statt. Es sind die »Jahrestreffen der Aidlinger Schwesternschaft«, jeweils am 6. Januar in der Liederhalle in Stuttgart. Hierzu sind Freunde und Interessierte immer herzlich willkommen.

Emmy Lehrenkraus war als Helferin besonders für den Versand des *Bibellesezettels* eingeteilt. Zwar wurden die meisten Exemplare von einem Verlag in Diesdorf* verschickt, aber es waren einige tausend Hefte direkt von Stuttgart aus auf den Weg zu bringen. Manchmal kam die Sendung erst am Tag des neuen Vierteljahresbeginns an. Christa von Viebahn ging oft mit einem Handwagen morgens selbst zur Post, um die Sendung abzuholen. Sie konnte dann die Vierteljahreschriften noch nachmittags nach der Bibelstunde ausgeben.

Der *Bibellesezettel*** verband die Gruppe untereinander. Sie konnten sich täglich über die gleichen Bibelstellen und Erklärungen austauschen, Fragen stellen und neue Erkenntnisse für ihren Alltag mit Christus gewinnen. Christa von Viebahn sah gerade in diesen mit viel Freude durchgeführten Bibelstudien den Grund für das schnelle Aufblühen der ganzen Arbeit.

Oft wurde sie mit dem Manuskript des BLZ nicht rechtzeitig fertig. Sie führte einen beständigen Kampf mit Texten und Terminen.

Emmy Lehrenkraus erzählte darüber: *Nicht nur die äußeren Abhaltungen waren es, es war auch die innere Not mit Fräulein Kübel.* Davon wird später die Rede sein.

Vor dem Kino erwischt

Immer darauf bedacht, dass jedes Vereinsmitglied eine Aufgabe übernehmen konnte, organisierte Christa von Viebahn die »Blättermission« in Stuttgart. Ganze Straßenzüge oder Stadtviertel wurden entsprechend eingeteilt. Wöchentlich gingen die Frauen von Haus zu Haus, von Briefkasten zu Briefkasten und versorgten die Menschen mit einer kleinen Schrift. Darin wurde in einfachen Worten erklärt, wie man mit Gottes Hilfe ein neues Leben beginnen konnte. Eine solche Schrift hieß

---

*   Der Verlag in Diesdorf, Kreis Breslau/Schlesien, wurde im Zweiten Weltkrieg vollständig zerstört.
** Der Bibellesezettel (BLZ) erscheint immer noch, im Jahr 2015 im 116. Jahrgang. Er heißt heute »Zeit mit Gott«, hat sein äußeres Erscheinungsbild modernisiert, ist aber seinem inneren Anliegen treu geblieben: Menschen in ansprechender Weise die Texte der Bibel verständlich zu machen und zu einem Leben mit Jesus zu ermutigen.

z. B. *Der Weg zum Glück*. Sie war von Pastor Ernst Modersohn verfasst worden.

Die Blättermissionarinnen waren durchaus nicht immer willkommen. Manche Menschen lehnten die Blätter rundweg ab, andere ließen aus dem geöffneten Fenster *Rettichschwänze und andere Küchenabfälle regnen*, wenn sie die Frauen kommen sahen.

Lina Etter (1896–1987) verteilte gern auf dem Weg zum Nachtdienst in der Hauptpost ihre Blätter an die Passanten, denen sie begegnete. Auf diesem Weg kam sie an einem großen Kino vorbei. Dort verteilte sie dann die restlichen Schriften, die sie noch bei sich hatte.

Eines Abends fühlte sie sich beobachtet. Ihr suchender Blick fand bald die Ursache: Auf der gegenüberliegenden Straßenseite standen ihre Mutter und ihre Schwester. Sie waren fassungslos über das »unmögliche« Verhalten ihrer Lina. Missbilligend, ja verächtlich, schüttelten sie den Kopf. Lina verschwand schnell in der Menge und machte sich auf den Weg zum Dienst.

Doch von solchen und ähnlichen Erfahrungen ließen sich die Frauen nicht abschrecken. Sie hatten ihre Blätter und Einladungen immer bei sich und gaben sie bei jeder sich bietenden Gelegenheit weiter.

Christa von Viebahn legte Wert darauf, dass alle Mitglieder des Vereins andere Werke und ihre Arbeit kennenlernten. Es sollte kein Schmoren im eigenen Saft geben! Sie lud immer wieder entsprechende Referenten ein, die ihre Arbeit im Verein vorstellten.

Christa von Viebahn und Eva von Tiele-Winckler

Sehr häufig kam Eva von Tiele-Winckler – Mutter Eva – aus Miechowitz zu Besuch. Sie berichtete von den »Kinderheimaten«, vom Mutterhaus »Friedenshort« und den verschiedenen Arbeitszweigen, die sich entwickelt hatten.

Beide Frauen hatten früh die Mutter verloren, beide waren durch das selbstständige Lesen in der Heiligen Schrift zum Glauben gekommen. Beide hatten von der Erweckungsbewegung in England entscheidende Impulse erhalten, beide wollten möglichst viele Menschen für Christus gewinnen. Beide setzten dafür Geld, Gut und Zeit ein und lebten einfach und bescheiden. Beide gehörten einer Frauengeneration an, die aus vertrauten Lebensverhältnissen aufgebrochen war. Beide äußerten sich nicht mit lautem Protest zu den sozialen und politischen Verwerfungen ihrer Zeit, die sie aufgrund ihrer Erziehung einer selbstbewussten Männerwelt überließen. Beide nahmen keine Stellung zu den Kämpfen der Frauenrechtlerinnen. Aber zielstrebig und entschlossen stellten sie den vorhandenen Strömungen der Zeit ihr Modell entgegen: von Christus in den Dienst am Nächsten gerufene Frauen, die sich um Leib *und* Seele kümmern. Beide reihten sich ein in die große Bewegung der Mutterhausdiakonie.[17]

Die Unternehmertochter Eva von Tiele-Winckler gründete 1913 die »Heimat für Heimatlose«-GmbH, die erste rechtsverbindliche Gesellschaft mit dem Zweck, Hilfsbedürftigen beizustehen. Im selben Jahr wurde im Stuttgarter Kreis mit Mutter Eva die Idee zum »Sternenbund« aus der Taufe gehoben: Es wurden Patenschaften für Waisenkinder angeboten. Ein Pate war wie ein Licht für die elternlosen Kinder, »ihr Stern«. Schon zehn Jahre später, 1923, hatte der Sternenbund fast 2700 Mitglieder; an fünfunddreißig Orten waren mehr als sechzig Kinderheimaten entstanden. Die Zahl der Diakonissen war dabei innerhalb von zehn Jahren von 300 auf 538 gewachsen.*

Auch aus dem Verein und dem Helferinnenkreis wollten viele als Diakonissen in den vollzeitlichen Dienst gehen. Etwa siebzig Frauen aus dem Verein traten in die verschiedensten Mutterhäuser ein: in Bethel, Marburg, Vandsburg, Gunzenhausen und auch in den »Friedenshort« zu Mutter Eva.

Spätzle und andere Gerichte

In die Arbeit von Mutter Eva in Miechowitz wusste sich auch Lina Etter berufen. Es war ein einziger Satz, der sie dazu motivierte: »Gürte dich und diene mir!« Mit anderen Worten: Pack deine Sachen und stehe Gott zur Verfügung. Sie kündigte ihre sichere Stelle bei der Post. Am

---

* Als Mutter Eva 1930 stirbt, gehören etwa achthundert Diakonissen zum Mutterhaus »Friedenshort«.

Samstag, dem 11. August 1920, trat sie ihre abenteuerliche Zugreise nach Oberschlesien an. In Dresden übernachtete sie bei einer Familie, die mit Mutter Eva befreundet war.

Dann ging es in der »Holzklasse« weiter bis Breslau, wo sie in einer »Kinderheimat« übernachten konnte. Zum ersten Mal erlebte sie elternlose Kinder, die mit ihrem »Mütterchen« (einer Schwester vom »Friedenshort«) und den »Kindertanten« wie in einer Großfamilie lebten.

Am nächsten Morgen ging es mit Sack und Pack weiter bis Miechowitz, einer grünen Oase, die sich wohltuend von den rauchgeschwärzten Landschaften in Oberschlesien abhob. Der Kohlebergbau hatte weite Teile des Landstrichs zerstört.

Nun lernte die ehemalige Postbeamtin Etter Dinge, in denen sie nicht geübt war: Scheuern im Kinderhaus bei den Kleinen, riesige Mengen Kartoffeln schälen in der Herberge der Männer. Vertretung eines erkrankten »Mütterchens« in einer Gruppe. Vier Wochen war sie mit den Kindern allein. Das hieß Waschen, Bügeln, Putzen, Schularbeiten überwachen, Trösten, Spielen, Gute-Nacht-Geschichten vorlesen und täglich das Essen auf den Tisch bringen. So verkündete sie eines Morgens: *Kinder, heute gibt's Spätzle!* Von da ab wichen die Kinder nicht mehr von ihrer Seite. Sie wollten ihr unbedingt und ganz genau beim Kochen zusehen. Als dann alle um den Tisch saßen, meinte ein Mädchen enttäuscht: *Tante, das sind ja Nudeln, wir dachten, du machst Vögel!*

Etter erlebte eine Menge fröhliche Geschichten. Und sie lernte, mit Gott zu rechnen. So wie sie früher in der Telefonabteilung zwischen Stuttgart und Düsseldorf oder Hamburg oder Esslingen die Verbindungen hergestellt hatte, so suchte sie durch Gebet und Vertrauen mit Gott in Verbindung zu bleiben. Sie unterhielt einen regen Briefwechsel mit Christa von Viebahn, die ihr manchen guten Rat gab. Nach elf Monaten legte Lina Etter die Tracht der Friedenshort-Schwestern an.

Dunkler Raum, hohe Kanzel

Von Neujahr 1916 bis Sommer 1919 traf sich der Kreis in der Augustenstraße. Dann kamen die Männer nach und nach aus dem Krieg zurück und wollten wieder in ihre Werkstätten. Es wurde gesetzlich geregelt, dass solche Räume zurückzugeben waren, Mietverträge hin oder her. So musste Christa von Viebahn die ehemalige Schreinerei verlassen. Aber wohin? Es war unmöglich, wieder einen Saal zu mieten, die Preise waren inzwischen viel zu hoch. Eine Frau riet: *Gehen Sie doch in den Evangelischen Saal, Obere Bachstraße 39. Ich habe einen guten Bekannten, der dort im Ausschuß ist, der kann Ihnen etwas behilflich sein.*

Der Raum war düster. Außerdem trennte ein hohes Podium die Zuhörer vom Redner. Deshalb mochte Christa von Viebahn den Saal nicht. Aber es blieb ihr nichts anderes übrig, als ihn zu nutzen. Sie ging zu den Verantwortlichen und legte ihnen die Lage dar. Mit der Auflage, die Leute nicht aus der Kirche abzuziehen, genehmigten sie die Benutzung des Saales.

Es zeigte sich im Laufe der nächsten Jahre, dass die Entscheidung richtig war. Der Zulauf zu dem Kreis wurde so stark, dass der Raum in der Augustenstraße nicht mehr lange ausgereicht hätte. Der Saal war bestuhlt. So konnten die Stühle, die für die Werkstatt gekauft worden waren, ohne Verluste verkauft werden. Das war gerade zu Beginn der Inflationszeit sehr hilfreich.

Doch diese Zeit der Geldentwertung ließ das gesamte Vermögen von Christa von Viebahn wie Schnee in der Sonne schmelzen. Bisher hatte sie daraus ihren Unterhalt und die Kosten für die evangelistisch-missionarische Arbeit bestritten. Sie war froh darüber, ihr Geld auf diese Weise verbraucht zu haben. Doch jetzt wurde die Lage schwierig.

Christa von Viebahn berief die Helferinnen zu einer besonderen Sitzung ein. Sie war entschlossen, eine Stelle anzunehmen, um die anfallenden Kosten weiterhin bezahlen zu können. Die geistlichen Dienste wollte sie auf den Abend beschränken. Davon wollten aber die Helferinnen nichts wissen. Sie schlugen vor, einen Vereinsbeitrag zu erheben. Christa von Viebahn lehnte dies ab. Wer die Arbeit unterstützten möchte, solle dies absolut freiwillig tun. So wurde es beschlossen. Würde das Experiment gelingen, die ständig wachsende Arbeit und den Unterhalt von Christa von Viebahn und Elisabeth Kübel nur mit Spenden zu finanzieren?

Diese Abmachung hat der Herr sehr gesegnet. Wir haben nie Mitgliedsgelder erhoben. Wir sagten uns, wer hier Segen empfängt, der *bleibt schon von selbst und unterstützt uns. So wurde unsere Arbeit ganz auf der Freiwilligkeit der Geber* aufgebaut und der Herr hat wunderbar gesegnet,* so Christa von Viebahn im Rückblick.

Immer um andere besorgt

Christa von Viebahn nahm wenig Rücksicht auf sich selbst. Sie sorgte sich nicht um ihre Gesundheit, um ihr Vermögen, um ihre Bedürfnisse. Am 20. Januar 1920 schrieb sie handschriftlich einen ausführlichen Brief. Er lässt uns ein wenig hineinsehen in ihre Art, Menschen zu begleiten:

Meine liebe Pauline**,
wie sehr schmerzlich ist es mir, daß Du krank bist! Am liebsten käme ich einmal hinüber und schaute nach Dir. Aber leider ist es augenblicklich nicht möglich; ich werde wohl erst in drei Wochen wieder über Reutlingen nach Tübingen fahren und hoffe, daß Du dann nicht mehr im Krankenhaus sein mußt. Der Herr weiß ja immer, was er mit uns tut, und Liebe ist es immer, auch wenn es uns schwer ist! Wie innig bitte ich ihn, Dir nahe zu sein mit seiner Gnade und Dir in dieser Krankheit einen besonderen inneren Gewinn und Segen zu schenken!
Möge der Herr Dir Deinen ferneren Weg bahnen, meine liebe Pauline. Sei recht mutig und getrost im Blick auf Deinen herrlichen Herrn und ehre ihn auch jetzt durch stilles Vertrauen und fleißiges Schöpfen aus seinem herrlichen Wort!
Es ist solche Gnade, daß der Herr mir durch diese lange Zeit täglich Kraft und Gesundheit zu allem verliehen hat und auch so große innere Freudigkeit. Es sind doch jede Woche drei große Versammlungen zu halten, dazu täglich Einzelseelsorge an den vielen, die mich persönlich aufsuchen. Der Herr ist so gnädig wirksam an den Seelen. Augenblicklich wirkt er besonders an seinen Kindern, um diese tiefer zu reinigen und zu lösen und in innige Verbindung mit sich selbst zu bringen.

---

*   Diese Einstellung wurde bis heute beibehalten.
**   Es handelt sich nicht um die jüngere Schwester von Christa von Viebahn.

Jetzt bin ich neben allem anderen wieder an der großen schrift-
lichen Arbeit für den Bibellesezettel, die schon wieder sehr drängt.
Oft muß ich bis in die Nacht arbeiten, um einigermaßen mit allem
durchzukommen. Aber wie glücklich und dankbar bin ich, daß ich
dem Herrn und den Seelen dienen darf! Schmerzen und Enttäuschun-
gen gibt es ja auch, aber ich darf sagen, im Ganzen sehr wenig. Die
Freuden und Erquickungen überwiegen bei weitem; doch die Leiden
gehören dazu und sind ein Segen.

Nun muß ich schnell schließen, meine geliebte Pauline. Der Herr
erquicke und segne Dich!

Eine Kammer auf dem Dachboden

Weil sich die Arbeit immer mehr vergrößerte und Elsbeth Pickersgill
nach ihrer Verheiratung nicht mehr als persönliche Assistentin mit-
arbeiten konnte, machte sich Christa von Viebahn auf den Weg zu
Mutter Eva. Sie bat darum, Lina Etter für die eigene Arbeit in Stuttgart
»behalten« zu dürfen. Schwester Lina war schon im Mai 1923 für einige
Zeit nach Stuttgart »ausgeliehen« worden. Mutter Eva stimmte zu. So
wohnte Lina Etter in einem kleinen Kämmerchen auf dem Dachboden
der Hohenstaufenstraße Nr. 7.

Als »rechte Hand« von Christa von Viebahn erlebte sie eine ganz
besondere Zeit. Sie berichtete, dass so viele Menschen zu seelsorgerlichen Gesprächen kamen, dass die letzten oft erst morgens gegen drei
Uhr das Haus verließen. Außerdem waren viele Besuche zu machen.

Diese intensive Arbeit hinterließ ihre Spuren. *Christa von Viebahn*
bekam oft starkes Fieber und Herzkrämpfe, erinnert sich Schwester Else
Noller, sodass an einer der ersten Tagungen Schwester Lina Etter sprach,
die kurzfristig einspringen musste. *Wenn Fräulein von Viebahn auch*
große Schmerzen hatte, arbeitete sie trotzdem. Sie war halt doch wie ein
Soldat!

Christa von Viebahn trug sich schon lange mit dem Gedanken,
eine eigene Schwesternschaft zu gründen. Immer noch hatten viele
Frauen aus ihrem Kreis den Wunsch, Diakonissen zu werden. Doch
ihre Freundin Elisabeth Kübel weigerte sich, die Pläne für eine neue

Schwesternschaft zu unterstützen. Der Grund dafür bleibt offen. War es ihr Frauenbild, das traditionsmäßig nur einem Mann, einem Pfarrer, eine solche Leitungsfunktion in einer Schwesternschaft zubilligte? War es die starke darbystische Prägung der frühen Jahre? Wurde ihr die Ausweitung der Arbeit mit ihrem finanziellen Risiko unheimlich, nicht mehr tragbar? Diese Fragen lassen sich heute nicht mehr beantworten.

Elisabeth Kübel verließ mit ihren Möbeln Ende 1923 die Wohnung in der Hohenstaufenstraße und zog zu ihrer Schwester Sofie nach Tübingen. Dies war für Christa von Viebahn sehr schmerzlich. Noch Jahre später sprach sie von einer Lücke, die nie geschlossen werden konnte. Die beiden Frauen waren stark genug, einander freizugeben und die entsprechenden Entscheidungen zu respektieren. Versöhnt trennten sie sich und blieben auch weiterhin in Kontakt.

Drei bekränzte Stühle

Christa von Viebahn entwarf und schneiderte eine eigene Tracht für die »Viebahn-Schwestern«. Wenige Tage nach der ersten Neujahrstagung legten die ersten drei Schwestern am 13. Januar 1924 diese Tracht an.

Drei bekränzte Stühle wurden auf das Podium in der Oberen Bachstraße gestellt. Christa von Viebahn hielt eine Andacht und stellte die Schwestern vor: Emmy Lehrenkraus, Lina Etter und Julie Funke. Alle Mitglieder des Vereins gaben den Schwestern Bibelworte mit auf den Weg, der vor ihnen lag. Nun gab es also eine kleine »Diakonissenstation« in der bisherigen Privatwohnung von Christa von Viebahn in der Hohenstaufenstraße Nr. 7.

Von Schwester Julie Funke (1890–1947) finden sich in den Aufzeichnungen der Anfangsjahre in Stuttgart immer wieder Spuren ihrer freundlichen und bescheidenen Mitarbeit. Sie gehörte zum Helferinnenkreis. In der Bibelschule St. Chrischona bei Basel und im »Friedenshort« erhielt sie ihre Ausbildung. Nach ihrem frühen Heimgang schrieb Christa von Viebahn an ihre Schwestern:

Uns allen fehlt sie sehr mit ihrem stillen treuen Helfen und Mittragen.
Vor fünfundzwanzig Jahren trat unsere liebe Schwester Julie als erste

Diakonisse in unser Werk ein. Vorher schon tat sie wertvolle Dienste als Helferin in unserem Vereinskreis. Unsere geliebte Schwester war in unserem Kreise ein stilles stetiges Licht für den Herrn. Sie brachte viel Frucht für Gott und war stets bereit, den untersten Weg zu gehen! Große Bescheidenheit und Dankbarkeit kennzeichnete sie. Bei dem Nächsten sah sie stets das Wertvolle und Schöne.

KAPITEL 7

Aidlingen –
Ein Mutterhaus entsteht 1925–1927

Perle im Heckengäu

Aidlingen liegt mitten im Heckengäu, einer reizvollen Landschaft mit cha-
rakteristischen Feldhecken, in denen sich viele Insekten, Eidechsen, Vögel
und Nager wohlfühlen. Eule, Mauswiesel und Fuchs finden hier reiche
Beute. Hagebutten und Schlehen, Silberdistel, Küchenschelle und Bergaster
tupfen ihre Farben in die Landschaft.

Das Naturschutzgebiet »Venusberg« mit seinen Wacholderheiden
belohnt den Besucher mit Weite und Stille. Die vielen Streuobstwiesen in
der landwirtschaftlich genutzten Region faszinieren in jeder Jahreszeit. Aidlingen ist wirklich eine »Perle im Heckengäu« – so bezeichnet sich die
Gemeinde Aidlingen im Internet.[*]

Das Heckengäu reicht in einem fünfzig Kilometer breiten Band von
Vaihingen/Enz im Norden bis Haiterbach im Süden, umfasst Teile der Land-
kreise Böblingen, Calw und Ludwigsburg. Im Westen grenzt es an den
Nordschwarzwald, im Osten an das sogenannte Korn- und Strohgäu und
an den Schönbuch.

Ab dem 14. Jahrhundert saßen Dienstleute der Pfalzgrafen von Tübingen als Ortsadelige in Aidlingen. Der Name des Ortsteils »Lehenweiler«
deutet noch darauf hin. In dieser Zeit wurde auch die schlichte Nikolaikir-
che als Wehrkirche gebaut, die noch heute den Ortskern prägt.

Von der Aid, einem kleinen Bach, wurden fünf Mühlen betrieben. Eine
Bierbrauerei und eine mechanisch betriebene Wollspinnerei sorgten für
Arbeitsplätze und einen gewissen Wohlstand. Die Würm, ein etwa vier-
undfünfzig Kilometer langer Fluss, der bei Pforzheim in die Nagold mündet,
schlängelt sich wild durchs Aidlinger Tal.

---

[*]   www.aidlingen.de

Bibelstunde im Hinterhaag

Junge Frauen aus Aidlingen hatten durch Luise Weinbrenner vom christlichen Verein in Stuttgart gehört. Sie war dort in Stellung gewesen und hatte den Kreis um Christa von Viebahn kennengelernt. Zu Hause erzählte sie ihren Freundinnen begeistert davon. Das weckte den Wunsch in ihnen: *Können wir in unserem Ort nicht auch so mit der Bibel zusammenkommen?*

Christa von Viebahn erfuhr Anfang August 1921 vom Anliegen der jungen Frauen. Die Antwort ließ nicht lange auf sich warten: *Wenn Sie einen geeigneten Raum haben, kommen am Sonntag, 15. August, zwei Helferinnen, um ein Bibelstündchen zu halten.* Der Termin war ungünstig, denn mitten in der Erntezeit waren alle Leute in Aidlingen von morgens bis abends mit Arbeit eingedeckt. Trotzdem warben die Mädchen tüchtig für dieses *Bibelstündchen* und wurden dabei vom Pfarramt unterstützt.

Die Eltern von Luise Weinbrenner öffneten gern ihr Haus im Hinterhaag für das erste Treffen. So saßen an jenem denkwürdigen Augusttag doch viele Frauen im Wohnzimmer der Weinbrenners.

Die Pfarrfrau war mit ihrem »Jungfrauenverein« ebenfalls dabei. Die beiden Helferinnen – Julie Funke und Anna Bürkle – machten ihre Sache so gut, dass weiterhin mindestens vierzehntägig eine Bibelstunde stattfinden sollte. Dabei bekehrten sich viele und erzählten wieder anderen davon. Neben den nun wöchentlichen Bibelstunden – freitags und sonntags – wurden Kinderstunden angeboten, außerdem entstand ein Gitarrenchor.

Im Sommer 1924 musste mehr Raum geschaffen werden, das Wohnzimmer fasste die Menschen nicht mehr, viele saßen draußen auf den Treppenstufen. Weinbrenners trennten eine größere Ecke in ihrer Scheune ab, um mehr Raum zu gewinnen.

Schwester Lina Etter, die seit 1923 die Arbeit in Aidlingen übernommen hatte, musste den etwa einstündigen Fußmarsch durch das romantische Würmtal von Ehningen nach Aidlingen sehr oft machen, denn Aidlingen hat keine eigene Bahnstation.

1925 hielt sie eine zehntägige Evangelisation in der Turnhalle der Schule. Danach kamen noch mehr Menschen zu den Bibelstunden. Der neue Raum in der Scheune war schon wieder zu klein geworden. Die Familie Weinbrenner konnte nicht mehr Platz anbieten.

Die Evangeliumshalle

Im Verein wurde nun an den Bau einer »Evangeliumshalle« gedacht. Eine kleine Schwesternwohnung sollte darüber eingebaut werden, um das ständige Hin- und Herreisen zwischen Aidlingen und Stuttgart zu verringern. Ein kühner Plan, ein wunderbarer Plan, doch ohne die notwendigen Mittel war er nur ein schöner Traum.

Als aber ein Bauplatz an der neu angelegten Sonnenbergstraße angeboten wurde, griff Christa von Viebahn rasch zu und begann im September 1925 mit dem Bau der Halle.

Der Aufruf vom 1. Oktober 1925 an die Leser des *Bibellesezettels* nimmt uns hinein in die Vision, die Christa von Viebahn mit dem Bau verband. Nachdem sie etwas von der Vorgeschichte berichtet hat, schreibt sie:

Ein wohlwollender Baumeister hat sich bereit erklärt, den Bau auszuführen. Und zwar soll derselbe jetzt gleich im September in Angriff genommen werden, damit die Halle vor dem Winter in Gebrauch genommen werden kann!

Ein passender Bauplatz wurde uns angeboten, und zwar um den günstigen Preis von 500 Mark. Bei den Bauarbeiten wollen die Gotteskinder in Aidlingen möglichst viel selbst Hand anlegen, damit an den Kosten gespart wird. Immerhin kann die Halle mit Sitzgelegenheiten, Beleuchtung, Heizung und sonstigem Zubehör auf 18 bis 20 000 Mark kommen. Der Bau derselben ist durchaus ein Glaubenswerk. Unser Stuttgarter Werk, das ein eingetragener Verein ist, soll Eigentümer der Halle in Aidlingen werden, die auch von Stuttgart aus zu Freizeiten, Bibelkursen usw. benützt werden soll!

Von uns werden die Löhne der Bauarbeiter und Handwerker, die Kosten für Material usw. fortlaufend, wie sie sich einstellen, gefordert werden. Da jedoch der Hallenbau ein notwendiges Werk für Gott ist, damit Menschen das klare, gute Evangelium hören und für den Herrn

Jesus als Lohn Seiner Schmerzen gewonnen werden, so glauben wir bestimmt, daß wir dasselbe ausführen sollen.

Wir bitten vor allem unseren großen, herrlichen Herrn, daß Er uns schnell und rechtzeitig die Mittel zufließen lasse. Wir bitten aber auch die Kinder Gottes, denen des Herrn Ehre und die Rettung unsterblicher Menschenseelen am Herzen liegt, daß sie als des Herrn Haushalter uns diejenige Summe zusenden, welche Er sie senden heißt! Große wie kleine Gaben nehmen wir dankbar entgegen!

Wir stehen mit diesem Bau, der ein Werk des Glaubens ist, nicht nur vor Gott, sondern auch vor der Welt da als solche, die selbst nichts haben, aber Großes von ihrem herrlichen Herrn erwarten. In dem kleinen Ort werden die Weltleute sehr gespannt zusehen, wie es mit unserem Bau geht – ob unser Gott sich zu uns bekennt und uns während des Bauens rechtzeitig die Mittel zusendet, daß wir jede Woche die Arbeiter entlohnen und das erforderliche Material bezahlen können! Wir rechnen mit der Verheißung: »Du wirst erfahren, daß Ich der Herr bin, an welchem nicht zuschanden werden, die auf Mich harren!« (Jesaja 49,23). Wir bitten aber auch in nächster Zeit ganz besonders um die Fürbitte der treuen Leser des Bibellesezettels!

Wer dieses Projekt vor dem Hintergrund der damaligen Verhältnisse sah, hielt vermutlich den Atem an, schüttelte den Kopf und konnte verständlicherweise nur davon abraten. So geschah es auch. Die Attacken der Zweifler blieben nicht aus. Auch der Bürgermeister war sich sicher, dass dieser Bau nicht gelingen würde. Er machte sich schon Gedanken, was er mit diesem »Schnäppchen« anfangen könnte und meinte: *Wir übernehmen dann das, was davon übrig ist, und machen eine Schule draus.*

Doch im Helferinnenkreis und im Verein wurde ein Zeichen von Gott erbeten: Es mögen doch täglich 200 Mark auf das Postscheckkonto eingehen. Eine lange Zeit gingen diese 200 Mark tatsächlich täglich ein.

Die Bauleiterin

Der Bau konnte aus Kostengründen nicht einer Firma übergeben werden. So marschierte Christa von Viebahn oft die etwa vier Kilometer von Ehningen nach Aidlingen, um auf dem Bau nach dem Rechten zu sehen.

Anna Zweigart erlebte dies mit und erzählt davon:

Fräulein von Viebahn hat oft beim Bau geschafft wie ein Handwerker. Da war die Küche einmal ganz voll mit Säcken, und es war noch niemand da. Da holte sie mich. Wir haben dann miteinander einen schweren Sack um den anderen hinaus getragen. Ich dachte immer: Wenn sie nur nicht fällt.

Als ich sie zum ersten Mal hier schaffen sah, hat sie gerade Plättle weggemacht mit Hammer und Beißzange. Sie hatte Sonntag und Werktag den gleichen Rock angehabt, nur sonntags eine andere Bluse. Da sagte einmal eine Frau zu mir: »Jetzt kaufet no dere Frau au a anders Kleid, die hot ja jeden Tag des gleiche an.«

Persönlich sparte Christa von Viebahn, wo sie konnte. Als sie zu einem Anlass einen Hut tragen musste, den sie nicht hatte, ging sie in ein Hutgeschäft und fragte: *Haben Sie nicht einen günstigen Ladenhüter für ein älteres Fräulein?* Den trug sie dann – und sah unmöglich damit aus!

Während der zweijährigen Bauzeit wuchsen nicht nur die Mauern, sondern auch neue Ideen: Eine Bibelschule für Frauen und ein Diakonissenmutterhaus sollte das Haus beherbergen. Zimmer und Gemeinschaftsräume für die Diakonissen, Saal, Bibelschule – alles unter einem Dach. Das bedeutete natürlich für den Architekten, neue Pläne zu zeichnen und anders zu bauen. Die Dachkonstruktion aus Holz musste z. B. mit Eisen verstärkt werden, um die Zimmer tragen zu können. Eine größere Küche, ganz andere sanitäre Anlagen usw. waren nötig. Es gab viele Schwierigkeiten und Hindernisse, was die Bauzeit verlängerte.

Den Innenausbau leitete Christa von Viebahn komplett selbst. Alle Handwerker zollten ihr dafür großen Respekt. Sie versammelte die Männer immer wieder um sich, um mit ihnen eine kurze Andacht zu halten.

Die Frauenbibelschule

Am 2. Januar 1927 war es so weit: Unter großer Beteiligung des Stuttgarter Kreises und der Einwohner von Aidlingen wurden der Saal und die Bibelschule eingeweiht. Als Christa von Viebahn das Schlusswort sprach, teilte sie den erstaunten Besuchern mit: *Dieses Haus soll auch ein Diakonissenmutterhaus werden. Der heutige Tag ist nur die dankbare Feier einer ersten Etappe. Wir bauen noch weiter. Der erste Bibelkurs findet hier vom 23. bis 30. Januar statt. Thema: Ein Erbteil im Himmel – das erste Kapitel des ersten Petrusbriefes.*

Unter eine Federzeichnung, die den geplanten Bau zeigt, schrieb Christa von Viebahn einen ausführlichen Brief an die Leser des *Bibellesezettels*. Er enthält eine umfassende Beschreibung ihrer Schau von einer biblisch-theologischen Ausbildung für Frauen und Mädchen. Detailliert und nüchtern schildert sie die praktischen, finanziellen und geistlichen Voraussetzungen und Ziele:

Die Frauenbibelschule soll Frauen und Mädchen aller Stände, welche in und neben ihrem irdischen Beruf dem Herrn dienen möchten, in kürzeren und längeren Bibelkursen die notwendige Zubereitung bieten. Sie sind aber auch für solche bestimmt, die ganz in eine entschiedene Reichsgottesarbeit eintreten wollen.

Es ist beabsichtigt: vor allem gründliche Einführung in die Heilige Schrift, auch Unterricht in anderen Haupt- und Nebenfächern, z. B. Heilsgeschichte, Bibelkunde, Leben Jesu, Übungen für Kinder-, Mädchen- und Frauenstunden, Bibelbesprechungen, Deutsch, Singen und Chorleiten, Instrumentalunterricht (soweit für den Dienst erforderlich), biblische Geographie und Ähnliches.

Unsere Frauenbibelschule soll den Frauen und Mädchen aller entschieden gläubigen Kreise dienen. Es sollen Halb- und Ganzjahreskurse geboten werden. Manches Landkind wird sich für das Winterhalbjahr, manches Stadtkind für das Sommerhalbjahr freimachen können. Andere wieder werden dankbar den ganzen Jahreskursus benützen!

Das Eintrittsgeld wird 10 Mark betragen; Schulgeld mit freier Wohnung und voller Verköstigung wöchentlich etwa 13 Mark für die Halb- und Ganzjahreskurse. Die sechzehntägigen Kurse werden im

Ganzen etwa 40 Mark kosten. Wäsche wird extra berechnet. Bei den sechzehntägigen Kursen wird die Wäsche im Hause nicht gewaschen! Bettwäsche ist mitzubringen. Die Schülerinnen haben sich sowohl in den großen als in den kürzeren Kursen neben dem Unterricht an der Hausarbeit zu beteiligen.

Die Frauenbibelschule wird kein Erholungshaus, sondern mit des Herrn Gnade eine Stätte ernster, heiliger, aber auch fröhlicher Arbeit werden – eine gründliche Schule und Schulung für den inneren und äußeren Menschen.

Wir bitten den Herrn, uns schon auf 1. Februar und 1. März sowie fernerhin weitere Diakonissenschülerinnen zu senden, die als Schwestern ganz in unser Werk eintreten wollen.

Wie nötig, daß sich Lehrerinnen, Beamtinnen, ausgebildete Näherinnen, gewandte Bürokräfte, tüchtige Köchinnen und Wirtschafterinnen dem Herrn zur Verfügung stellen! Viele stehen noch am Markte müßig und besinnen sich, während Gottes Werk Not leidet wegen Mangel an brauchbaren Kräften!

Alle natürlichen und gelernten Fähigkeiten befähigen freilich an sich noch in keiner Weise zum heiligen Dienst des Herrn! Eine demütige, willige Stall- oder Spülmagd kann, wenn sie sich gründlich erziehen und viel Gnade schenken läßt, ein kostbares Werkzeug für den Herrn werden, während vielleicht ein hochbegabtes und vielseitig gebildetes Menschenkind sich als völlig unbrauchbar erweist! Es kommt eben alles auf Demut, Willigkeit, Hingabe und praktische Heiligung und nicht zuletzt auf pünktlichen Gehorsam an.

Möchten viele den Ruf Gottes hören und kommen! Die Felder sind weiß zur Ernte und die Zahl der gottgeweihten Arbeiter und Arbeiterinnen ist viel zu klein.

Die Schülerinnen treten zunächst in Stuttgart, Hohenstaufenstraße 7, ein und kommen später in die Bibelschule nach Aidlingen. Gründliche Ausbildung in Krankenpflege ist selbstverständlich für viele der Schwestern in Aussicht genommen!

Wir bitten sehr um die ernstliche Fürbitte unserer lieben Leser. Es ist ein großes Unternehmen, das wir nur wagen können im Vertrauen auf die äußere und innere Darreichung unseres herrlichen himmlischen Herrn! Wenn uns bei diesem wichtigen Werke, das dem Volke

Gottes und der Sache Gottes dienen soll, auch ferner mit Geldgaben,
mit nützlichen Gegenständen zur Einrichtung des Hauses und mit
Darlehen geholfen wird, so freuen wir uns herzlich!

Dies lag Christa von Viebahn besonders am Herzen, dass jede Schwester eine gründliche Ausbildung in biblisch-theologischen, allgemeinbildenden und musischen Fächern erhielt.

Wie straff dieses Ziel verfolgt wurde, und wie wenig die Frauenbibelschule ein Erholungsheim war, zeigt ein erhaltener Lehrplan vom Januar 1931:

Fräulein Eyff gibt folgende Fächer: Geografie, Grammatik, Diktat,
Aufsatz, Lebenskunde, Geschichte, Naturgeschichte. Schwester Inge-
borg gibt die Wiederholungsstunden in Mutters* Fächern und außer-
dem noch Rechnen und Kirchengeschichte. Schwester Elisabeth Bött-
cher gibt Krankenpflegestunde und die Fahrplanstunde, Bürgerkunde
und Fürsorgewesen und wöchentlich eine Bürostunde. Außerdem ler-
nen die Schülerinnen unter Anleitung, Räume für Feste zu schmücken
und zu dekorieren.

Nun werden Christa von Viebahns Fächer aufgeführt: *Ethik, Lukas-*
evangelium, Psychologie, vom Heiligen Geist, Pädagogik, Israelitische
Religions- und Altertumskunde, Bibelkunde, Leben des Apostels Paulus,
Bibelstunde halten und Texteinteilung.

Der erste Bibelkurs war voll belegt, obwohl im Haus noch weiter gebaut wurde. Die vierzehn kleinen Zimmer (3,80 x 2,50 m) mussten fertiggestellt und eingerichtet werden. Um die spartanische Enge etwas zu mildern, hatten die Zimmer blumige Namen: »Veilchen« oder »Immergrün«, »Rose«, »Lilie«, »Silberdistel«, »Kornblume« usw. Im vorderen Teil des Flurs gab es für alle einen Kaltwasserhahn, warmes Wasser musste in Kannen aus dem Keller geholt werden. In der Folgezeit sollte es hin und wieder vorkommen, dass nachts eine Schwester vom Dienst zurückkam, ihr Zimmerchen betrat, erstaunt auf ihr Bett

---

* Gemeint ist Christa von Viebahn, die von den Schwestern später »Mutter« genannt wurde.

schaute und leise fragte: »Hallo! Schläft hier schon jemand?!« Wenn sie statt einer Antwort nur gleichmäßige Atemzüge hörte, zog sie sich leise zurück und bettete ihr müdes Haupt irgendwo anders hin.

Das Diakonissenmutterhaus

In der Frühe des 13. November 1927 hatte es schon ein wenig geschneit. Bald herrschte geschäftiges Treiben im Neubau auf der Sonnenbergstraße 23. Dann wurde heftig an der Tür geklingelt. Die Stuttgarter Schwestern, Schülerinnen und Helferinnen, die mit einem Sonderzug nach Ehningen gefahren waren, freuten sich nach ihrem Fußmarsch auf das gemeinsame Frühstück.

Christa von Viebahn hatte für diesen Tag nun auch die Schwesterntracht angelegt. In einer kleinen Andacht, die sie hielt, wurde der ganze Tag im Gebet Gottes guten Händen anvertraut. Danach war noch etwas Zeit, um das Programm für die Feier am Nachmittag zu proben.

Die Glocken läuteten und riefen zum Erntedankgottesdienst. Vom Mutterhaus aus machte sich ein langer Zug von Schwestern und Schülerinnen – zwei und zwei – auf den Weg zur Kirche. Christa von Viebahn – nun Oberin und Mutter einer neuen Schwesternschaft – ging mit ihren Schwestern an der Spitze. Pfarrer Gutbrod hielt die Festrede. Es gab viel Grund, Gott zu loben und ihm zu danken für alle Gaben, die er geschenkt hatte. Auch für das Mutterhaus, das auf dem Sonnenberg entstanden war – *ein Denkmal der großen, wunderbaren Gnade unseres Herrn.*

Nach dem Mittagessen trafen nach und nach die Gäste und Freunde ein, vor allem aus Stuttgart, die an der schlichten Einweihungsfeier am Nachmittag teilnehmen wollten. Wer sich in den festlich geschmückten Saal setzte, dem fielen an den Wänden drei kunstvoll gemalte Bibelworte auf:

»Glückselig, die geladen sind zum Hochzeitsmahl des Lammes!«

»Glückselig und heilig, wer teil hat an der ersten Auferstehung!«

»Glückselig sind, die reines Herzens sind, denn sie werden Gott schauen!«

Elisabeth von Viebahn hatte die Entwürfe dazu *mit letzter Kraft* gemacht und konnte die Ausführung nicht mehr miterleben. Sie war im Dezember 1926 gestorben, kurz vor dem Tod von »Tante Mis«, der zweiten Mutter, Marie von Viebahn.

Christa von Viebahn fügte in Gedanken immer noch ein viertes Bibelwort hinzu: »Glückselig, die da wohnen in deinem Hause; stets werden sie dich loben!«

Gelobt wurde Gott an diesem denkwürdigen Tag viel. Grüße wurden überbracht, Reden gehalten. Schwester Martha Lauster vertrat das Mutterhaus Hensoltshöhe, viele Telegramme trafen ein.

Ancilla Domini

Von allen Liedern, die an diesem Tag gesungen wurden, ist eines besonders hervorzuheben. Es wurde von den Schwestern und Schülerinnen zum ersten Mal vorgetragen und sollte für die Schwesternschaft eine besondere Bedeutung gewinnen.

Das Lied, dessen Text Eva von Tiele-Winckler geschrieben hatte, umspannt das Leben einer »Magd des Herrn« – »Ancilla Domini«:

Es hat mich einst gerufen die höchste Majestät,
als vor des Thrones Stufen ich weilte im Gebet,
und zitternd klang 's wie Amen: Herr, Deine Magd ist hie!
Da rief Er mich mit Namen: Ancilla Domini!

Seitdem bin ich gebunden, die Magd des Herrn zu sein
und alle Tag und Stunden mich Seinem Dienst zu weihn.
Das heilige Vermächtnis, das mir mein Herr verlieh,
bleibt mir stets im Gedächtnis: Ancilla Domini!

Wo immer ich mag wandern durch dieses Leben hin
von einem Tag zum andern, so bleibt dies mein Gewinn:
In Freuden und in Schmerzen, in Arbeit und in Müh'
tönt's froh in meinem Herzen: Ancilla Domini!

Es ist an allen Orten ein Dienst für mich bereit
mit Taten und mit Worten, wie es mein Herr gebeut,

und wenn in stiller Stunde ich betend vor Ihm knie,
dann heißt's in tiefstem Grunde: Ancilla Domini!

Es ist ja nur so wenig, wie ich Ihm dienen kann;
doch Er, mein großer König, Er sieht es gnädig an!
Die Werke, die ich übe, Er selbst bereitet sie,
füllt mich mit Seiner Liebe: Ancilla Domini!

Und wird die Nacht auch kommen, da niemand wirken kann,
wird mir der Dienst genommen, den ich so gern getan –
ja, ruhen auch die Hände, mein Herr entlässt mich nie,
ich dien' Ihm ohne Ende: Ancilla Domini!
Eva von Tiele-Winckler

Dieses Gedicht, mit einem Frauenchorsatz in E-Dur versehen, erklingt seitdem immer, wenn Frauen mit den Aidlinger Schwestern gemeinsam leben und Gott dienen wollen. An jedem festlichen »Einsegnungstag« singen sie dieses Lied von der »Magd des Herrn«. Sie vergewissern sich damit selbst jedes Mal neu ihres Weges mit Jesus Christus, dem auferstandenen Herrn. Das schlichte Lied mag für heutige Ohren unmodern sein, aber es wurde in seiner Aussage nie überholt. Und dann erklingt es nur noch nach dem Tod einer Diakonisse. Beim Versenken des Sarges singen die versammelten Schwestern »ihr Lied«, das über das Grab hinausreicht: »Ich dien' Ihm ohne Ende: Ancilla Domini!«

Gesungen ist dieses Lied in wenigen Minuten. Es zu leben, braucht ein ganzes Leben. Keine Diakonisse bekommt die Eigenschaften Jesu – Demut, Sanftmut, Liebe, Geduld, Barmherzigkeit – umgehängt wie die neuen Kleider der Schwesterntracht. Jede Schwester sollte mehr und mehr verstehen lernen, dass sie – auch in der Gemeinschaft – ihr Leben allein vor Gott verantwortet, dass sie selbst entscheidet, was Gott aus und mit ihrem Leben machen kann.

Und wenn auf einer einsamen, entlegenen Station allein die Stellung zu halten ist, wenn Niederlagen im Umgang miteinander zu ertragen sind, wenn Brüche in der persönlichen Entwicklung offenbar werden, dann kann dies zur Reifung oder aber zum Stillstand des geistlichen Lebens führen.

Christa von Viebahn regte ihre Schwestern immer dazu an, sich ein Leben lang durch Gottes Wort verändern zu lassen. Dabei war sie sich der eigenen Grenzen und Schwächen in der Beurteilung eines Menschen durchaus bewusst, auch ihr unterliefen Fehler. Aber sie rechnete damit, dass Gott selbst über dem Lebensweg jeder einzelnen Schwester wacht und sie wunderbar führt – trotz aller menschlichen Mängel.

Christa von Viebahn wünschte sich, dass jede Schwester in der Lage wäre, mögliche Ungerechtigkeiten, schwere Führungen und negative Erlebnisse im Vertrauen auf Gottes gute Führung durchzustehen und anzunehmen. Daran arbeitete sie unermüdlich mit ihren Schwestern in persönlichen Gesprächen, in Briefen und Bibelarbeiten. Viele Notizen und Dokumente zeigen dies.

Am 2. März 1931 schreibt sie:

Die Zeit ist so ernst und in unserem Volke gärt es; da ist es unsere erste Aufgabe, uns wirklich zubereiten zu lassen und gebräuchlich zu werden für den Herrn Jesus. Sind wir wirklich bereit, Ihm entgegen zu gehen – Ihm zu begegnen? Richten wir unser Leben, unseren Alltag so ein, daß wir jederzeit seiner Ankunft mit Freuden entgegen sehen können?

Und am 16. Juli 1931:

Diesmal bewegt mein Herz so viel, wenn ich an Euch alle denke und für Euch flehe zum Herrn. Unser Werk geht durch so ernste Zeiten. O bitte, seid alle meine geheiligten, treuen Mitkämpferinnen – werdet Kampfgeübte in der Sache des Herrn!

Aber es gibt noch viel tiefere Schmerzen und Nöte. Gott läßt mich sehr schmerzliche – ja, ganz erschütternde Enttäuschungen erleben. Betet doch auch alle füreinander um Heiligung und Bewahrung vor Sünde! Wie listig der Feind es anfängt, uns zu umgarnen, das läßt sich nicht aussprechen: »Wer zu stehen sich dünkt, der sehe zu, daß er nicht falle!«[*]

Im Juli 1934 veröffentlicht Christa von Viebahn im *Bibellesezettel* zum ersten Mal eine Themenreihe, die später noch erweitert und viele Male

---

[*]   1. Korinther 10,12.

Aus der Chronik der Christine von Viebahn 1873–1955

Da die Mutter auch Christine heißt, wird die Tochter Christa genannt.

Georg von Viebahn
1840–1915

Christine von Viebahn
geb. Ankersmit (1847–1884)

Georg von Viebahn:
General und Evangelist

Christa und ihre Mutter

Christa und Elisabeth, Juli 1878

Die geliebte Erzieherin:
Henriette Mertens

Maria, Christa, Elisabeth

▲ Pauline,
Friedrich-Wilhelm,
Christa, Elisabeth
und der Ziegenbock
Hopsassa in Engers
1885

◄ Vor der Laube
in Engers 1885

Christa (hinten) mit
ihren Schwestern:

Maria, Pauline,
Anni, Elisabeth
(von links nach
rechts)

Juni 1883, ▲
»der Höhepunkt
meines und eures
Erdenglücks«
(Georg von Viebahn).
Lesen Sie den Text
Seite 38

Christa, ▶
Friedrich Wilhelm,
Frühjahr 1886

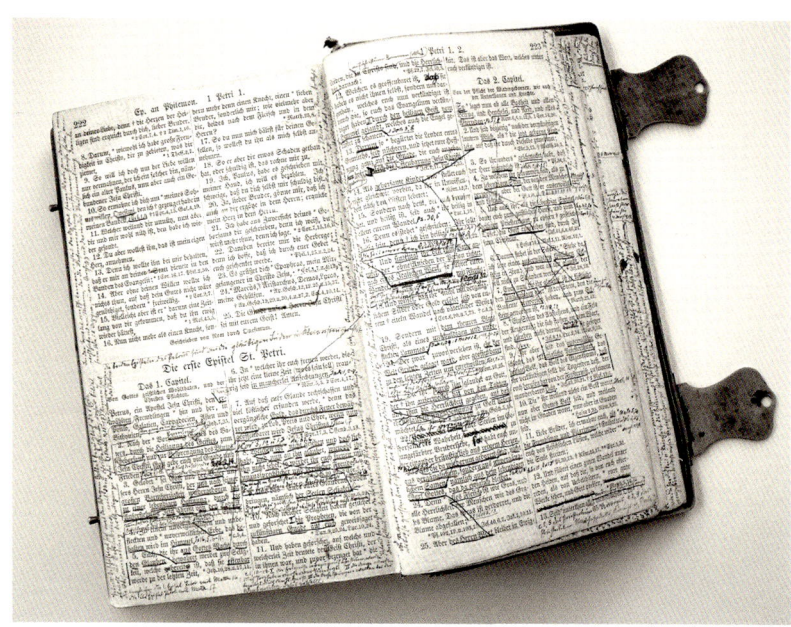

▲ Die erste Bibel
von Christa

◀ Marie Ankersmit,
Tante Mis (1848–1926)

◄ Marie von Viebahn geb. Ankersmit, die zweite Frau von Georg von Viebahn, mit den Söhnen Wilhelm, Georg II, Bernd (von links nach rechts)

▼ Auch die älteste der drei Anker-smit-Schwestern (links) spielt eine wichtige Rolle im Leben von Christa (rechts)

Sommer 1889, Christa vor dem
Besuch des Pensionats

Dr. Lawton, Leiter des Pensionats
in Tübingen

In Stettin beginnt Christa mit schriftstellerischen Arbeiten

Arbeit in Stuttgart und Umgebung unter Frauen und Mädchen

Emmy Lehrenkraus   Julie Funke   Lina Etter

Helferinnen der ersten Stunde, die auch die ersten Aidlinger
Diakonissen wurden.

Sommer 1926: siehe Pfeile von links nach rechts Sr. Julie Funke,
Sr. Lina Etter, Christa von Viebahn, Sr. Emmy Lehrenkraus.
Der »Christliche Verein für Frauen und Mädchen« wird immer größer

◀ Auch junge Männer finden zum Glauben

▲ Kinder- und Jugendstunden finden an vielen Orten statt

Christa von ▶ Viebahn in der Hohenstaufenstraße, Stuttgart

◀ Christa von Viebahn mit dem Stuttgarter Kreis

Blättermission
Sr. Elisabeth Böttcher,
Sr. Emmy Lehrenkraus

Christa von Viebahn, E. Kübel,
Sr. Julie Funke (Mitte),
Sr. Lina Etter (rechts oben)

Elisabeth Kübel und Christa von Viebahn

Aidlingen, Diakonissenmutterhaus (etwa 1930)

Berta Kempf im Hanomag

Christa von Viebahn,
Oberin der Aidlinger Schwesternschaft von 1927–1955

Oberin Berta Kempf (1908–1997)

Christa von Viebahn übertrug ihr die Leitung des Mutterhauses in
Aidlingen und bestimmte sie zu ihrer Nachfolgerin im Amt der Oberin.

Sr. Berta, Sr. Lina und Oberin Christa mit Bibelschule und Schwestern im Mutterhaus (1946)

Im Saal des Mutterhauses – an der Wand eines der von Elisabeth von Viebahn entworfenen Bibelworte

nachgedruckt wurde: »Vom Leben im Geist, vom Kämpfen im Geist und vom Beten im Geist«. Diese Abschnitte können auch als geistliche Regeln für die junge Schwesternschaft angesehen werden. Darin heißt es u. a.:

In unseren Tagen verlangen manche Kinder Gottes nach etwas ganz Neuem für ihr inneres Leben. Es ist ihnen klar, daß ihre geistliche Erfahrung nicht das ist, was die Bibel uns als das sieghafte Leben in Kraft vor Augen stellt. »Alle, welche die überschwenglich reiche Gnade und die Gabe der Gerechtigkeit empfangen haben, vermögen königlich zu herrschen im Leben durch den Einen, unseren Herrn Jesus Christus.«*

Herrschen im Leben heißt, daß wir Schwierigkeiten, Versuchungen und Sünden – auch die Temperamentssünden, auch die Mächte der Finsternis – unter die Füße bekommen. Zu dieser Kraft, zu diesem Sieg, zu dieser Entfaltung des göttlichen Lebens mitten im Getriebe der Welt und des Alltags sind wir berufen.

Die Schrift zeigt uns, daß wir die einzelnen Entwicklungsstufen zur rechten Zeit erreichen müssen, wenn nicht ein krankhaftes, unnormales Zurückbleiben unser inneres Leben kennzeichnen soll. Jede Mutter macht sich die größten Sorgen um ihr Kind, wenn sie merkt, daß die geistige und körperliche Entwicklung nicht Schritt hält mit seinem Alter. Wenn wir für uns selbst kämpfend ringen um die Wirksamkeit Seiner Kraft in uns, dann werden wir auch imstande sein, unsere Mitgeschwister zu erwecken und in heiliger Liebe ihnen vorwärtshelfen.

Nachdem wir einmal die Reinigung von unseren Sünden bei unserer Bekehrung erfahren haben, will der Herr Jesus täglich durch Sein Wort reinigend an uns weiterwirken, so daß wir Ihm in einem geheiligten Leben Frucht bringen können.

Schüttle den Staub der Selbstsucht, der Trägheit, des Hochmuts und des Eigenwillens von dir ab!

Gebet ist der höchste Dienst für Gott. Dieser Dienst ist aufrichtigen Herzen möglich. Das Gebet des Glaubens ist die einzige Kraft im

---

* Römer 5,17, Chr.v.Viebahn, Die Briefe der Apostel in freier deutscher Übertragung.

Weltall, durch die unser allmächtiger Herr sich beeinflussen läßt! Ein Tag, im Gebet vor Gott zugebracht, ist kein verlorener Tag!

Gebet ist die Grundlage eines gesegneten und geheiligten Dienstlebens! Der Herr Jesus hat hier auf Erden den verborgenen Umgang mit Gott allem anderen vorangestellt, und Seine Jünger haben sich Sein Vorbild zu eigen gemacht. Vernachläßigt ihr das Gebet, so können eure Seele und euer Werk nicht gedeihen.

Ein Mensch des Geistes hat als ersten Lebenszweck und höchstes Lebensziel die Verherrlichung Gottes im Auge, wie der Herr Jesus im Leben und Sterben das eine Flehen hatte: »Vater, verherrliche Deinen Namen!«*

Für die leidende und sterbende Menschheit um uns her sollte der Herr ein Heer von Jüngern haben, die Sein Herz in sich tragen und gleich Ihm den Verlorenen nachgehen in barmherziger Liebe!

Der Herr will heute einen heiligen Feuerbrand in dein Herz werfen, daß du erwachst für die Kürze deines Daseins in der Welt, für die Bedeutung der knappen Spanne Zeit, die dir gegeben ist. Kaufe sie aus für Gott! Keinen Tag können wir nachholen – keine versäumte Stunde, keine verträumte Minute.[18]

Die knapp wiedergegebenen Impulse für das geistliche Leben sollen nicht als Appelle missverstanden werden. Es war Christa von Viebahn zu jeder Zeit bewusst, dass niemand aus eigener Kraft Christus ähnlich werden kann. Entscheidend ist, dass gläubige Menschen Jesus immer lieber gewinnen und er in ihrem täglichen Leben durch sie wirken kann.**

Um das gemeinsame Leben und Dienen miteinander zu teilen, sollte jede Schwester vierzehntägig einen Brief ins Mutterhaus schreiben, in dem sie über ihre Erlebnisse, Schwierigkeiten und Freuden usw. berichtete. Umgekehrt wurden vom Mutterhaus regelmäßige Rundbriefe mit wichtigen Informationen an alle Schwestern verschickt.

---

*   Johannes 12,28.

**   In diesem Sinne schrieb auch Paulus: »Bewirkt euer Heil in Furcht und Zittern, denn Gott ist es, der in euch wirkt das Wollen und Vollbringen« (Epheser 2,12.13).

Rote Zahlen, wenig Platz, viele Aufgaben

Kaum hatte das Mutterhaus seine Türen geöffnet, stellte sich heraus, dass es zu klein war für die vielen, die kommen wollten. So lag bald wieder ein Sandhaufen vor dem Haus, Steine und Bretter mussten geschleppt werden, weil irgendwo im Gelände ein Ausbau oder Anbau nötig wurde. Die Anbauten waren oft ganz einfache Bretterverschläge, Baracken, die von den Schwestern mit ihrem ausgeprägten Pioniergeist fröhlich bezogen wurden. Doch sehr oft fehlte entweder das Geld für das Material oder es war das Material da, aber die Handwerker konnten nicht bezahlt werden.

Der Schuldenberg wuchs täglich. Allein die fälligen Zinsen für die Darlehen wurden immer drückender. Zwangsvollstreckungen wurden angedroht. Die Existenz der Schwesternschaft war mehr als einmal gefährdet.

Trotz all dieser bedrängenden Lasten verringerte Oberin Christa weder das Tempo der notwendigen Erweiterungen am Haus noch wies sie Schülerinnen, die eintreten wollten, oder Anfragen nach Schwestern ab.

Eine Druckerei wurde eingerichtet. Das Geld dazu wurde mit Privatpflege verdient. An einem Tag kamen acht Anrufe mit der Bitte um Schwestern. So kamen die notwendigen achthundert Mark zusammen, um eine Druckmaschine kaufen zu können. Mit dem *Heidelberger Tiegel** druckten die Schwestern unzählige Verteilschriften u. v. m. – für damalige Verhältnisse von einer erstaunlichen Qualität.

Die Frau Oberin sorgte außerdem für eine gute Ausbildung der Schwestern. Sie handelte dafür möglichst günstige Bedingungen aus. Viele legten das Examen als Krankenschwestern und Hebammen ab, andere wurden zu Kindergärtnerinnen, Hauswirtschafterinnen, Näherinnen und Sekretärinnen ausgebildet.

---

*   Der legendäre »Tiegel« ist eine Heidelberger Druckpresse für den sogenannten Hochdruck: Die einzelnen Buchstaben werden von Hand in eine Druckform gesetzt, eingefärbt, gegen die Papierseite gepresst – fertig ist die gedruckte Seite. Woher die Druckmaschine kam, ist nicht mehr feststellbar. Vielleicht war es eine ausrangierte Presse ihres BLZ-Verlages. In manchen Druckereien werden bis heute besondere Drucksachen immer noch mit dem »Tiegel« hergestellt.

Schwester Anna Hölzle machte die Meisterprüfung als Malerin, tapezierte und strich »ihr Leben lang« Wände, Flure, Räume.

Oberin von Viebahn zögerte nicht, neue Außenstationen zu gründen, wenn es die Lage erforderte und es personell möglich war.

Als sich die Gelegenheit bot, kaufte sie mithilfe eines Darlehens in Stuttgart das Haus in der Danneckerstraße (1929) und organisiertc den Umzug der Zentrale des Vereins dorthin.

In Aidlingen erwarb sie ein kleines Haus, das neben dem Mutterhaus stand. Wilhelm Conradt – »Bruder Wilhelm« – konnte mit seiner Familie hier einziehen und die landwirtschaftlichen Arbeiten übernehmen. Er gehörte zu einer kleinen Gruppe von Männern, die sich nach einer Evangelisation in einem Bibel- und Gebetskreis zusammenfanden. Ohne ihn, ohne seine landwirtschaftlichen Kenntnisse und seinen rastlosen Einsatz wäre es noch schwieriger geworden, die Anfangsjahre zu überstehen. Er lebte ganz verbindlich mit seiner Frau Rosi in der Mutterhausgemeinschaft. Da auch ihm nicht verborgen blieb, dass Geld an allen Ecken und Enden fehlte, kam er mit seiner Frau überein, Oberin Christa sein Sparbuch zu übergeben: eine unschätzbare Hilfe in jenen Tagen.

Die Rundbriefe aus dieser Zeit sind voll von Berichten über Aufbrüche und über neue Arbeitszweige, die aufblühten. Die fröhliche Vitalität, die Energie dieser Jahre ist beeindruckend. Aber ebenso beeindruckend ist die verzweifelte finanzielle Lage:

9. Juni 1929

Bewegte Tage liegen hinter uns. Wie Ihr ja wißt, war Mutter acht Tage verreist, zuerst in Finkenwalde bei der Tagung des Gemeinschaftsdiakonieverbandes und in Stettin, dann in der Malche (wo eine Schwester zur Ausbildung ist) und zuletzt noch in Berlin. Wir alle freuten uns sehr, als Mutter wieder bei uns war. Viel Schönes und Wichtiges erlebte sie und Schwester Emilie Breyer, die Mutter begleitete.

Während ihrer Abwesenheit haben die Arbeiter an unserer Kläranlage und am Aufbau auf den Balkon fleißig gearbeitet. Hilde und Willy haben letzte Woche die Schindeln angestrichen an dem Anbau. Dieser soll ein schönes Vierbettzimmer werden.

Am Samstag sollten wir wieder 1 500 Mark an die Handwerker ausbezahlen. Wir beteten die ganze Woche hindurch sehr um das

Geld. Es ging aber so wenig ein. Unsere Not wurde immer größer. Nun war es schon Samstag am Spätnachmittag, und wir hatten noch nicht einmal die Hälfte beieinander. Augenblicklich weilt ein Besuch vom Stuttgarter Verein im Mutterhaus. Dieses Mädchen fragte mich doch am Samstag bald zehnmal: »Glauben Sie wirklich, daß Mutter das Geld noch bekommt?« Immer wieder sagte ich ihr: »Ganz bestimmt, denn der Herr weiß doch, daß wir es brauchen.«

Ungefähr um 6 Uhr abends telefonierte uns Schwester Lina von Stuttgart und verlangte Mutter am Apparat. Es wurde schnell gegongt, alle versammelten sich auf dem Podium. Mutter sagte allen, daß wir gerade 1 000 Mark bekommen haben. Überwältigt gingen wir auf unsere Knie und dankten Gott.

11. Dezember 1929

Am Donnerstag vor Mutters Geburtstag war unsere Geldnot wieder sehr, sehr groß. Es waren einige so sehr eilige Rechnungen da, die einfach erledigt werden sollten, und doch hatte Mutter keinen Pfennig. Am Freitag wurde unsere Not immer größer. Die Schwestern leerten ihre »Glaubenskässle«, gaben, was sie hatten. Es linderte die ärgste Not. Dank einiger Spenden verringerte sich schließlich die Summe unserer unbezahlten Rechnungen um 3 000 Mark. Wie dankbar sind wir dem Herrn dafür. Aber wir müssen noch weiter Gott um Hilfe bitten. Für unsere Häuser in Aidlingen und Stuttgart haben wir halt immer sehr große Summen zu bezahlen. Auch viele Geschäftsleute warten sehr auf ihr Geld. Leider entdeckten wir soeben noch, daß zwei große Rechnungen von 1 300 und 1 100 Mark noch da sind. Wir beten um 20 000 Mark!

So geht es in den vielen vorhandenen Briefen in einem fort.

Einige handschriftliche, undatierte Zettel zeigen, wie stark Christa von Viebahn unter dieser Schuldenlast litt, wie angefochten sie war, wie erdrückend die Verantwortung:

Ist unsere Geldlage für mich solch ein Satansengel, wie ihn Paulus haben mußte (2. Korintherbrief 12,7) – oder ist sie eine Schuld und ein Fehler von mir?

Ist dies Verschuldet-Sein eine Schande, die nicht sein sollte oder eine Schande, die ich für den Herrn tragen soll?

Bei den vielen, die uns ihr Geld geliehen haben! Dürfen wir überhaupt noch so weitermachen, da unsere Schulden sich von Tag zu Tag vergrößern?

Und ich habe doch anderen stets gesagt und so vielen immer wieder: Daß der Herr so groß und mächtig ist – daß Er Sein Wort immer hält, daß man sich auf jede Verheißung stützen darf.

Diese Nöte schufen aber auch einen einzigartigen Zusammenhalt unter den Schwestern. Ein einfacher Lebensstil, Fleiß und ein täglicher Einsatz über das Normalmaß hinaus waren selbstverständlich. Gott durch Vertrauen zu ehren – auch in notvollen Zeiten –, dazu hatten sich die Schwestern entschlossen. Von Luxus und Reichtum verwöhnt waren sie nicht. Sie mussten kämpfen, um nicht von Sorgen und Zweifeln gelähmt zu werden. Sie ermutigten sich immer wieder gegenseitig, mit Gottes rechtzeitiger Hilfe zu rechnen.

Ohne dass es irgendjemand ausgesprochen und bemerkt hätte, lebten sie aufgrund der Lebensumstände die Regel der Zisterzienser: fleißig, fromm, arm. Ergänzend ließe sich hinzufügen: fröhlich. Sie schufen auf diese Weise eine verbindliche Gemeinschaft, in der von jeder einzelnen Schwester Rücksichtnahme, die Fähigkeit, zu teilen und teilzuhaben, Mitleid, Demut, Gehorsam, Flexibilität, Treue, Tragkraft und Dienstbereitschaft eingebracht wurde.

Der gemeinsame Nenner, auf dem das gemeinsame Leben gelingen konnte, lässt sich so zusammenfassen: Untereinander verbunden durch den Glauben und das Gebet, erfüllt von der Freude, Menschen für Christus zu gewinnen, und getragen von der Hoffnung, dass er am großen unbekannten Tag X wiederkommt und alles ins Lot bringt.*

Doch nicht jede Frau, die zur Schwesternschaft hinzukam, konnte oder wollte auf Dauer diese Anstrengung des gemeinsamen Lebens aushalten. Manche Frau verließ die Gemeinschaft wieder. Die notwendige Disziplin und Strenge, der pausenlose Einsatz, die räumliche Enge, die

---

* In diesem Sinne wählte Christa von Viebahn das Wort aus 1. Thessalonicher 1,9 als Leitwort für die Aidlinger Schwesternschaft.

große Armut – für einige war das zu viel. So mussten die Schwestern auch lernen, vertraute Mitstreiterinnen loszulassen und sich zu fragen, ob die Signale der Bedrängnis und Anfechtung dieser Schwestern übersehen worden waren. Dies waren immer schmerzliche Prozesse.

Im Blick auf die finanzielle Situation kam verschärfend hinzu, dass auch die allgemeine wirtschaftliche Lage katastrophal war. Am 24. Oktober 1929 – am sogenannten *Schwarzen Donnerstag* – brach die Börse in New York zusammen. Die USA rutschten in eine schwere wirtschaftliche Depression, die zu einer weltweiten Wirtschaftskrise führte. Die Menschen wurden arbeitslos und hatten schlichtweg kein Geld. Woher sollten Spenden kommen?

Auch in Stuttgart standen viele arbeitslose Männer auf der Straße. Die Schwestern in der Danneckerstraße teilten, was sie hatten, mit denen, die noch weniger hatten: Täglich wurde ein einfaches Mittagessen angeboten. Alle vierzehn Tage gab es ein »besonderes Essen«. Da füllten fünfzig, sechzig »Brüder von der Landstraße« den Raum. Schwester Julie kochte, Schwester Lina sorgte mit Helferinnen für ein schönes Programm und las eine kleine Geschichte vor, mit der sie zu einer Andacht überleitete.

KAPITEL 8

Hin- und hergerissen zwischen Aidlingen, Stuttgart und der Schriftstellerei

Unversehens waren verschiedene Schwerpunkte des Dienstes für Christa von Viebahn entstanden: Das Mutterhaus und die Bibelschule, die sich immer mehr entfalteten, der Stuttgarter Verein, dessen Kreise sich weiter ausdehnten, und die wachsende schriftstellerische Arbeit.

In den Stuttgarter Kreis kamen immer mehr junge Mädchen. An einem Sonntag im Jahr 1931 fuhren etwa siebzig Mädchen nach Aidlingen, um das Leben im Mutterhaus kennenzulernen und den Aidlinger Mädchenkreis zu besuchen.

In jener Zeit konnte ein Vereinsgarten* in Stuttgart gepachtet werden, um noch mehr Möglichkeiten der Freizeitgestaltung anbieten zu können.

Alle Vereinskinder wollen für die Pacht aufkommen. Die Lieben in Stuttgart bekommen so viel Lebensmittel und Obst geschenkt. Von einem ganz Unbekannten kommen immer wieder große Sendungen. Neulich läutete es an der vorderen Haustüre und an der hinteren gleichzeitig. Zur einen Tür kamen hundert Eier herein und zur anderen zehn Pfund Schweinefleisch; kurz darauf wurde ein großer Korb Gemüse abgegeben. Das ist so glaubensstärkend und spornt uns immer neu an, dem Herrn zu vertrauen.

In fünfzehn Wirtschaften sang unser Chor. Die meisten Wirte erlauben es gern. Unser Weg führt uns in die Spelunken der Altstadt. Sehr oft herrscht lautlose Stille unter den vorher so lärmenden Menschen, wenn wir zum Beispiel das Lied von Eleonore Fürstin von Reuß (1835–1903) singen:

---

* 1943 wurde der Garten – ohne Entschädigung – von der Gestapo konfisziert, weil der Verpächter ein Jude war.

Ich bin durch die Welt gegangen,
und die Welt ist schön und groß,
und doch ziehet mein Verlangen
mich weit von der Erde los.

Ich habe die Menschen gesehen,
und sie suchen spät und früh,
sie schaffen, sie kommen und gehen,
und ihr Leben ist Arbeit und Müh.

Sie suchen, was sie nicht finden,
in Liebe und Ehre und Glück,
und sie kommen belastet mit Sünden
und unbefriedigt zurück.

Es ist eine Ruh vorhanden
für das arme, müde Herz;
sagt es laut in allen Landen:
Hier ist gestillet der Schmerz.

Es ist eine Ruh gefunden
für alle fern und nah:
In des Gotteslammes Wunden,
am Kreuze auf Golgatha.

In einer Wirtschaft war Kappenabend und die Wirtsfrau war durch
unser Lied ganz ergriffen. Sie wartete auf unsere Schwester Luise
draußen im Gang und erzählte ihr, daß sie auch einmal auf einem
anderen Weg gewesen ist. Jetzt aber sei sie in Sünden und Laster
hineingeraten. Schwester Luise zeigte ihr, daß alle Sündenschuld kein
Hinderungsgrund ist, zu Jesus zu kommen. Sie lud sie in die Vereins-
stunden ein.

Außer den täglichen Diensten in Stuttgart oder Aidlingen hatte Christa
von Viebahn nach wie vor regelmäßig das Manuskript für den *Bibelle-*
sezettel zu schreiben.

Es entstand immer unter Hochdruck, meist in vielen Nachtstunden. In einem Brief schreibt sie u. a.:

Wenn nur der BLZ schon weiter wäre! Morgen schicke ich das erste Drittel ab. Ich habe dem Herrn gelobt, wenn Er's diesmal noch gelingen läßt, dann will ich sehr brav vormittags immer am BLZ arbeiten, um nicht wieder so ins Gedränge zu kommen!

Sie kam aber immer ins Gedränge, trotz aller guten Vorsätze. Sie schrieb diese Auslegungen etwa vierzig Jahre lang – aber fast jedes Heft kam unter Zeitnot zustande. Sie beschrieb einmal diese Arbeit, die ihr so sehr am Herzen lag:

In dieser Vierteljahresschrift suche ich die Leser in die großen Zusammenhänge der Heiligen Schrift hineinzuführen. Wir betrachten die einzelnen Bücher derselben in kurzen Tagesabschnitten. Fragen des inneren und des praktischen Lebens, des Glaubens und der Heiligung werden ins biblische Licht gestellt. So möchte der »Bibellesezettel« den Menschen und insbesondere den Kindern Gottes helfen zu gründlichem Forschen in der Schrift.

Zudem veröffentlichte sie ganz »nebenbei« auch Bücher. Schon 1920 war ihr erstes Buch: *Jesus im dritten Buch Mose* erschienen. Und am 17. März 1930 folgte *Ich war am Tag des Herrn im Geiste – Auslegungen über die »Offenbarung des Johannes.*

Im September 1929 schreibt Christa von Viebahn an ihre Leser:

Und nun denken wir daran, einen Reisedienst in den Leserkreisen des Bibellesezettels einzurichten, um nach und nach mit den Lesern unseres BLZ in persönliche Fühlung zu kommen.

Eine unserer leitenden Schwestern wird solche Orte aufsuchen, in denen und deren Umgegend eine größere Anzahl von Lesern wohnt. Sie wird mit den Lesern – überhaupt mit den Gotteskindern – eine oder zwei Zusammenkünfte halten.

Schwester Lina Etter war diejenige, die sich zum Reisedienst aufmachte:

Vom 1. bis 3. 12. in Merseburg, vom 4. bis 6. 12. in Halle/Saale, vom 7. bis 9. 12. in Leipzig.

In einem Brief an die Leser vom 31. Dezember 1930 heißt es:

Die Zahl der Schülerinnen und Schwestern nimmt zu – aber nicht genügend. Wir beten um demütige Mädchen, die sich dem Dienst des Herrn weihen! Wollen die lieben Leser uns beten helfen, daß der Herr viele unserer Schwestern und Schülerinnen ausrüste mit Heiligem Geiste und Gnadengaben für den Dienst an Menschenseelen und für den Dienst mit dem Worte Gottes an unseren Frauen und Mädchen! Was die Mittel für unser wachsendes Werk – für unsere Häuser und Stationen – für unser Vereinswerk und unsere Schwesternausbildung – für unsere Schriftenverbreitung und Blättermission betrifft, so läßt der Herr uns immer wieder durch große Engpässe gehen.

Auf Dauer war es Christa von Viebahn unmöglich, die Führung aller Bereiche befriedigend unter einen Hut zu bringen. Als sie wegen der Aufbauarbeit des Mutterhauses längere Zeit in Aidlingen sein musste, musste sie notgedrungen die Helferinnen und den Kreis in Stuttgart vernachlässigen. Die Schwestern, die in Stuttgart in die Lücke gesprungen waren, hatten gleichzeitig selbst viele regelmäßige Dienste und konnten deshalb Christa von Viebahns Aufgaben nicht völlig übernehmen. Dies machte ihr sehr zu schaffen. Sie schreibt:

Bitte, betet doch sehr, daß der Herr Schwestern reifen läßt, die mir helfen, die kostbare Arbeit in Stuttgart zu dem zu machen, was sie einmal war und was sie nach des Herrn Absicht sein soll und kann. Das göttliche Leben und Geisteswirken kann durch nichts anderes ersetzt werden. Wie einfach ist es doch, himmlische Kräfte und Gnaden zu erlangen, wenn es uns ein ganzer Ernst ist. Wir wollen uns zusammenschließen und Ihn anrufen um ein ganz neues Geisteswirken unter uns.

Immer deutlicher wurde, dass die Frau Oberin nicht ständig zwischen Aidlingen und Stuttgart hin und her pendeln konnte. Schnell mal für einige Unterrichtsstunden nach Aidlingen, mit schweren

Taschen bepackt den Weg von Ehningen nach Aidlingen gehen, wieder zurück …

Zur Entlastung wurde bald darauf ein alter Hanomag* gekauft. Doch dadurch wurde das grundsätzliche Problem nicht gelöst. Christa von Viebahn war nicht nur zwischen zwei Orten hin- und hergerissen, sondern auch zwischen vielerlei Aufgaben, die über ihre Kraft gingen. Es ist nicht verwunderlich, dass es in den Berichten immer wieder heißt: Mutter ist oft sehr müde.

Anfang 1932 steht in der Chronik: *Mutter ist sehr krank.* Doch schon am 28. Februar 1932 wurde in Schafhausen, einem Nachbarort von Aidlingen, mit einer Evangelisation eine neue Arbeit begonnen. *Schwester Luise evangelisierte, Bruder Wilhelm und Heinrich Stürner machten die Blättermission. Am 2. März war Mutter in Schafhausen und hielt die Nachmittagsversammlung. Zur Kinderstunde kamen hundert Kinder, der Herr segnete so freundlich. Wir durften dort einen großen Saal mieten.*

In einer kurzen Notiz vom 9. Juni 1932 schreibt Christa von Viebahn an die Helferinnen:

> *Es stellt sich heraus, daß ich sonntagabends ganz notwendig in Aidlingen sein muß! – Für den Sommer kann ich es möglich machen, alle vierzehn Tage montags mit Euch zusammen zu sein! Für einmal lade ich Euch sehr herzlich ein, Samstag, den 11. Juni abends 8.30 Uhr in die Danneckerstraße zu kommen! Bitte betet doch sehr, daß der Herr uns ein ganz besonders gesegnetes Zusammensein schenkt!*

Christa von Viebahn versuchte weiter ohne Rücksicht auf sich selbst, den verschiedenen Anforderungen in Stuttgart und in Aidlingen zu genügen. Sie hatte viele, die sie dabei tatkräftig unterstützten, besonders die Schwestern der »ersten Stunde«: Schwester Emmy Lehrenkraus, Schwester Lina Etter, Schwester Julie Funke, Schwester Elisabeth Böttcher, Schwester Emilie Breyer, Schwester Berta Hechtle und viele, viele mehr.

Sie brauchte aber eine Schwester, die sie noch ausschließlicher in die Arbeit hineinnehmen und die sie in der Leitung des Mutterhauses in

---

* Ein Kraftwagen der **Hanno**verschen **M**aschinenbau **AG**.

Aidlingen beständig vertreten konnte. Nur so würde sie wieder mehr Zeit für ihre geliebte Arbeit in Stuttgart haben.

Berta Kempf

Zu den jungen Frauen, die sich als Diakonissen meldeten, ehe das Mutterhaus fertig gebaut war, gehörte auch Berta Kempf. Durch ihre Schwester Helene, die Haustochter bei den Damen Viebahn und Kübel in der Hohenstaufenstraße gewesen war, war sie in Kontakt mit dem Kreis gekommen.

Als sie in Stuttgart in einem Lehrer- und Geschäftshaushalt ein Haushaltsjahr machte, ging sie regelmäßig in den Verein in der Oberen Bachstraße. Eines Tages berührte sie ein Wort aus den Psalmen tief: »Höre, Tochter, und sieh, und neige dein Ohr. Vergiss dein Volk und dein Vaterhaus!«[*]

Sie hörte darin den Ruf Gottes, Diakonisse zu werden. Mit dem geforderten ärztlichen Zeugnis ging sie mutlos zu Christa von Viebahn: *Untauglich für den Diakonissendienst. Herzschaden durch akutes Gelenkrheuma, schlechte Drüsenfunktion.* Doch Christa von Viebahn nahm sie trotzdem am 19. Januar 1927 in der Hohenstaufenstraße als Schülerin auf und segnete sie am 11. Mai 1929 als Diakonisse ein. Sie war damals einundzwanzig Jahre alt.

Missionarische Arbeit im Stöckach

Im Stuttgarter Osten liegt der »Stöckach«.[**] Um 1929 war dort eine Arbeitersiedlung entstanden. Schwester Berta ging regelmäßig dorthin und begegnete vielen gottfernen und verbitterten Menschen.

Samstagnachmittags verteilte Schwester Berta dort mit einer Helferin Blätter und kleine Schriften, um erste Kontakte zu knüpfen. Dabei begegnete sie einem Familienvater mit vier Kindern. Sie fragte ihn,

---

[*]   Psalm 45,11 ff.
[**]   Nach der Brandrodung blieben die Wurzelreste – Stöcke – im Boden, daher der Flurname.

ob er gern so ein Blatt lesen würde. Er antwortete: *Das ist es ja gerade, dass ich nicht lesen kann.* Sie las es ihm vor. Bei ihrem nächsten Besuch traf sie die Frau des Mannes und erfuhr, in welch furchtbarer Not sie lebten. Daraufhin schickte sie ihnen ein Paket mit Gemüse, Kartoffeln und Obst, um das ärgste Elend ein wenig zu lindern.

Mit den Blättern wurde auch eine Einladung zu einer Versammlung abends um 18 Uhr verteilt. Diese Treffen fanden auf einem größeren Platz vor den Baracken statt. Mit einigen Liedern, die mit Gitarren begleitet wurden, begann und endete das Treffen. Dazwischen sprach Schwester Berta in einfachen Worten von Jesus Christus, der auch im Stöckach die Menschen sucht.

1930 wurde ein größerer Raum für Evangelisationen in diesem Gebiet gemietet, sodass nicht mehr alles auf der Straße stattfinden musste. Ungefähr vierhundert Familien wurden Woche um Woche über die Blättermission erreicht.

Als Schwester Berta nach Aidlingen versetzt wurde, wurden ihr zunächst ganz praktische Dienste zugewiesen: Die Fahrräder hatte sie in Ordnung zu halten, das Kontingent Schuhe, das sie zu putzen hatte, war nicht klein. Sie durchlief die Bibelschule, wohnte im »Veilchen« und wurde oft als Fahrerin des *Hanomag* von Oberin Christa eingesetzt.

Während dieser Fahrten lernte die Oberin die junge Diakonisse ganz gut kennen und beobachtete, wie aufmerksam und intensiv sie alle Entwicklungen der jungen Schwesternschaft verfolgte, wie ernsthaft sie ihr persönliches Bibelstudium betrieb, wie sehr ihr Gottes Sache am Herzen lag.

Obwohl die junge Fahrerin eines Tages mit ihrer Oberin in den Graben fuhr – vielleicht aus Übermüdung? – und das Auto danach verschrottet werden musste, überließ ihr Christa von Viebahn vertrauensvoll nach und nach das Steuer der größer werdenden Schwesternschaft.

Schwester Berta wuchs in die Aufgabe der stellvertretenden Oberin hinein. Dies ging nicht immer ohne Tadel und Tränen ab, denn gerade von ihr erwartete die Oberin ein vorbildliches Verhalten und ein hohes Maß an menschlicher und geistlicher Reife. Aus einem Brief, den Christa von Viebahn ihr schrieb, wird dies deutlich: *Ich freue mich, wenn der Herr weiter gründlich an Dir wirkt ... Dein Herz kann sich ja nur mit etwas Ganzem und Bleibendem begnügen.**

Zudem hatte Schwester Berta immer wieder mit ihrer angegriffenen Gesundheit zu kämpfen. Manchmal war sie wochenlang schwer krank.

Trotzdem übernahm sie mehr und mehr Unterricht an der Bibelschule und organisierte die Sommer-Freizeiten im Mutterhaus. Dort wurden von Anfang an Gäste aufgenommen, die innere und äußere Hilfe nötig hatten. In den Ferienmonaten räumten die Schwestern und Schülerinnen Jahr um Jahr dafür ihre bescheidenen Zimmer. Gern wurden Menschen eingeladen, die sonst nicht mit dem Evangelium in Berührung kamen.

In einem Empfangsbrief für die Gäste vom 22. August 1944 heißt es:

Lieber Freizeitgast!
Du bist heute in die Freizeit ins Mutterhaus gekommen und hast nun eine kurze Zeit der Ausspannung und der besonderen Segnung hier. Sammle doch gleich von Anfang an Dein Herz und richte es auf den Herrn. Er will tief und eindringlich zu Dir reden und in ganz neuer Weise Dein Innerstes bereiten, erquicken und neugestalten! Bitte ihn doch ganz innig um Erleuchtung von Oben und um einen kostbaren Einblick in die Weite, Höhe und Tiefe Seiner Heilsgedanken und Seiner nahen, herrlichen Zukunft.

Unter dem Eindruck des großen Ernstes unserer Kriegslage wollen wir uns betend bereit machen zum Erscheinen vor dem Herrn.

Schwester Berta unternahm regelmäßig Ausflüge mit den Schwestern und Schülerinnen, sorgte für besondere Leseabende oder sonstige interessante Freizeitangebote. Spätestens ab 1936 unterschrieb sie zusammen mit ihrer Oberin die Rundbriefe für die Schwestern.

Es war besonders für die älteren Schwestern nicht immer leicht, die Verantwortung und das Vertrauen, das die Oberin der jungen Diakonisse schenkte, zu akzeptieren. Doch Christa von Viebahn sah in ihr

---

* Diese Briefstelle zitierte Schwester Berta Kempf an einem Mutterhaustag am 28.11.1958 in ihrer Ansprache.

schon früh ihre Nachfolgerin. An einem Schwesterntag, am 5. Dezember 1938, sprach sie darüber ganz offen:

Der Herr schenkte dem Elia einen Mitarbeiter, den jungen Elisa. Er hatte ihn von der Arbeit, vom Pfluge wegrufen dürfen in den Dienst des Herrn.

Wir finden das mehrfach in der Schrift, daß Gott einem Knecht, den Er voranstellt in der Arbeit, einen jüngeren Mitarbeiter schenkt, der ihm so ganz nahesteht, in seine Fußstapfen tritt und das Werk schließlich übernimmt. Das sehen wir bei Mose, dem ein Josua geschenkt wurde, das sehen wir im Neuen Testament bei Paulus und Timotheus. Hier waren es Elia und Elisa. Es ist wunderschön zu beobachten, wie durch Elia der junge Elisa allmählich heranreifte.

Solch kostbare Verbindungen gibt es auch heute. Wie danken wir dem Herrn z. B. dafür, daß Er mir unsere geliebte Schwester Berta zur Seite gegeben hat.

KAPITEL 9

Die frühe Zeit des Nationalsozialismus 1933–1938

Das verführte Volk

Von 1918 bis 1933 war Deutschland eine parlamentarisch verfasste demokratische Republik. Das Elend der Nachkriegszeit, den fanatischen Meinungsstreit über den richtigen Weg, viele politische Fehlentscheidungen und zunehmende wirtschaftliche Notzeiten überlebte die Weimarer Republik jedoch nicht. Sie ging unter.

Die Arbeitslosigkeit stieg weiter auf sechs Millionen Menschen – sechs Millionen schwere Schicksale, von denen viele Familien betroffen waren. Niemand schien der Not noch Herr werden zu können. Da bot sich ein Mann an: Ich, Adolf Hitler, löse alle Probleme und führe Deutschland zu der Größe und Bedeutung, die ihm gebührt. Dies schrie er mit heiserem Stakkato und (g)rollendem Zungen-R so lange in die Mikrofone, bis es in Millionen Gehirnen fest verankert war.

Viele Menschen wählten seine Partei, die NSDAP, die Nationalsozialistische Deutsche Arbeiterpartei. Am 30. Januar 1933 wird er zum Reichskanzler ernannt: Ein katastrophales Kapitel deutscher Geschichte beginnt mit einem Fackelzug der Nationalsozialisten durch das Brandenburger Tor in Berlin.

Hitler wird zum Führer, zur Lichtgestalt, die alles Chaos zum Guten wendet: Die Arbeitslosen verschwinden von den Straßen, Ordnung kehrt ein, die Stiefel sind gewichst, die Haare gescheitelt, die Muskeln gestählt. Organisationen und Vereine werden gleichgeschaltet, jeder kennt seinen Platz. Eine große Überwachungsbürokratie wird entwickelt: vom Blockwart über den Ortsgruppenleiter bis zum Gauleiter hat jeder jeden im Blick. Die GESTAPO – die Geheime Staatspolizei – flicht ein engmaschiges Netz der Kontrolle und Bespitzelung. Eine Flut menschenverachtender Gesetze überschwemmt die Bevölkerung, z.B.:

23. März 1933
Das Ermächtigungsgesetz – Gesetz zur Behebung der Not von Volk und Staat. Es diente mit dazu, die Rechte des Parlaments abzuschaffen.

7. April 1933
Gesetz zur Wiederherstellung des Berufsbeamtentums – Entlassung der »unzuverlässigen« und »nichtarischen« Beamten.
Gesetz zur Gleichschaltung der Länder mit dem Reich.

15. September 1935
Die Nürnberger Rassengesetze – Gesetz zum Schutze des deutschen Blutes und der deutschen Ehre.

Die legitime Handhabe für die Judenverfolgung mit sechs Millionen Toten war damit in der Welt. Etwa zweitausend weitere Gesetze folgten, um die Rechte von Juden einzuschränken bzw. ganz aufzuheben. Außerdem bezog sich der Rassenwahn auch auf kranke und behinderte Menschen, die das »deutsche Blut« angeblich verunreinigten.

Schon am 4. Juli 1935 trat ein entsprechendes Gesetz zur Erb- und Rassenpflege in Kraft, das die Sterilisation vorbelasteter Personen erlaubte. Es gipfelte in der »Aktion T 4«,[*] einem systematischen Massenmord an Kranken und Behinderten in entsprechenden Tötungsanstalten. Etwa siebzigtausend Menschen wurden auf diese Weise zwischen 1940 und 1941 ermordet. Als sich vor allem kirchlicher Protest gegen die Leerung ganzer Pflegeheime regte, wurden die Aktionen verdeckter durchgeführt.

Der Weg, auf dem Hitler das deutsche Volk in die Diktatur führte, war bestürzend kurz. Alles geschah rasend schnell. Die Deutschen – viele von ihnen zunächst überzeugt, später irritiert, aber unfähig, sich noch aus der Umklammerung zu lösen – folgten ihrem Führer. Viele bedingungslos bis zum bitteren Ende. Manche erkannten früh, wohin die vermeintliche Lichtgestalt das Volk ver-führte. Beherzte leisteten todesmutig Widerstand – auch bis zum Äußersten nach Folter und Demütigungen.

---

[*] Die Bürozentrale, in der diese Massenmorde organisiert wurden, war in einer Villa in Berlin, Tiergartenstraße 4, untergebracht. Daher der verschleiernde Deckname »T4«.

Wie in einer sich immer schneller drehenden Zentrifuge wurde die Bevölkerung in Massenmord und Krieg gehetzt – atemlos und geblendet. Raffiniert wurde z. B. der öffentliche Bekenntnis-Charakter des »Deutschen Grußes« eingesetzt: Jeder hatte mit »Heil Hitler« zu grüßen und dabei den Arm zu erheben. Wer es nicht tat, fiel sofort auf und lief Gefahr denunziert zu werden.

Viel Lärm war in der Welt: Rundfunkansprachen, Aufmärsche, Parteitage, Fahnen, Standarten, Marschmusik, Massenkundgebungen: »Ein Volk – ein Reich – ein Führer!«

Diakonissenmutterhäuser im Schatten der Diktatur

Auguste Mohrmann (1891–1967) und die Mutterhausdiakonie
Die Reichsfrauenführerin Scholtz-Klink benannte 1934 das Ziel ihrer Arbeit: *Aus der guten Masse der deutschen Frauen einen Apparat zu bilden, ein Instrument, das auf jeden Wink bereitsteht.*

Folglich waren für Hitler und seine Handlanger die Mutterhäuser mit ihren Diakonissen ein begehrliches Objekt. Tausende von Diakonissen waren gewohnt, gehorsam, aufopferungsvoll und selbstlos ihren Dienst am Nächsten zu versehen.

Das größte Kontingent an Diakonissen stellte damals der Kaiserswerther Verband mit siebzig Mutterhäusern, 28 135 Schwestern und etwa 4 000 diakonischen Hilfskräften. Sie wirkten auf über 9 500 Arbeitsgebieten. Der Kaiserswerther Verband feierte 1936 sein hundertjähriges Bestehen. Dazu sprach auch *der Führer den Schwestern der Diakonie seine besten Wünsche aus für ihre weitere Arbeit.*[19]

Auguste Mohrmann veröffentlichte 1937 eine kleine Schrift: *Diakonie heute!* Darin gibt sie einen leicht verständlichen Einblick über die Grundsätze der Mutterhausdiakonie. Erstaunlich, dass sie dies damals noch schreiben konnte:

Seinem Wesen nach ist das Mutterhaus eine Stätte der Sammlung und Erziehung, der Ausbildung und Erprobung, der Bewährung und Sichtung, der Aussendung und Leitung, des Rückhalts und der Zuflucht, kurz, Heimat für seine Schwestern. Die Schwesternschaft ist eine Glaubens-, Arbeits- und Lebensgemeinschaft.

Da das Mutterhaus eine Gemeinschaft gläubiger Frauen ist und sich aus dem Glauben alle Kraft für den Dienst erneuert, ist die Pflege und Förderung des Glaubenslebens das Wichtigste. Ihr dienen die Gottesdienste und Wochenschlüsse, die Schwesterntage und Bibelkurse, die Seelsorge und stille Aussprache untereinander.

Das Mutterhaus schafft einen Rückhalt und eine Gemeinschaft, die nicht bloß eine Zweckgemeinschaft ist, sondern eine Lebensgemeinschaft im wahrsten Sinne des Worts. Die Frauen, die darin leben, umfängt es als eine Familie. Es umschließt die jungen Schwestern, die eben eingetreten sind, bis zu den alten, die von ihrer Arbeit ruhen.

Das Mutterhaus ist eine Arbeitsgemeinschaft. Groß und ungeheuer vielfältig sind die Arbeitsaufgaben der Diakonie. Diakonie reicht so weit, wie die Not der Menschen reicht. Trotz aller Arbeitsgebiete kennt die Diakonie doch nur ein Arbeitsgebiet: Es ist der Dienst in der Nachfolge Jesu Christi, es ist die Verkündigung seines Evangeliums mit der Tat.

Nachdem die Autorin die Auslandsarbeit des Kaiserswerther Verbandes in der sogenannten »Generalkonferenz« vorgestellt hat, gibt sie einen Überblick über andere Schwesternschaften und Verbände: »Zehlendorfer Verband für evangelische Diakonie«, »Deutscher Gemeinschafts-Diakonieverband«, »Bund deutscher Gemeinschafts-Diakonissen-Mutterhäuser«, »Freikirchliche Diakonie«, »Schwesternschaft der Inneren Mission«.

Am Ende des kleinen Büchleins führt sie insgesamt hundertvierzig Verbände, Mutterhäuser und Schwesternschaften auf, die unter dem Dach der sogenannten Diakoniegemeinschaft zusammengeschlossen sind.[20]

Die Diakoniegemeinschaft

Auguste Mohrmann war an einem Kaiserswerther Lehrerinnenseminar zur Kinderpflegerin und Volksschullehrerin ausgebildet worden. 1933 trat sie in die NSDAP ein. Im selben Jahr wurden die freien Gewerkschaften zerschlagen, und die Nationalsozialistische Volksfürsorge (NSV) wurde der NSDAP eingegliedert.

Die evangelischen Schwesternschaften waren bisher durch die Innere Mission in der NSV vertreten gewesen. Durch den Zugriff der NSDAP auf die NSV sahen sich die bisher unabhängigen weltlichen und konfessionellen Schwesternschaften gezwungen, sich der »Reichsfachschaft Deutscher Schwestern und Pflegerinnen« anzuschließen.

Um nicht ganz schutzlos zu sein, schlossen sich die etwa fünfzigtausend evangelischen Krankenschwestern in der neu gegründeten Diakoniegemeinschaft zusammen und traten so der Reichsfachschaft bei. Die Leitung der Diakoniegemeinschaft wurde Auguste Mohrmann im September 1933 übertragen. Sie war inzwischen als Mitglied des Reichsausschusses für Gesundheitsfürsorge ins Reichsinnenministerium berufen worden.

Mohrmann übertraf alle Oberinnen des Kaiserswerther Verbandes hinsichtlich ihres Einflusses auf überregionale organisatorische Fragen des Schwesternwesens. Die »Gleichschaltung« hatte das Mitspracherecht der Oberinnen im Verband eingeschränkt, aber Auguste Mohrmanns Aufgabenbereich war überproportional gewachsen. Bei ihr liefen sämtliche Informationen aus staatlichen und parteiamtlichen Stellen, soweit sie das konfessionelle Schwesternwesen betrafen, zusammen; außerdem arbeitete sie in Ausschüssen des Reichsministeriums des Inneren mit. [21]

Sie besaß eine enorme Machtfülle und war eine gewiefte Taktikerin. Damit konnte sie viele Zugriffe der NSDAP auf die Schwesternschaften verhindern. Ihr Hauptgegner war Erich Hilgenfeldt*, der schon 1934 im »Völkischen Beobachter« geschrieben hatte: *Völlig verfehlt ist es, Barmherzigkeit zu üben an einem Menschen, der Nation und Menschheit nichts mehr zu geben hat. Wir haben barmherzig zu sein mit dem starken, gesunden Menschen.* [22] Ein anderer mächtiger Gegner war Dr. Ley.

Obwohl Auguste Mohrmann weder Krankenschwester noch eingesegnete Diakonisse war, wurde ihr 1939 vom damaligen Vorstand des Kaiserswerther Verbandes – Graf Siegfried von Lüttichau – der Rang einer Oberin verliehen. Dies geschah vor allem deshalb, weil sie den Mut hatte, neben den offiziell verordneten ideologischen Schulungen, die sie für leitende Schwestern der Diakoniegemeinschaft durchführen musste, auch theologische Seminare anzubieten. Die theologischen Fächer tauchten dann aber nicht in den Kurs-Bescheinigungen auf.

Einen solchen Kurs musste auch Schwester Elisabeth Böttcher besuchen, die sehr eng mit Christa von Viebahn zusammenarbeitete. In der im

---

*   Hilgenfeldt und Ley waren Hauptkriegsverbrecher. Beide entzogen sich der irdischen Gerichtsbarkeit. Hilgenfeldt fand man ermordet in Berlin, Ley erhängte sich vor dem Prozessbeginn in Nürnberg.

September 1935 ausgestellten Bescheinigung sind auch hier lediglich die systemkonformen Unterrichtsfächer vermerkt:

- Nationalpolitische Schulung
- Aufbau staatlicher Gesundheitsämter
- Die Frau im deutschen Recht
- Organisationsfragen – Gegenwartsfragen der Diakonie
- Erziehung unseres Nachwuchses in der Krankenpflegeschule
- Volkspflege in neuer Deutung
- Die pädagogischen und fürsorgerischen Aufgaben, die sich aus dem Gesetz zur Verhütung erbkranken Nachwuchses ergeben
- Aufgaben der NS-Frauenschaft
- Aufgaben des Frauenarbeitsdienstes
- Reichsmütterdienst
- Evangelischer Frauen- und Mütterdienst
- Gegenwartsfragen in der Politik
- Gymnastik für Schwestern

gez.: Schwester Auguste Mohrmann

Kein Wort zu Bibel, Seelsorge oder Theologie. Von Schwester Elisabeth Böttcher gibt es ebenfalls kein Wort zu dieser Schulung. Es wurden wohl auch keine anderen Schwestern aus Aidlingen nach Berlin geschickt.

Auguste Mohrmann konnte die »nichtarischen« Schwestern nicht schützen. Und die von Ärzten verlangten Tötungen durch Schwestern im Rahmen der »Aktion T4« vermochte sie nicht zu verhindern. Darum wird ihre Person pflege-historisch kritisch gesehen. Eine Frage lässt sich aber keineswegs beantworten: Was wäre mit der Diakoniegemeinschaft ohne eine Persönlichkeit wie Auguste Mohrmann geschehen? Wohl bekam sie von den Diakonissen wegen ihres selbstbewussten Auftretens den Spitznamen »Kaiserin Augusta« – doch hätte sie es anders vermutlich nicht mit ihren männlichen Gegenspielern aufnehmen können.

Nach dem Zusammenbruch 1945 konnte Auguste Mohrmann unbeschadet weiterarbeiten. Sie blieb Oberin des Kaiserswerther Verbandes.

Dem Auftrag treu

Zu der schwierigen finanziellen Lage im Mutterhaus in Aidlingen kam nun die Bedrohung durch die Nazis hinzu. Wie sollte die Oberin ihre kleine, erst wenige Jahre alte Schwesternschaft durch diese immer wilder werdende See der Nazi-Herrschaft steuern? Wie sollte der »Christliche Verein für Frauen und Mädchen« möglichst vor der Ideologie der Nazis bewahrt bleiben? Es sind keine »großen« Heldentaten aus dieser Zeit zu berichten.

Und doch zeigen die vorhandenen Dokumente, dass es für die Schwestern eine gefährliche Zeit war, die sie unbeschadet zu überstehen versuchten.

In einem undatierten Bericht heißt es: *Nach 1933 sahen wir uns gezwungen, unsere Schwestern stärker in der Krankenpflege auszubilden und einzusetzen.*

Der Hintergrund dieser Notiz ist verständlich. Als Krankenschwestern konnten sie unter den schützenden Mantel der Diakoniegemeinschaft schlüpfen.

Die Verhältnisse waren unübersichtlich und kompliziert. Und damit äußerst gefährlich. Schwester Hanna Bauer, die später viele Jahre in Döffingen den Verlag der Aidlinger Schwestern leitete, erinnert sich an zwei als bedrohlich empfundene Ereignisse aus den Jahren 1934/35:

Im Allgemeinen wurde im Mutterhaus gar nichts Politisches gesprochen. Ein einziges Mal in der Bibelstunde war Mutter sehr ernst. Es ist mir nicht in Erinnerung, daß sie etwas Bestimmtes sagte, aber ich spürte, wie ernst die Lage ist. Mutter muß etwas Besonderes erlebt haben. Ich sehe sie noch vor mir mit diesem tiefen Ernst. Da habe ich gemerkt, Mutter ist nicht für das, was Hitler macht.

Und noch einmal habe ich Mutter so tief ernst erlebt, im Jahr 1935: Sie fuhr in jener Zeit zwischen Stuttgart und Aidlingen viel hin und her.

Als sie einmal ganz spät in der Nacht heimkam, muß sie wohl etwas gesehen haben, das sie zutiefst erschütterte. Das lag dann während der Bibelstunde, die sie am nächsten Tag hielt, sehr auf ihr. In dieser Atmosphäre hat man zum ersten Mal das Lied gesungen:

Ein neues Lied erklinget vor Gottes heilgem Thron.
Anbetend fallen nieder die Heiligen vor dem Sohn.
O Jesus, hocherhoben in Macht und Herrlichkeit,
Dir tönen neue Lieder in alle Ewigkeit.

Herr, Du hast alle Dinge, die ganze Welt gemacht.
In Majestät im Himmel bist Du gekrönt mit Pracht.
Nur Du, nur Du bist würdig, zu nehmen Preis und Ehr;
*Herr, auch mein kleines Leben nur Deinen Ruhm vermehr.**

Die Schwestern wollten Bibelteile kostenlos weitergeben. Vorsorglich erkundigten sie sich am 31. März 1933 bei der Heilsarmee in Stuttgart, ob diese Schwierigkeiten mit der Polizei bekommen hatte, als sie ihr Mitgliedsblatt *Kriegsruf* weitergab. Und weiter heißt es in dem Brief: *Wir wären ferner dankbar zu erfahren, welche Schritte evtl. unternommen werden müßten, um ungehindert diese Arbeit tun zu können.* Vom zuständigen Major der Heilsarmee erfuhren sie, dass die Heilsarmee jede Woche ein Gesuch zur Genehmigung der Straßenmission einreichen müsse; die kostenlose Verteilung von Bibelteilen könne jedoch ohne behördliche Genehmigung erfolgen. Major Habermann empfahl den Schwestern außerdem, Kontakt mit dem zuständigen Oberministerialrat Schmidt aufzunehmen und dort nachzufragen. Dies geschah. Der Behördenleiter sah keine Probleme, riet aber, auf jeden Fall *Übersetzungen von Martin Luther zu verteilen, andere erregen Mißtrauen.*

Mutter Christa weilte oft in Kälberbronn im Schwarzwald, um zu schreiben oder auszuspannen. Am 23. Juli 1933 schreibt sie einen mehrseitigen Brief an ihre Schwestern, über den sie folgende Überschrift setzt: *Bitte diesen Brief lesen, indem Ihr Euch eine stille Stunde nehmt vor dem Angesicht des Herrn!*

Diese Einleitung ist ungewöhnlich. Wenige Wochen zuvor – am 10. Mai 1933 – hatten tagelang die schrecklichen Bücherverbrennungen im ganzen Reich stattgefunden. Tausende »entarteter« Bücher waren aus Bibliotheken, Schulen, Universitäten und Privathäusern geholt und

---

* Aus *Neue Lieder*, S. 30, Diakonissenmutterhaus Aidlingen (Hrsg.).

öffentlich verbrannt worden. Für jemand, der selbst schrieb und in der Reichsschrifttumskammer gemeldet war, ein alarmierendes Ereignis. Ständig neue, bedrängende Nachrichten und Verordnungen machen den Ernst und die Eindringlichkeit dieses Briefes verständlich:

Ich für mein Teil glaube, daß unser Herr Jesus ganz schnell kommt, um Seine Brautgemeinde heimzuholen. Wir werden nicht mehr viel Zeit zum Arbeiten für Ihn haben! Möge er eilends Seine Verheißungen uns erfüllen und unserem Werke aus der großen Not und Gefahr heraushelfen.

Diesmal hat mir der Herr bei meiner stillen Arbeit hier etwas Neues sehr wichtig gemacht für Euch alle. Ich fand in 1. Korintherbrief 14,1. 12. 13, daß geistliche Fähigkeiten und Gnadengaben dem Kinde Gottes gewöhnlich nicht in den Schoß fallen, sondern begehrt und betend erfleht werden müßen.

Vielleicht sind unter Euch manche, die gedacht haben: Wer diese Gaben hat, der hat sie eben; und wer sie nicht hat, der hat sie eben nicht. Nun merken wir: Wer sie nicht hat, der kann sie auf dem Wege ernstlichen, anhaltenden Flehens erlangen. – Unser Werk ist ja vor allem ein Werk der Seelenrettung – des Dienstes mit dem Worte Gottes – der inneren Hilfe für die Menschen, wenn wir auch ganz gewiß mit der praktischen Tat selbstloser Hilfe dienen wollen.

Nur wenn ich den Herrn an meiner Seele etwas ganz Neues tun lasse, kann Er auch an denen etwas tun, für die ich Verantwortung trage!

Äußerlich ging im Mutterhaus alles seinen gewohnten Gang. In der Bibelschule wurde unterrichtet, inzwischen schon in zwei Unterrichtsklassen. Es wurde weiter an- und umgebaut. Die Schwestern hielten ihre Bibelstunden, Kinder- und Jugendkreise, es gab Sommer-Freizeiten für Schwestern und die Helferinnen, für auswärtige Gäste und zunehmend auch für Kinder. Evangelisationen fanden statt. Die jährlichen Tagungen wurden abgehalten. Die Arbeit in Kohlberg wurde intensiviert. Der *Bibellesezettel* wurde geschrieben und gedruckt. Ab 1937 erschien ein Heft mit Auslegungen für Kinder und Jugendliche: der Vorläufer des *Jugendbibellesezettels*. Schwestern wurden nach England geschickt, um die Sprache zu erlernen und neue Eindrücke zu gewinnen.

Christa von Viebahn feierte ihren sechzigsten Geburtstag im Mutterhaus. Sie hatte zunehmende gesundheitliche Probleme. Ein schmerzhaftes Augenleiden setzte ihr sehr zu und machte die schriftstellerische Arbeit noch mühsamer.

Ab September 1934 waren die Schwestern mit einem eigenen Stand auf dem Volksfest auf dem Cannstatter Wasen* vertreten:

Wir haben den Platz zum Stand für 30 Mark bekommen und brauchten ihn nicht bei einer Versteigerung zu erwerben, was sehr teuer geworden wäre. Am 30. September erhielten wir – nach viel Gebet – die Erlaubnis zum Verteilen von Traktaten, auf deren Rückseite unser Stand abgedruckt werden durfte. Hier verkaufen wir Bibeln und christliche Literatur.

Wir gehen aber auch mit unseren Blättern über den Wasen. Titel wie »Bist du zur Seligkeit berufen?« und »Kennen Sie das Buch?« lockten viele Menschen an und der Stand Nr. 218 war bald in aller Munde. Leute, die das Volksfest besuchen wollten, wurden von anderen aufgefordert: »Geh auch zum Stand 218!«

Die Verteil-Blätter wurden in der hauseigenen Druckerei *Tag und Nacht* gedruckt. Täglich mussten vier- bis fünftausend Stück fertig sein. Von Schwester Hilda Fritz wird erzählt: *Sie hat im hinteren Saal im Halbschlaf eine Zeile gesetzt und wieder abgelegt und wieder gesetzt …*

Unser Stand ist zwei Meter lang und tief, mit rotem Zelttuch versehen. Von weitem sichtbar ist das mit großen Buchstaben gemalte Schild »Der größte Schatz der Welt«. Mutter hat manches Mal auf dem Volksfest hinter unserem roten Stand Aussprachen gehalten, verborgen von einer Spanischen Wand.

Eines Tages tauchte ein SA-Mann auf und sagte, er sei erstaunt über »den größten Schatz«. Als wir ihn hinwiesen auf das Wort Gottes, sagte er, das Christentum mache Propaganda für die Juden. Paulus sei

---

* Noch heute kann man die Schwestern mit ihrem Stand mit christlicher Literatur auf dem Cannstatter Wasen und auf dem Weihnachtsmarkt in Stuttgart entdecken. Außerdem besuchen sie »ihre Freunde«, die Schausteller, und bieten ihren Kindern eine Nachmittagsbetreuung an.

ein Jude und der Herr Jesus auch. Solche und ähnliche Sätze hörten
wir immer wieder. Auch von zwei Frauen, voller Judenhass, die mein-
ten, Paulus sei der schlimmste von allen. Wenn wir so etwas hörten,
sagten wir immer, dass Jesus der Erlöser der Welt sei.

Aber es gab auch freundliche Kommentare. Manche freuten sich,
daß wir da waren. Ein SA-Mann hatte schon seine Bibel bei sich und
abonnierte den BLZ. Manche meinten, unser Stand solle mehr am
Eingang stehen und er sei viel zu klein!

In diesen zehn Tagen erlebten die Schwestern an ihrem Stand Nr. 218
viel Spott und viel Zuspruch. Sie führten schwierige und gute Gespräche, sie mussten sich herausfordernden und spitzfindigen Fragen stellen. Ihre gründliche biblische Ausbildung in der Bibelschule erwies sich
nun als große Hilfe. Sie waren so erfüllt von ihren Erlebnissen, dass sie
viele ausführliche Berichte darüber verfassten.

Im Mai 1935 tauchte »Der größte Schatz der Welt« auf einer Messe
in Heidelberg auf. Die Schwestern verteilten wie gewohnt christliche
Blätter, verkauften Schriften und nahmen sich viel Zeit für Einzelge-
spräche. Auch der Presse blieb der »Schatz« nicht verborgen. Eine Heidelberger Zeitung vermeldete: *Manchen wird die Bude aufgefallen sein,*
die vielleicht nicht gerade auf den Jahrmarkt passt und sich zur Aufgabe
gesetzt hat, religiöse Bücher zu verkaufen.

Die Lage für die Oberin wurde zunehmend schwieriger. Persönlich
wäre sie vermutlich noch widerständiger gewesen. Doch sie trug Verantwortung für viele Menschen, die sie nicht gefährden wollte.

Im geschlossenen Kreis der Hausandachten im Mutterhaus versuchte Christa von Viebahn schon früh, entscheidende geistliche Impulse
zur Beurteilung der Lage zu geben, z. B. am 4. Dezember 1934 über
Johannes 15,12-17:

Im Dritten Reich hat die Sünde nicht abgenommen. Im Äußeren sind
die Verhältnisse besser, das dürfen wir mit großem Dank anerkennen.
Aber die Sünde hat nicht abgenommen! Riesige Betrügereien werden
offenbar, und auf sittlichem Gebiet sieht es ganz schauderhaft, ganz
entsetzlich aus! Wenn einem Volk nicht die Furcht Gottes und die Bibel
nahegebracht wird, oder wenn man gar die Ehrfurcht vor der Bibel

untergräbt, wenn das krasse altgermanische Heidentum aufkommt,
dann darf man nicht denken, daß die Sittlichkeit sich hebt! Im Gegen-
teil, sie sinkt von Tag zu Tag, und das macht sich schauderhaft bemerk-
bar! Was für furchtbare Dinge müssen wir in unseren Tagen erleben!

Und aus einer Andacht über 1. Korinther 1,1-3 vom 29. Januar 1935:

Das Reich Gottes ist übernational. Wir dürfen unser Volk so bren-
nend lieben, wie Paulus sein Volk Israel liebte. Wir achten unser
Volk und lieben es und wollen aus ihm so viele als möglich für den
Herrn Jesus gewinnen. Aber unser Herz ist übernational. Unser Herz
klingt zusammen mit dem Herrn Jesus, und er liebt die Engländer,
die Franzosen, die Schwarzen, die Japaner und Chinesen alle mit der
gleichen göttlichen Liebe, wie er uns liebt. Im Himmel wird einmal
nicht deutsch gesprochen, sondern die Sprache des Himmels, und die
verstehen alle Völker. Deshalb müssen wir uns diese, des Herrn Gesin-
nung, in unser Herz hineinleuchten lassen – diese Liebe zu allen, die
an jedem Ort den Namen des Herrn Jesus anrufen.

Das Leben im Schatten der NS-Herrschaft wurde für die Schwestern
immer komplizierter. Besonders die Jugendarbeit war den fanatischen
Anhängern Hitlers immer ein Dorn im Auge.

Glücklicherweise war der Aidlinger Ortsgruppenleiter dem Mutterhaus gegenüber nicht feindlich gesinnt und winkte manches durch,
was andere Zeitgenossen an anderen Orten nicht zuließen.

Werfen wir einen Blick in das »Zeugnis für das Spruchkammer-
Verfahren in Sachen des früheren Ortsgruppenleiters der NSDAP Otto
Bässler in Aidlingen«. Es wurde nach dem Zusammenbruch 1945 von
der Mutterhausleitung ausgestellt und ist in mehrfacher Hinsicht aufschlussreich:

Unser Werk ist der »Christliche Kreis für Frauen und Mädchen e. V.
Stuttgart«, der das »Diakonissenmutterhaus in Aidlingen« mit seiner
Schwesternschule und Haushaltungsschule gründete.
   Unsere Hauptaufgabe ist die Weckung und Ausbreitung christli-
cher Gesinnung und christlichen Lebens. Darin galten wir vor allem

im Dritten Reich als aggressiv und gefährlich. Vielfach war uns die Gestapo auf den Fersen, um unsere Arbeit zu unterbinden und aufzulösen.

Da schätzten wir es als eine besondere Gnade von Gott, daß wir hier in Aidlingen einen Ortsgruppenleiter Bässler hatten. Schon von seiner frommen Mutter her, die täglich in seinem Hause mit der ganzen Familie eine christliche Morgenandacht mit Gebet hielt, war er gewissensmäßig durch Gottesfurcht gebunden. Das wirkte sich besonders auch unserem Hause gegenüber aus, sodaß wir vor Eingriffen der Partei geschützt waren. Wir hatten an Herrn Bässler sogar einen Verteidiger unserer Sache der Gestapo gegenüber.

Als alle jungen Mädchen bis zum 21. Lebensjahr ausnahmslos zu regelmäßigem Besuch des BDM* bzw. »Glaube und Schönheit« verpflichtet wurden, war uns das für unseren Schulbetrieb sehr hemmend und der Einfluss unerwünscht. Bei Vortrag dieser Angelegenheit bei Herrn Bässler, fanden wir Verständnis; er befreite unsere Schülerinnen auf sein eigenes Risiko von dieser Verpflichtung und beurlaubte sie fortlaufend.

Obwohl wir uns gegen den Beitritt in die Partei und jegliche ihrer Organisationen sperrten, hatten wir durch ihn doch keinerlei Schwierigkeiten. Dessen ungeachtet erbat er sich in Notfällen Pflegeschwestern unseres Hauses. Auch daß unsere Gemeindekranken- und Hebammenschwester bei Einführung der NS-Schwesternschaften im Ort verbleiben durften, verdanken wir seinem Einfluss. Ebenso bekannte er sich durch die Taufe aller seiner Kinder zur Evangelischen Kirche. Deshalb vergessen wir ihm auch in seiner jetzigen Lage nicht, daß er uns in den zwölf gefährlichen Jahren gedeckt hat.

Ein anderes Schriftstück, das am 4. September 1935 von Schwester Berta Kempf verfasst wurde, lässt ebenfalls den frühen inneren Widerstand gegen das Regime deutlich werden. Es handelt sich um einen handschriftlichen Brief an die *lieben Freizeitschwestern*, denen Schwester

---

* Bund Deutscher Mädels. 1936 wurde das »Gesetz für die Hitlerjugend« erlassen. Es war die gezielte Gleichschaltung der weiblichen Jugend – Mädchen und Frauen für Hitler –, die größte Jugendorganisation der Welt. Es wurden Mädchen zwischen 10 und 21 Jahren erfasst. Später kamen Arbeitseinsätze und Kriegshilfsdienste dazu.

Berta die Ferien gestalten würde. Die vervielfältigte Fassung des Schriftstücks liegt nicht (mehr) vor. Schwester Berta übermittelte darin eine verschlüsselte Botschaft. Die 27-jährige schreibt in großer, entschlossener Schrift:

> *Aus jedem Eurer Briefe tönte mir entgegen: »Man singet von Sieg!«*
> *(Psalm 118,15). So muß es weiter sein! Wir geben uns mit keinen*
> *Teilergebnissen zufrieden, sondern bleiben bei der Schar der Sieggewohnten!*
>
> *Wenn Mussolini sagt, sie hätten die besten Waffen der Welt, so*
> *dürfen wir kühnlich sagen: »Nein, wir haben die besten Waffen**
> *der Welt!« Wenn er sagt: »Wir sind unbesiegbar!«, so dürfen wir*
> *sagen: »Der Herr Jesus hat uns schon den Beweis geliefert, daß er*
> *unbesiegbar ist!« So ist auch der Herr Jesus in uns, das neue Leben,*
> *unbesiegbar!*
>
> *In mein Büchlein habe ich geschrieben: »Die tiefsten Wahrheiten*
> *sind die einfachsten.« So stehen noch viele so tiefe, aber auch so ein*
> *fache Wahrheiten in der Bibel! Wenn wir an diese Tatsachen der Bibel*
> *glauben, so wie die Schrift es sagt, dann werden durch unser Leben*
> *Ströme lebendigen Wassers fließen!*

Diese handschriftlichen Zeilen wurden nicht vernichtet und lösten vermutlich bei der späteren Durchsuchung ihrer Arbeitsräume durch die Gestapo große Ängste aus.

Auch Oberin von Viebahn behandelte die Motive Heil und Sieg in einem Osterbrief an ihre Schwestern im Jahr 1936:

> *Einiges hat mir der Herr aufs Herz gelegt zu bedenken: wie hungrig*
> *Männer und Frauen – junge und alte Menschen – überall danach sind,*
> *eine Frömmigkeit zu finden, die sich im Leben bewährt.*
>
> *Und die Tatsache, daß unser erhöhter Herr für jedes, auch das*
> *schwerste Problem, die richtige, die befriedigende Lösung hat!*

---

* Gemeint sind geistliche Waffen nach Epheser 6,10-17: »Panzer der Gerechtigkeit«, »Schild des Glaubens«, »Helm des Heils«, »Schwert des Geistes«.

Wir sehen, daß die Menschen von heute die Bedeutung unserer Botschaft vom Heil und vom Heiland schnell begreifen, wenn wir sie ihnen mit einem von Liebe und Eifer glühenden Herzen bringen!

Wir sehen, wie sehr die Jugend sich nach dieser Botschaft vom Heil – vom Sieg über die Sünde – sehnt, wie gern sie ihr Glauben schenkt!

Und nun noch ein Wort von David Brainerd*: »Ich sehne mich danach, eine beständig leuchtende Feuerflamme zu sein im Dienste Gottes und im Aufbau des Königreiches Christi bis zu meinem letzten Atemzug!«

Der fürsorgliche Blick für den Nächsten

Neben allen kleineren und größeren Bedrängnissen blieb Oberin Christa wach für die Nöte der Menschen um sie her. Sie ließ sich vom Terror der Nationalsozialisten nicht dermaßen in Beschlag nehmen, dass sie ihre Umsicht und Weitsicht für den Fortgang der Arbeit eingebüßt hätte. Am 30. September schreibt sie an die Leser des BLZ:

Ich suche für eine abgearbeitete Mutter mit vier größeren Kindern aus gebildeten Kreisen einen guten, nicht teuren Aufenthalt an der Ostsee mit voller, guter Verköstigung, man muß mit Liebe für sie sorgen. Ausführliche Angaben mit Preisen erbittet Oberin von Viebahn.

Fürsorglich begleitete sie über einen recht langen Zeitraum das Ehepaar Lydia und Erwin Fuchs, das eine Hausmeisterstelle beim CVJM in Großbottwar angenommen hatte. Vorher hatten beide durch Mutter Christa zum Glauben gefunden und waren darum mit der Stuttgarter Arbeit eng verbunden. Der Küfer Erwin Fuchs erzählt u. a.:

Ich hatte Christa von Viebahn einmal gefragt, ob es nicht möglich wäre, für uns Männer eine Bibelstunde zu halten. Sie hat es dann so

---

*　US-Amerikaner, lebte von 1718–1748, wirkte als Missionar unter den Indianern Nordamerikas.

eingerichtet, daß wir Männer am Samstagabend um 20 Uhr in die Danneckerstraße kommen durften.

Mir wurde im Geschäft von meinem Meister ein tolles Angebot gemacht. Er wollte sich selbständig machen. In Kiel hatte er eine Likörfabrik gepachtet und wollte mich bei doppeltem Gehalt dabei haben. Ich habe dann mit Christa von Viebahn Rücksprache gehalten. Sie hat nach einer Bedenkzeit (Gebetszeit) gesagt: »Da gehst Du nicht mit.« Das war Gottes Antwort für mich – trotz des lockenden Angebots. Nach einem Jahr kam der Meister als Bettler wieder, seine Rechnung war nicht aufgegangen. So wurde der Gehorsamsschritt für mich belohnt.

Die Tochter von Ehepaar Fuchs erzählt weiter:

Im Jahr 1936 hatte der Umzug der Eltern nach Großbottwar stattgefunden. Damals kam eine Aidlinger Schwester regelmäßig nach Beilstein. Sie machte dort Blättermission. Erwin und Lydia wollten die Verbindung mit Aidlingen nicht verlieren und fragten bei Christa von Viebahn an, ob diese Schwester am Samstagabend bei ihnen in Großbottwar Bibelstunde halten könnte. Es ging, und so entstand der »Aidlinger Kreis« an diesem Ort. Allerdings war dieser Start mit einigen Schwierigkeiten verbunden. Das Aidlinger Mutterhaus war damals noch kaum bekannt, und was man nicht kennt …, jedenfalls war die Einordnung unter die »Sekten« naheliegend.

Außerdem war man der Meinung, daß in Großbottwar genügend Angebote in geistlicher Richtung bestanden, und man nicht noch etwas Neues brauche. Aus diesen Gründen konnte die Bibelstunde nicht im CVJM-Vereinshaus stattfinden, auch nicht in der Wohnung von Erwin und Lydia, die ja im Vereinshaus lag. Nach einer improvisierten Zwischenlösung wurde es fünf Jahre später genehmigt, daß die Bibelstunden doch in der Wohnung von Familie Fuchs stattfinden konnten. Bald wurde es dort zu eng. Denn inzwischen kamen auch Teilnehmer aus Murr, Mundelsheim und Kleinbottwar dazu. Sie durften dann weitere Räume im Vereinshaus dafür nutzen.

1937, an ihrem 24. Geburtstag, wurde Lydia sehr krank. Lungen- und Rippenfellentzündung, Blutvergiftung, dauerhaft hohes Fieber. Siebeneinhalb Wochen war Lydia im Krankenhaus. Zu Hause war

Erwin mit zwei kleinen Kindern allein, eines davon sieben Wochen alt.

Oberin Christa erfuhr von Lydias Krankheit. Sie rief Erwin im Geschäft an und erkundigte sich, wie es seiner Frau ginge. Als sie von dem ganzen Ausmaß der Erkrankung hörte, schickte sie Schwester Elisabeth Schweizer umgehend nach Großbottwar. Sie kam und übernahm die Haushaltsführung. Die Schwester – in jener Zeit Mutter Christas persönliche Sekretärin – musste nun zusehen, wie sie mit dem wenigen Geld, das am Zahltag in der Lohntüte war, zurechtkam. Zumal Erwin Fuchs darauf bestand, daß davon der »Zehnte« für Gottes Sache beiseitegelegt würde.

Aber sie erlebten alle die tägliche Durchhilfe Gottes. Ein Vierteljahr blieb Schwester Elisabeth bei der Familie und wurde dann von einer anderen Schwester abgelöst, bis alles wieder in Ordnung war. Nach dem langen Krankenhausaufenthalt durfte Lydia noch dreieinhalb Wochen nach Aidlingen zur Erholung.

»Als alles wieder gut, gesund und in Ordnung war, fragte ich die Oberin nach meiner Schuldigkeit und sie sagte: ›Dazu sind wir gerade da, um zu helfen. Danke Gott und dem Herrn Jesus‹. Das taten wir und tun wir unser Leben lang, erzählte Erwin Fuchs.«[23]

Diese Verbindung zur Familie Fuchs und zur Bibelstunde in Großbottwar blieb über Jahrzehnte erhalten und steht an dieser Stelle für viele ähnliche Begebenheiten jener turbulenten Jahre.

Gleichschaltung und Gefährdung

Am 28. März 1936 schreibt Oberin von Viebahn einen Rundbrief, um ihren Schwestern die komplizierte »Gleichschaltungs-Maschinerie« der NSDAP zu erklären, die auch das Mutterhaus betraf:

Meine geliebten Schwestern!
Über einige Angelegenheiten solltet Ihr klare Kenntnis haben. Es kommt ja immer wieder vor, daß Ihr gefragt werdet, welchem Verband Ihr angeschlossen seid oder wohin Ihr gehört.

Wir gehören in erster Linie zum Diakonissenmutterhaus Aidlin-
gen, Leitung: Frau Oberin von Viebahn.

Unser Mutterhaus ist angeschlossen an den Bund Deutscher Ge-
meinschafts-Diakonissenmutterhäuser. Vorsitzender dieses Bundes
ist Herr Rektor Böhme vom Diakonissen-Mutterhaus »Zion« in Aue
in Sachsen.

Wie der Staat gegenwärtig alle gleichartigen Berufe und Verbände
zum Zusammenschluß aufgefordert und gebracht hat, so sind auch
sämtliche deutsche Schwestern eingegliedert in die Reichsfachschaft
Deutscher Schwestern. Sitz der Reichsfachschaft ist Berlin. – Zu dieser
Reichsfachschaft gehören sämtliche Schwesternschaften, eingeteilt in
fünf Gruppen:

1. Die NS-Schwesternschaft (braune Schwestern).

2. Freiberufliche Schwesternschaft (in welcher alle freien Schwes-
tern gesammelt werden sollen).

(Die unter 1. und 2. genannten Schwesternschaften sind in der
NS-Volkswohlfahrt zusammengefaßt.)

3. Die Diakoniegemeinschaft. In ihr sind zusammengefaßt alle
Mutterhäuser und Schwesternverbände, welche in der Inneren Mis-
sion arbeiten.

4. Die katholischen Ordens-Schwesternschaften, als sogenannter Ca-
ritasverband.

5. Die Rotekreuz-Schwesternschaft, hervorgehend aus den Vater-
ländischen Frauenvereinen.

Die Schwesternschaften der Inneren Mission bilden also inner-
halb der Reichsfachschaft Deutscher Schwestern eine Gruppe für sich
als sogenannte Diakoniegemeinschaft. Die Führerin der Diakonie-
gemeinschaft, welche die Anliegen und Interessen der evangelischen
Schwesternschaften den anderen Verbänden und dem Staat gegen-
über vertritt, ist Schwester Auguste Mohrmann, Berlin-Wilmersdorf,
Landhausstraße 11.

Die Diakoniegemeinschaft als Ganzes ist eingegliedert in die Deut-
sche Arbeitsfront (DAF). Somit gehören auch wir als ganzes Werk
durch unsere Zugehörigkeit zur Diakoniegemeinschaft zur Deutschen
Arbeitsfront.

Wie alle Schwestern der Mutterhäuser, hat auch jede von Euch
Schwestern einen braunen Ausweis, der nicht nur von Oberin von Vie-
bahn, sondern auch von Schwester Auguste Mohrmann unterzeichnet
ist. Derselbe bestätigt Euch Eure Zugehörigkeit zur Diakoniegemein-
schaft. – Außerdem besitzt jede von Euch eine weiße Bescheinigung,
gleichfalls von Schwester Auguste Mohrmann unterzeichnet, die Euch
Eure Mitgliedschaft bei der Deutschen Arbeitsfront bestätigt.

Dieses emotionslose und ohne jegliche Wertung verfasste Papier ist ein
historisch wichtiges Dokument. Es zeigt, wie gezielt eine über Jahrhun-
derte gewachsene, verzweigte, vielfältige Arbeit christlicher Nächstenliebe in eine Einheitsform gepresst wurde: in die Deutsche Arbeitsfront
(DAF), aus der es kein Entrinnen gab. Durch die Gleichschaltung aller
Arbeitgeber und Arbeitnehmer überwachte die DAF zweiundzwanzig
Millionen Mitglieder. Auch der Winzling »Diakonissenmutterhaus Aidlingen« mit seinen etwa dreißig Diakonissen war darin gefangen und
wurde beobachtet.

Am 7. Januar 1935 forderte das Württembergische Landespolizei-
amt (Gestapo) die Akten des »Christlichen Vereins für Frauen und
Mädchen« an, die am 18. Februar 1935 kommentarlos zurückgegeben
wurden.

Am 1. Oktober 1937 wurde der Name des Vereins in »Christlicher
Kreis für Frauen und Mädchen, e. V.« umbenannt. Da jede Änderung
der Gestapo vorgelegt werden musste, zog der Kreis ungewollt wieder die Aufmerksamkeit der Gestapo auf sich. Der zuständige Beamte
schickte die Unterlagen am 16. November 1937 dem *Beauftragten des*
Führers zur Überwachung der Schulung und Erziehung der gesamten
national-sozialistischen Bewegung nach Berlin und erhob *vorsorglich*
Einspruch. Warum?

Blick in die Satzung des »Christlichen Kreises«

Der Zweck des Kreises ist lt. § 3 folgender:

Der Kreis hat den Zweck, unter Frauen und Mädchen christliche Gesinnung auszubreiten und zu pflegen, er veranstaltet Erholungsfreizeiten auf dem Lande, leistet Hilfe in Krankheits- und sonstigen häuslichen Notfällen und betätigt sich auf verschiedene Weise in der Jugend- und Wohlfahrtspflege. Außerdem will er junge Mädchen, die sich hierzu eignen, für den Diakonissendienst zubereiten, insbesondere Schwestern für die Krankenpflege ausbilden. Der größere Teil der Schwestern steht bereits im Dienst der Krankenpflege.

In § 4 der Satzung werden die Aufgaben des Kreises formuliert:

Zur Erreichung der in § 3 genannten christlichen, mildtätigen und gemeinnützigen Zwecke dienen: in erster Linie gemeinsame Betrachtungen der Heiligen Schrift (Bibelstunden) und sonstige allgemein fördernde Besprechungen und Vorträge. Der Kreis kann ferner seinen Aufgabenkreis zur Erreichung seiner Ziele beliebig erweitern und kann besondere Arbeitsgruppen bilden (Blättermission, Weißkreuzarbeit, Bibelkurse u. a.) ... Zur hauptberuflichen Ausbildung für den Dienst des Reiches Gottes kann der Kreis besondere Einrichtungen (z. B. Mutterhaus) schaffen.

Im Rückblick ist es erstaunlich, dass die Leitung des Kreises und des Mutterhauses diese Satzung vorzulegen wagte. Sie formulierten einfach aufrichtig ihre Ziele. Doch dies war in Deutschland kurz vor Beginn des Zweiten Weltkriegs gefährlich. Die Folgen ließen nicht lange auf sich warten.

Sein oder Nichtsein

Dieses Zitat aus der Tragödie »Hamlet« von William Shakespeare taucht in Dokumenten ab Ende 1937 immer wieder auf und betrifft den »Christlichen Kreis« und damit auch die Existenz des Mutterhauses in Aidlingen.

Nach entsprechender juristischer Beratung legte Oberin von Viebahn am 27. November 1937 Beschwerde gegen den Einspruch des Beamten ein. Der beratende Justizinspektor Speidel riet dringend davon ab, persönlich bei der Gestapo vorzusprechen: *Allein können Sie die Sache wohl nicht ausfechten.* Und Schwester Emilie Breyer notierte besorgt: *Es geht um Sein oder Nichtsein.*

Am 21. Juli 1938 wurde eine Sonder-Mitgliederversammlung einberufen, *weil in § 4 unserer Satzung – Fassung vom 1. Oktober 1937 – folgender Satz zu streichen ist:*

Der Kreis kann ferner seinen Aufgabenkreis zur Erreichung seiner Ziele beliebig erweitern und kann besondere Arbeitsgruppen bilden (Blättermission, Weißkreuzarbeit, Bibelkurse u. a.).

Die Mitgliederversammlung beschloss einstimmig die geforderte Änderung, obwohl sie damit einer massiven Behinderung ihrer Arbeit notgedrungen zustimmte. Die Folgen einer Ablehnung der Satzungsänderung wären katastrophaler gewesen.

Da aber die Angelegenheit von der Stuttgarter Gestapo nach Berlin weitergeleitet worden war, bestand eine große Unsicherheit darüber, ob die Gefahr mit der Streichung des Absatzes in Paragraph 4 erledigt war. Eine Bekannte, Anne Schmutz, wurde um Hilfe gebeten. Sie war im Innenministerium in Berlin tätig, kannte den Aidlinger Kreis und besprach die Angelegenheit mit ihrem Vorgesetzten. Ihre Antwort löste in Aidlingen eine überstürzte Abreise nach Berlin aus. Schwester Berta fuhr mit ihrer Oberin die ganze Nacht hindurch. Auf den Glockenschlag pünktlich gingen sie die Treppe hinauf zu den Amtsräumen von Auguste Mohrmann. Über die Begegnung der beiden Persönlichkeiten wurde nichts festgehalten*, stattdessen aber eine wichtige kleine Notiz

---

* Aber am 31. März 1940 schreibt Christa von Viebahn: »In Stuttgart war die große Diakonie-Tagung, zu welcher Schwester Auguste Mohrmann aus Berlin kam. Sie hielt einen wertvollen Vortrag. Die meisten unserer Schwestern nahmen an dieser wichtigen Tagung teil.«

von Schwester Berta: *Schwester Auguste Mohrmann ging von Stelle zu Stelle und nahm unsere Angelegenheit sehr tatkräftig in die Hand.*

Danach war die Sache erledigt und eine evtl. Auflösung des Vereins bzw. des Mutterhauses gebannt. Aber bei den Versammlungen in der Bachstraße fielen nun immer wieder Personen auf, die nicht dazugehörten. Öfters standen Männer im Windfang des Eingangs und hörten zu. Auch die Tagungen und Jugendtreffen wurden auf diese Weise überwacht.

Schwester Hede Kessler[*] erzählte später:

Als meine politische Zuverlässigkeit geprüft wurde wegen Beförderung bei der Stadtverwaltung, sprach mein Chef mit mir über die Auskunft, die sie bekommen hatten. Er sagte: »Sie sind ja in dem Kreis, den wir überwachen. Aber es wird in diesem Kreis nie eine politische Äußerung getan, die Überwachungs-Aktionen waren ergebnislos.«

In der Chronik aus dem Jahr 1938[**] steht am 20. April:

Heute bekam Mutter eine Vorladung von der Gestapo. Es handelt sich um die Zahlkarten, die im BLZ sind. Es geht dabei um das allgemeine Sammelverbot. Zunächst schien es, als ließe sich die Angelegenheit ohne Schwierigkeiten erledigen. Doch am nächsten Tag kam der Beamte und erklärte, daß er die Sache der Staatsanwaltschaft übergeben werde. Das ist furchtbar. Aber der Herr stärkte uns durch Jesaja 8,9.10: »Beschließt einen Ratschlag, und er soll vereitelt werden, redet ein Wort, und es soll nicht zustande kommen. Denn Gott ist mit uns!«

30. Juni: Heute bekam Mutter eine erneute Vorladung von der Gestapo: »In der Anzeigesache gegen Sie wegen des Vergehens gegen das Sammlungsgesetz werden Sie ersucht, sich zwecks Vernehmung in dieser Sache am Donnerstag, den 30. Juni 1938, nachmittags 3 Uhr auf der Kanzlei des Oberstaatsanwalts Ulrichstraße 6, Zimmer 476 einzufinden.«

---

[*]   Sie war nach dem Krieg langjährige Leiterin der Bibelschule in Aidlingen.
[**] Siehe auch weitere Auszüge »Aus der Chronik 1938«, S. 246

Es sah erst sehr hoffnungslos aus. Aber zu Hause lag die ganze Schwesternschar auf ihren Knien und bat den Herrn um Hilfe. Da lenkte der Herr das Herz des Beamten. Er wurde freundlicher. Schließlich sagte er: *Ihre Sache fällt unter die Amnestie des Führers, es kann Ihnen nichts geschehen!*

Am 15. September 1938 schreibt Christa von Viebahn in einem Rundbrief an die Schwestern:

An einem ernsten, wichtigen Tag schreibe ich Euch. Heute zwischen 1 und 2 Uhr wird der englische Ministerpräsident auf dem Obersalzberg beim Führer sein. Die ganze Welt ist in Spannung; denn es handelt sich um Weltgeschehen. Wie es aussehen wird, wenn dieser Brief in Eure Hände kommt, wissen wir nicht. Ich habe den klaren Eindruck, daß der Herr seine Brautgemeinde nicht mehr in der Welt lassen wird, wenn dieses furchtbare Geschehen eines Weltkrieges in nie dagewesener Ausdehnung und Schrecklichkeit beginnen wird. Er verspricht seinen Getreuen und Geheiligten: »Weil du das Wort vom geduldigen Harren auf Mein Wort im Herzen bewahrt hast, so will auch Ich dich bewahren vor der Stunde der Versuchung, die über den ganzen Erdkreis kommen soll, um die Bewohner auf die Probe zu stellen« (Offenbarung 3,10).

Der von Christa von Viebahn befürchtete Ausbruch eines Weltkrieges fand noch nicht statt. Denn Arthur Neville Chamberlain trat als Vermittler auf. Hitler verlangte die Abtretung des Sudetengebietes an das Deutsche Reich und drohte mit Krieg. Chamberlain und der französische Premierminister Daladier stimmten schließlich am 29. September dem »Münchner Abkommen« zu, das die Abtretung des Gebiets festlegte. Tschechien war bei den Verhandlungen nicht vertreten. Chamberlain hoffte, mit diesem Kompromiss den Frieden gesichert zu haben. Wie sehr irrte er!

Noch war alles sehr undurchsichtig. Erschwerend kam hinzu, dass auch Angehörige von Schwestern in der NSDAP waren. Junge Männer, die später für Hitler in den Krieg zogen, sahen z. B. ihre Karriere gefährdet durch die Aidlinger Diakonisse in ihrer Familie.

Am 3. Oktober wird in der Chronik vermerkt:

Heute begann die Bibelschule mit dem Römerbrief. Am 1. Oktober traten unter anderem Marta Renz und Helene Kern* neu ein.
Drei Schwestern haben in Hamburg am »Krankenhaus Jerusalem« ihr Examen mit »gut« bestanden.

In diesem Eintrag wird der ursprüngliche Name des Krankenhauses – *Jerusalem* – erwähnt, der von den Nazis nicht mehr erlaubt wurde. Das Haus war inzwischen zum »Krankenhaus am Moorkamp« umbenannt worden, um Hinweise auf die jüdischen Wurzeln zu verwischen.

Gegründet hatte es Dr. Arnold Frank, ein aus Ungarn stammender Jude, der als Siebzehnjähriger 1866 nach Hamburg gekommen war und dort eine Lehre in der Bank Rotschild & Baruch machte. Ein Mitglied der irisch-presbyterianischen *Jerusalem-Gemeinde* lud ihn zu den Gottesdiensten der Gemeinde ein. Dort ließ er sich nach einiger Zeit von Pastor Dr. J. C. Aston, einem von Irland entsandten Judenmissionar, taufen. Bald darauf studierte er Theologie in Belfast. Nach seiner Rückkehr 1884 wurde er selbst Pastor der *Jerusalem-Gemeinde* in Hamburg. 1911 konnte er den Grundstein für eine neue Kirche der *Jerusalem-Gemeinde* legen. Außerdem entstanden ein Diakonissenhaus, ein Missionshaus und das *Krankenhaus Jerusalem*. Zwei Jahre später öffnete das Krankenhaus seine Türen für Menschen aller Konfessionen.

Doch schon 1933 mussten alle jüdischen Ärzte das Krankenhaus verlassen, Dr. Arnold Frank gelang 1938 in letzter Minute die Flucht nach Irland.

Als 1931 in Hamburg eine Tagung des Bundes Deutscher Gemeinschafts-Diakonissen-Mutterhäuser stattfand, fuhren Oberin von Viebahn und Schwester Berta Kempf dorthin. Dabei kam es zu einer Begegnung mit Albertine von Cölln, der Oberin der Diakonissen am *Krankenhaus Jerusalem*.

Vom 1. Oktober 1937 existiert auszugsweise ein Bericht über die Mitgliederversammlung des »Christlichen Kreises für Frauen und Mädchen«, in dem es heißt:

---

* Schwester Helene Kern wurde später stellvertretende Oberin, die rechte Hand von Schwester Berta Kempf. Sie war eine kluge und besonnene Ratgeberin.

Seit Sommer 1936 haben wir Gelegenheit, manche unserer Schwestern in einem befreundeten Krankenhaus in Hamburg* für das staatliche Krankenpflege-Examen vorbereiten zu lassen, ohne daß unserem Werk große Kosten entstehen. Im Juli 1936 durften vier Schwestern dort eintreten, wovon jetzt zwei das Staatsexamen gut bestanden haben und zurückgekehrt sind. Zur Zeit sind noch sechs Schwestern zur Ausbildung dort.

Bis in die Kriegsjahre hinein wurden immer wieder Aidlinger Schwestern im *Jerusalem-Krankenhaus* ausgebildet. Auch dort hielten die Schwestern Bibelstunden in der Umgebung von Hamburg und Bremen. So entstanden viele neue Kontakte, die sie und Oberin Christa mit einer ausgedehnten Korrespondenz pflegten.

Wie eine graue Wand

Als hätte es nicht schon genug Schwierigkeiten und Probleme gegeben, verschlimmerte sich der Zustand von Christa von Viebahns Augen dermaßen, dass die Augenklinik der Universität Tübingen aufgesucht werden musste. Doch dort konnte nicht mehr geholfen, sondern nur die völlige Erblindung festgestellt werden. Sie beschrieb diesen Zustand »als graue Wand«, die sie gern beiseiteschieben wollte. Die hoch musikalische Frau war dankbar, dass ihr absolutes Gehör von der Erkrankung nicht betroffen war. Sie konnte sich weiterhin ans Klavier oder Harmonium setzen, um Lieder zu begleiten. Fortan notierte sie »blind« auf Zettel, was ihr wichtig war, was sie erledigt haben wollte. Und wenn die Singstunde der Schwestern stattfand, ließ sie gelegentlich einen Zettel unter der Tür zum Probenraum hindurchschieben mit Vermerken wie: »Das Gis im zweiten Sopran ist zu tief« oder »Der Alt sollte besser phrasieren« usw.

Zwischen dem 8. November und 15. Dezember 1938 herrscht ein beredtes Schweigen in der Chronik, auch sind keine Rundbriefe aus

---

* In diesem auch der Gestapo zugänglichen offiziellen Bericht fällt der Name »Jerusalem« nicht, im Gegensatz zur intern geführten Chronik.

dieser Zeit erhalten. Am 9. November brannten die Synagogen in Deutschland, die Reichspogromnacht brach über die jüdische Bevölkerung herein. Jüdische Geschäfte wurden geplündert, ihre Inhaber gedemütigt. Aus den Akten des Mutterhauses wurde entweder alles entfernt, was dazu Stellung nahm, oder gar nichts abgelegt, aus Angst vor weiteren Zusammenstößen mit der Gestapo.

19. Dezember: Mutters Geburtstag liegt schon vierzehn Tage hinter uns. Zum ersten Mal war Mutter nun im Kreis all ihrer Gäste nicht sehend. Wir hatten gar nicht den Eindruck, daß sie nicht sah, weil sie selbst so beweglich und lebendig war und so fröhlich. Als jemand sagte: »Oh, Frau Oberin, da konnten Sie ja gar nicht Ihre Geschenke sehen an Ihrem Geburtstag«, da erwiderte sie fröhlich: »Oh, ich habe mit 160 Augen gesehen, das war schön!«

Am 12. April 1946 diktiert sie einen Brief an die Militärregierung in Böblingen:

Seit acht Jahren bin ich völlig erblindet. Doch bin ich in der Lage, dem Werke in all seinen Zweigen und Angelegenheiten als Oberin vorzustehen. Auch meine schriftstellerische Tätigkeit sowie meine gesamte Dienstkorrespondenz setze ich mit Hilfe meiner Sekretär-Schwestern regelmäßig fort und suche Gott und den Menschen mit Wort und Schrift zu dienen.

Noch zwei weitere Passagen aus diesem Brief sind aufschlussreich:

Im Jahre 1941 wurden ja alle christlichen Zeitschriften in Deutschland durch die Maßnahmen des Propaganda-Ministeriums stillgelegt. Da übernahm ein Schweizer Verlag in Bern, »Die Ährenlese«, für einige Jahre die Verbreitung des Bibellesezettels. Nach Kriegsschluß – seit dem Sommer 1945 – konnte dann das Diakonissenmutterhaus in Aidlingen die Herausgabe des Bibellesezettels erneut ins Werk setzen.

Diakonissen weihen ihr Leben Gott zum Wohle ihrer Mitmenschen nach Leib, Seele und Geist. Sie tun diesen Dienst aus Dankbarkeit gegen Gott und aus Liebe zu den Menschen – nicht vom Gesichtspunkt des Verdienstes aus! (Sie erhalten persönlich auch nur ein kleines Taschengeld von ihrem Mutterhaus.) Durch ihre Zielsetzung ist die Diakonie weit über die bloß humane und soziale Fürsorge hinausgehoben.

Hinter den Schwestern steht das Mutterhaus, das die Sorge für ihre äußeren und inneren Bedürfnisse übernimmt, damit sie sich ungeteilt ihren Aufgaben und Pflichten widmen können. Entschädigungen, Gehälter und Stationsgelder fließen dafür dem Mutterhause zu. Das Mutterhaus ist seinen Schwestern Heimat und Zufluchtsstätte in gesunden und kranken Tagen wie auch im Alter. Es fügt sie zu einer schönen Familiengemeinschaft zusammen, deren einheitliche Lebensordnung ihren äußeren Ausdruck findet in der für alle Schwestern gleichen schlichten Tracht.

KAPITEL 10

Der Zweite Weltkrieg (1939–1945)

Der Totentanz

Der entsetzliche Krieg, den Hitler in seinem Größenwahn vom Zaun brach, ist vielfach beschrieben und kann hier nur andeutungsweise erwähnt werden. Der deutsche Reichskanzler zwang die Völker Europas, dann auch Amerikas, in einen makabren Totentanz, der über fünfzig Millionen Menschen das Leben kostete. Er wollte das Judentum ausrotten, hatte Helfershelfer auf allen gesellschaftlichen Ebenen, die Konzentrationslager bauten, in Chemielaboren Giftgas entwickelten, um sechs Millionen Juden grausam zu vergasen, darunter eineinhalb Millionen Kinder. Sinti und Roma, Kommunisten und Künstler, Theologen, Professoren, Ärzte, Christen und Humanisten, alle, die gegen die Parteilinie rebellierten, wurden »weggeschafft«, mussten sich totarbeiten, wurden an die Wand gestellt, wahllos erschossen, erniedrigt, jeglicher Selbstachtung beraubt.

Der vierzehnjährige Bauernsohn Chaim aus Galizien wurde bei einer Razzia aufgegriffen und mit Tausenden anderer junger Juden in das Lager Pustkow gebracht und dort getötet.

Der durch den Stacheldraht gesteckte Brief wurde von einem Bauern gefunden und den Eltern des Jungen gegeben. Er sei hier stellvertretend für alles namenlose Leid, das Deutschland über die Welt gebracht hat, wiedergegeben:

Meine lieben Eltern!
Wenn der Himmel Papier und alle Meere der Welt Tinte wären, könnte ich Euch mein Leid und alles, was ich rings um mich sehe, nicht beschreiben. Das Lager befindet sich auf einer Lichtung. Vom frühen Morgen an treibt man uns in den Wald zur Arbeit. Meine Füße bluten, weil man mir die Schuhe weggenommen hat. Den ganzen Tag arbeiten wir, fast ohne zu essen, und nachts schlafen wir auf der Erde – auch die Mäntel hat man uns weggenommen.

Jede Nacht kommen betrunkene Soldaten und schlagen uns mit Holz-
stöcken, und mein Körper ist schwarz von blutunterlaufenen Flecken wie
ein angekohltes Stück Holz. Bisweilen wirft man uns rohe Karotten oder
eine Runkelrübe hin, und es ist eine Schande: hier prügelt man sich, um ein
Stückchen oder ein Blättchen zu erwischen.
Vorgestern sind zwei Buben ausgebrochen, da hat man uns in eine Reihe
gestellt, und jeder Fünfte wurde erschossen. Ich war nicht der Fünfte, aber
ich weiß, daß ich nicht lebend von hier fortkomme.
Ich sage allen Lebewohl und weine.[24]

Nichts schien die zerstörerische Raserei dieses Krieges stoppen zu können. Kein Attentat gelang, kein Widerstand war erfolgreich. Der Propaganda-minister Joseph Goebbels hielt am 18. Februar 1943 im Berliner Sport-palast eine verlogene und perfide Rede, die auch im Rundfunk übertragen wurde. Eine Frage von zehn, die er den versammelten Menschen stellte, wurde berühmt: »Wollt ihr den totalen Krieg?« Das aufgepeitschte Publi-kum wollte den »totalen Krieg«, den ihnen Goebbels als einzigen Ausweg vor dem drohenden Untergang aufzeigte.

Als die Alliierten Deutschland in die Zange nahmen, die Armeen Hitlers aufrieben, die Fronten immer weiter nach Deutschland hinein verlagerten, regelrechte Bombenteppiche über die Städte legten und Menschen und Häuser zerfetzten, verbrannten und zerstörten – selbst dann hörte der Wahnsinnige nicht auf, vom »Endsieg« zu schreien. Das deutsche Volk sollte siegen – oder untergehen. So hatte es Hitler bestimmt mit seinen Befehlen zur Operation »Verbrannte Erde«.

Er und viele seiner Generäle und Minister, seiner Standartenführer und Kommandeure entzogen sich der irdischen Gerichtsbarkeit durch Selbstmord. Andere wurden bei den »Nürnberger Prozessen« von den Alliierten zum Tode verurteilt; wieder andere flohen, wurden weltweit gesucht, teilweise gefasst und vor Gericht gestellt. Andere kamen wieder zu Amt und Würden, verdrängten ihre Vergangenheit. Es steht in keines Menschen Macht, alle Schuld aufzudecken und gerecht zu urteilen. Dieses gerechte Gericht wird allein Gott am Jüngsten Tage halten.

Die »homöopathischen Schwestern«

Mit dem »Herrenberger Verband evangelischer Krankenschwestern« hatte Oberin Christa Ausbildungs- und Arbeitsbedingungen für die eigenen Schwestern vereinbart. »Herrenberger Schwestern« arbeiteten im Robert-Bosch-Krankenhaus in Stuttgart und bildeten dort auch Krankenschwestern aus. Am 1. April 1938 begannen acht Aidlinger Schwestern im Robert-Bosch-Krankenhaus mit der Ausbildung zur Krankenschwester. Wenn sie davon berichteten, nannten sie sich meist »die homöopathischen Schwestern«, da Robert Bosch mit dem gestifteten Haus die Homöopathie fördern wollte.[*]

Obwohl im Foyer des Krankenhauses eine Büste Hitlers aufgestellt war, obwohl Maßnahmen des Regimes das Bosch-Unternehmen zur Produktion kriegswichtiger Bauteile zwangen, war Robert Bosch ein entschiedener Gegner Hitlers. Der sogenannte Bosch-Kreis[25] unterstützte u. a. den Widerstand um Carl Goerdeler, der – getarnt als »wirtschaftlicher Berater« – bei Bosch arbeitete und das Attentat vom 20. Juli 1944 mit vorbereitete.

Auch fanden immer wieder Juden und sogenannte »Halb-Juden« Unterschlupf im Unternehmen. Außerdem wurde die Flucht von Juden ins Ausland finanziell massiv unterstützt. Hans Walz, Geschäftsführer der Firma Bosch, lehnte als Christ die Judenverfolgung strikt ab. Die israelische Holocaust-Gedenkstätte Yad Vashem verlieh ihm, stellvertretend für das Unternehmen, 1969 für diesen Einsatz den Titel »Gerechter unter den Völkern«.[26]

Ob die Schwestern im Robert-Bosch-Krankenhaus von den Aktivitäten um den Widerstand gegen Hitler wussten, ist fraglich. Strenge Geheimhaltung dieser Vorgänge war lebenswichtig.

Am 24. April 1940 verfasst Oberin von Viebahn einen Rundbrief, der detaillierte Einblicke gewährt in das Leben der Schwesternschaft, gute und schlechte Nachrichten werden miteinander geteilt:

---

[*] Siehe auch: »Das Robert-Bosch-Krankenhaus«, Auszüge aus einem Zeitungsartikel, S. 250

Am 15. April kamen Schwester Elise Sauter und Schwester Pauline Stiefel zur Ausübung der Krankenpflege in den Herrenberger Verband, und zwar wurden sie dem neuen Robert-Bosch-Krankenhaus zugeteilt. Sie sind nun ganz zusammen mit unseren acht »homöopathischen Schwestern«, und das genießen sie sehr. Dieses hochmoderne, für die ärztliche Wissenschaft sehr wichtige Krankenhaus wurde vor ganz kurzem in Betrieb gesetzt. Innerhalb drei Stunden war die Überbringung aller Patienten vom alten Krankenhaus in das neue, in herrlicher Natur gelegene Prachtgebäude vollzogen.

Unsere zehn dort arbeitenden Schwestern sind in fünf sehr schönen nebeneinander liegenden Doppelzimmern untergebracht, mit »einer Waschgelegenheit mit fließendem Wasser, warm und kalt«. Weiter schreibt Schwester Pauline, daß sie es genießt, »nicht mehr weit vom Mutterhaus entfernt zu sein. Die größte Hilfe und Freude sind mir die Andachten von Schwester Elisabeth Wöhrle in der Freistunde. Wir sind sehr glücklich miteinander«.

Schon länger liegt unsere liebe Schwester Maria Keck krank im Homöopathischen Krankenhaus. Ihr Herz ist nicht in Ordnung, und wir müssen den Herrn sehr bitten, sie doch endlich gesund zu machen.

Inzwischen reisten Schwester Helene Kern und Schwester Gertrud Leipold nach Lindau in das Maria-Marta-Stift ab, wo sie einen Haushaltspflegerinnen-Kursus mitmachen dürfen. Es war ein besonderes Geschenk Gottes, daß wir sie im letzten Augenblick noch dort hineinbringen konnten, denn dieser Kurs ist sehr wertvoll. Er dauert voraussichtlich ein Jahr. Ein kleiner Auszug aus ihrem Brief:

»Vorgestern Abend saßen wir noch ein wenig zusammen in meinem Zimmer und wussten, daß zwei der jungen Mädchen abreisten. Nun wollten wir sie nicht ziehen lassen, ohne ihnen ein Wort vom Herrn Jesus zu sagen. Wir gingen mit der Flöte in ihr Zimmer, um ihnen ein Lied zu singen. Wir fanden noch drei weitere Mädels dort und setzten uns mit ihnen auf die Betten. Schwester Helene flötete und ich sang:

Allein das Wort der Gnade stillt dir im Herzensgrund
dein tief verborgnes Sehnen. Hör's heut, Gott tut dir's kund.
Refrain: Herr Jesus, Lebensspender, Du Urquell aller Kraft,
im Wort trittst Du uns nahe, Du bist's, der neu uns schafft.

Es dürfen alle nahen; er stößt ja keins zurück,
hier wirst du angenommen mit liebevollem Blick.

O komm doch heut zu Jesus, bekenn ihm deine Not,
Er will dich völlig retten von Sünde, Angst und Tod.*

Wider Erwarten schön war die Wirkung des Liedes auf die fünf. Wir beteten noch mit ihnen und merkten, wie tief erfaßt sie alle waren.«

Auf 15. Mai werden, so Gott will, unsere liebe Schwester Maria Baumann und Schwester Marta Eisele nach Hamburg gehen, um dort die Krankenpflege zu erlernen. Unsere dortigen Schwestern freuen sich schon sehr auf Erweiterung ihres Kreises.

Unsere Schwester Frieda Häfner kam recht schwer krank von Langenau bei Ulm zurück, wo sie im Krankenhaus mitarbeitete. Gott hat gnädig ihre furchtbaren Schmerzen an den kranken Füßen gewendet, nun darf sie sich im Mutterhaus erholen und stärken zu weiterer Arbeit.

Schwester Ruth (Bechtle) wurde nach Stuttgart versetzt, um die Dienste von Schwester Gertrud Leipold in Hessigheim und Neckarwestheim zu übernehmen. Ihre Hauptarbeit in Stuttgart ist: Griechisch zu erlernen, damit sie mir bei meiner Arbeit manches helfen kann. Sie lernt mit großer Begeisterung. Herr Stadtpfarrer Dipper, der zu Rate gezogen wurde, hat es freundlich übernommen, ihr jede Woche eine griechische Stunde zu geben, und zwar tut er dies liebenswürdigerweise umsonst.

Von unserer Schwester Anna Blues aus Rumänien kam wieder ein langer Brief mit sehr erfreulichen Nachrichten über ihre Tätigkeit und Gottes Wirken an den vielen Menschen dort. Sie war vier Wochen mit Gottes Wort unterwegs und hielt in dieser Zeit in vier Dörfern Evangelisation und Bibelstunden.

Von unserer Schwester Marta Schäfer, die immer noch in Palästina ausharrt, kam aus Jerusalem endlich ein etwas ausführlicher Brief. Schwester Marta schickt an all ihre Schwestern herzliche Grüße.

---

* Aus: *Neue Lieder*, Nr. 80, Verlag Diakonissenmutterhaus Aidlingen in Verbindung mit Musikverlag Hänssler, Holzgerlingen.

Nun ist es ein sehr langer Bericht geworden, der Euch aber sicher erfreuen wird. Ich bin nun wieder in der Stille, um den Jugend-Bibellesezettel und den BLZ zu schreiben. Wir müssen sehr beten, dass die Druckerei Papier erhält, um den BLZ zu drucken. Herr Direktor Keimling schreibt: »*Ich kämpfe noch um das Papier für den BLZ für das dritte Quartal!*« *Ich weiß, auch Ihr helft darum kämpfen im Gebet und denkt dabei auch an mich bei der Arbeit, die wieder einmal so sehr schnell fertig sein muß.*

Schwester Elisabeth Wöhrle (1912–2000) wurde ab 1939 im Robert-Bosch-Krankenhaus ausgebildet und arbeitete dort bis zum Kriegsende*. Neben ihren Diensten im Krankenhaus gehörte die seelsorgerliche Begleitung der Schwestern und Patienten zu ihren Aufgaben. Besonders in der Zeit der schweren Bombenangriffe auf Stuttgart war dieser Dienst mehr als notwendig.

Der physische und psychische Einsatz zur Versorgung der Verletzten war enorm und forderte viel Kraft. Tag und Nacht waren alle Schwestern des Hauses im Dienst. Als auch das Katharinenhospital und andere Krankenhäuser schwer getroffen wurden, musste das Robert-Bosch-Krankenhaus (RBK) immer noch mehr Verwundete versorgen. Außerdem gab es weder Wasser noch Licht, später auch kein Gas mehr. Wie überall in den zerbombten Städten waren die Zustände, mit denen Ärzte und Pflegepersonal zu kämpfen hatten, unbeschreiblich katastrophal.

An einem solchen Tag wurde ein junger Flakhelfer schwer verletzt und herzkrank ins zivile RBK eingeliefert. Ein Stockwerk dort diente als Wehrmachtslazarett. Dem Sechzehnjährigen war zuvor ein Neues Testament zugesteckt worden, in dem er heimlich las. Er erzählt in seinen Lebenserinnerungen:

Es bedeutete einen besonderen Glücksfall, daß gerade eine Aidlinger Schwester in meiner Abteilung Nachtdienst tat. Anstatt mit mir pflichtgemäß zu schimpfen (wegen der schweren Gehirnerschütterung) oder mir gar die Bibel wegzunehmen, freute sie sich sichtbar über mein

---

* Ab 1952 wurde sie zur Unterstützung von Oberin Berta Kempf ins Mutterhaus gerufen.

Bibelinteresse. Am nächsten Abend brachte sie mir als Lesehilfe sogar einen »Bibellesezettel« des Aidlinger Mutterhauses, über den ich mich sehr freute. Da die Nationalsozialisten den Druck des Bibellesezettels verboten hatten, war dies ein Exemplar aus dem Jahre 1931. Es war alt und abgegriffen, aber für mich hochinteressant und hilfreich. Ich habe ihn mehrfach durchgelesen und alle angeführten Bibelstellen im Neuen Testament nachgeschlagen. Zum ersten Mal begann ich zu verstehen, was es bedeutet, Jesus Christus nachzufolgen.

Der junge Mann wollte seine Vergangenheit ordnen und besprach dies mit der Nachtschwester. Die schlug vor, doch einmal mit ihrer Vorgesetzten, Schwester Elisabeth Wöhrle, zu sprechen. Er stimmte zu.

Es gab für mich eine freudige Überraschung, denn ich kannte Schwester Elisabeth schon. Gleich nach der Einlieferung hatte sie das erste EKG bei mir gemacht. Da sie jeden Tag eine Mittagspause bis 15 Uhr hatte, gab es genügend Zeit für unsere gemeinsamen Besprechungen. Sie hörte mich geduldig an. Dann sagte sie: »Wir dürfen und müssen dies alles unserem Herrn Jesus Christus hinlegen, denn er ist gekommen, unsre Sünden zu vergeben und uns davon zu befreien.« So kam es, daß wir miteinander beteten und vertrauensvoll alles in Gottes Hand legten. Ich erlebte eine bewußte Übergabe an Jesus Christus. Gerade sechzehn Jahre alt, war ich nun fest entschlossen, ihm für immer nachzufolgen.[27]

Bis zum Ende der Nazi-Diktatur wurden Schwestern immer wieder zu Verhören vorgeladen, und immer wieder ging es glimpflich ab. Hausdurchsuchungen fanden statt. Die Ermittler suchten christliche Verteilblätter und verbotene Literatur. Da die Schwestern solche Schriften heimlich weitergegeben hatten, geriet das Mutterhaus wieder ins Visier der Gestapo.

Eines Tages kamen Männer ins Mutterhaus, um nach jüdischen Schriften zu suchen. Außerdem auch nach dem – inzwischen verbotenen – *Bibellesezettel*. Obwohl frische Druckfahnen davon zwischen Zeitungen lagen, sahen die Beamten sie nicht. Schwester Berta erinnert sich:

Ich konnte mich nicht mehr auf den Füßen halten und mußte mich legen, während in unseren Arbeitsräumen, im »Alpenveilchen« und im »Edelweiß«, alles durchgesehen wurde. Sie fanden nichts. Ich habe den Eindruck, daß der verantwortliche Herr auch nichts finden wollte. Auf meinem Schreibtisch lag das Buch eines jüdischen Autors. Aber er sah es nicht.

Wir schickten einen Boten nach Stuttgart, um Mutter wegen der Stuttgarter Bibliothek zu warnen. Sie verbrannten die ganze Nacht jüdische und ausländische Literatur, die auf dem Index stand. Aber es kam niemand mehr, weder in Aidlingen noch in Stuttgart.

Dass die Männer unverrichteter Dinge wieder abziehen mussten oder Verhöre eingestellt wurden – dafür dankten die Schwestern Gott, der ihre Gebete erhört und sie bewahrt hatte.

Schwester Lina Etter erzählt aus dieser Zeit:

Melanie war eine Jüdin. Sie war Handarbeitslehrerin, durfte aber nicht mehr arbeiten. Ein lieber, gebildeter Mensch. Sie kam zu einem jüdischen Arzt-Ehepaar in Ludwigsburg in Stellung. Sie war der Verzweiflung nahe. Jemand machte sie auf unseren Kreis aufmerksam. Da kam sie und machte den Stern jeweils ab. Das jüdische Ehepaar wurde bald abgeholt. Da konnte Melanie bei Mina Specht in der Wohnung in der Olgastraße unterkommen. Damit hat Mina viel gewagt. Dort wohnte Melanie lange und kam von dort aus in den Kreis. Mutter hat sich persönlich um sie angenommen. Die Gestapo war ihr auf der Spur. Sie ahnte sehr, daß sie auch weggeholt wird, obwohl es schon die Zeit Ende 1944 war. Melanie bat Mutter so sehr, daß sie ihr das Abendmahl geben sollte. Ich war mit Mina Specht auch dabei. Das waren heilige Momente.

Und dann ist Melanie abgeholt worden. Sie wurde vergast. Wir hatten noch lange ihre Sachen aufbewahrt. Mina Specht hatte auch von uns heikle Sachen aufbewahrt. Sie war sehr tapfer und still.

Im Mutterhaus musste darauf geachtet werden, dass sich dort nur so viele Schwestern aufhielten, wie unbedingt zur Bewältigung der Arbeit gebraucht wurden. »Überzählige« Schwestern wurden zwangsweise zur

Mitarbeit in Firmen eingesetzt, um »kriegswichtige Betriebe« zu entlasten.

Schnitzeljagd im Schneegestöber

Die junge Aidlinger Schwesternschaft konnte sich nicht ungestört entwickeln. Neben den Schwierigkeiten, mit denen alle kämpften – Lebensmittelkarten, Bezugsscheine, Engpässe, Reichsverbilligungsgutscheine, Fettmarken, Brotmarken –, galt es besonders die antichristlichen »Störfeuer« zu ertragen und dennoch »in Gottes Namen« zu arbeiten. Das taten die Schwestern mit unerschütterlichem Vertrauen auf Gottes Macht, die größer als jede Staatsmacht ist.

So lesen wir von manchem Übermut, von bunten Abenden mit viel Spaß und Gelächter, kleinen Überraschungen, die sie sich füreinander ausdachten. Es wurde viel musiziert und komponiert, Lieder entstanden – ganz neue oder Übersetzungen aus englischem oder französischem Liedgut*. Sätze für den Frauenchor wurden geschrieben, ganze Oratorien aufgeführt wie »David und Goliath«, »Das Wort Gottes erobert die Welt« und viele andere. Frühlingsfeste, Abschlussfeste, Gymnastikfeste, Radtouren und Bergwanderungen bildeten Höhepunkte im arbeitsreichen Alltag.

Anfang 1939 wurde in der Nähe von Aidlingen, in Döffingen, ein kleines Häuschen** in Besitz genommen. Es war sehr renovierungsbedürftig gewesen. Doch Schwester Berta konnte sich vorstellen, dass dies ein idealer Rückzugsort für Oberin Christa und für Schwestern sei, die etwas ausspannen wollten. Einige handwerklich begabte Schwestern setzten das Häuschen in aller Stille instand. Sie entwickelten viele Ideen, um es schlicht, aber gemütlich einzurichten.

Es gab eine Schnitzeljagd im Schneegestöber, die ins »Häuschen«, wie es nun genannt wurde, führte. Bei heißer Schokolade erzählte

---

* Daraus entstand nach dem Krieg das Liederbuch *Neue Lieder*, aus dem auch heute noch gesungen wird.
** Es ist die »Keimzelle« des Verlags der Aidlinger Schwestern geworden, der sich zur Verlagsbuchhandlung erweiterte. 2007 zog der Verlag ins Mutterhaus nach Aidlingen um.

Schwester Berta, *wie Gott uns dies Häuschen geschenkt hatte.* Durch geschickte Verhandlungen mit dem Eigentümer und mit finanzieller Unterstützung durch Bruder Wilhelm konnte das Haus erworben werden.

Schwester Berta achtete im Mutterhaus streng darauf, dass möglichst keine neuen Schulden gemacht werden mussten. Das ist ihr großes Verdienst. War eine Anschaffung nötig, wurde die Büroschwester gefragt: »Wie viel Geld hast du?« Es wurde über die Jahre zum geflügelten Wort. War es zu wenig, wartete man, bis die Summe beisammen war.

Am 21. Januar 1939 fuhren Mutter Christa und Schwester Berta zum ersten Mal in das kleine Haus nach Döffingen, um über den Sonntag auszuspannen. Tastend und von Schwester Berta ausführlich informiert, erkundete die blinde Christa von Viebahn die neue Wohnung. Besonders freute sie sich über ein zierliches Klavier, das sie geschenkt bekommen hatten. Es gab kein Telefon im Haus, was die Stille und Ruhe sehr förderte.

Selten stand nun das Häuschen leer. Manche müde Schwester schwang sich aufs Rad, um dort einmal tüchtig auszuschlafen. Auch für die Schwestern, die Nachtwache hatten, lag der Ort günstig. Sie konnten gleich von Stuttgart aus hinfahren und die Ruhe genießen.

Und viele Manuskripte entstanden in den Folgejahren dort. Im Mai 1939 arbeitete Oberin Christa in der Regel morgens zwei Stunden an der Übertragung des Neuen Testaments. Die beiden Timotheusbriefe wurden fertiggestellt, auch der 1. Thessalonicherbrief. Schwester Berta erarbeitete mit ihrer Sekretärin einen Bibelkurs über das Markusevangelium.

Es entstanden drei kleine Heftchen, die sich zum Verteilen eigneten: *Kraft für mein Herz, Heil für meine Seele, Erfrischung für meinen Geist.* Dann galt es, sich wieder dem BLZ und auch dem *Jugendbibellesezettel* zuzuwenden.

Im Juni 1939 entschloss sich die Mutterhausleitung, beim Landratsamt einen Antrag auf eine Küchenvergrößerung und den Anbau eines Speisesaals im Mutterhaus einzureichen. Die seitherige Küche war mit 9,28 qm (Kochraum) und 7,54 qm (Spülraum) zu klein geworden. Im Winter wurde darin für etwa sechzig Personen, im Sommer für die doppelte Anzahl gekocht. Eine Verbesserung war auch aus hygienischen Gründen dringend nötig.

Der Speisesaal fasste höchstens dreißig Personen, sodass in zwei, drei und sogar vier Abteilungen gegessen werden musste. Das bedeutete natürlich, dass die Küchenschwestern eigentlich nie fertig wurden mit ihrer Arbeit.

Das für die Baumaßnahmen nötige Material war vorhanden, sämtliche Hilfskräfte, *mit Ausnahme einiger Fachkräfte, welche gegenwärtig in Aidlingen zur Verfügung stehen, werden bauseitig gestellt.*

Die Antwort kam schnell: *Ich muß Sie jedoch davon in Kenntnis setzen, dass die Weiterbehandlung der Bauanzeige zurzeit nicht möglich ist und bis auf weiteres ausgesetzt werden muß. Die zur Verfügung stehenden Arbeitskräfte reichen kaum aus, um die bereits begonnenen, jedoch nicht fertiggestellten, insbesondere die staatspolitisch wichtigen Bauvorhaben durchzuführen.*

Bombennächte und Bewährung

In der von der Stuttgarter Zeitung ins Internet eingestellten »Chronik des 20. Jahrhunderts – von Zeit zu Zeit« sind interessante und erschütternde Nachrichten von 1941–1945 zusammengefasst. Sie betrafen die Stuttgarter Bevölkerung und damit auch den »Christlichen Kreis« in der Danneckerstraße und Oberin Christa und ihre Schwestern des Mutterhauses:

1941
Der Mangel an kriegswichtigen Rohstoffen wird immer spürbarer, Kirchenglocken werden zum Einschmelzen abtransportiert. 79 Flakgeschütze sind aufgestellt.

Wegen »kriegswirtschaftlicher Notwendigkeit« werden die Reste der bürgerlichen Presse beseitigt. Davon betroffen sind etwa der »Schwäbische Merkur«, die »Cannstatter Zeitung« und die »Feuerbacher Zeitung«. Fast alleine übrig bleibt der »NS-Kurier«.

November: Jüdische Bürger werden in ein Sammellager auf dem Killesberg zusammengetrieben, von wo aus sie in die Konzentrationslager im Osten abtransportiert werden.

1942

Januar: Der Kohlevorrat beim städtischen Gaswerk reicht nur noch für einen Tag, die Bevölkerung darf keine mit Gas betriebenen Öfen benutzen und auf Gasherden nur noch zu bestimmten Zeiten kochen.

12. März: Im Alter von achtzig Jahren stirbt Robert Bosch. Aus ganz Deutschland gehen so viele Aufträge für Kränze ein, daß einige Blumengeschäfte den Ladenverkauf einstellen müssen.

5. Mai: Stuttgart ist ebenso wie am 7. Mai, 29. August und 22. November Ziel von Luftangriffen, bei denen 41 Menschen sterben.

1943

Sechs schwere Luftangriffe, am 6. September erstmals bei Tag unter Beteiligung amerikanischer Flugzeuge, fordern 971 Menschenleben. Stuttgart wird zur besonders luftgefährdeten Stadt erklärt und in die »erweiterte Kinderlandverschickung« aufgenommen. Ende des Jahres sind 35 000 Kinder umquartiert.

Neben 43 Vernebelungsstellen in Feuerbach und 32 in Cannstatt werden weitere 23 in Gablenberg, Ostheim und Gaisburg errichtet. Helle Häuser werden mit Tarnfarbe bemalt.

Inzwischen gibt es 136 verschiedene Arten von Lebensmittelkarten und Berechtigungsscheinen.

Die Todesstrafe wird häufig auch wegen nichtiger Vergehen wie Tausch von Textilien gegen Lebensmittel, Diebstahl bei Kameraden oder Betrügereien verhängt.

1944

Stuttgart wird 25 Mal von bis zu 600 Flugzeugen angegriffen. 2750 Menschen sterben. Ende des Jahres sind fast alle Kirchen, Krankenhäuser, die meisten öffentlichen Gebäude, die Industrie- und Wirtschaftsbetriebe, die TWS* und 70 Prozent aller Häuser mehr oder weniger beschädigt.[28]

In einer kurzen Aktennotiz aus dieser Zeit hielt Schwester Marta Schäfer, die aus Palästina wieder zurückgekehrt war, Folgendes fest:

---

* Technische Werke der Stadt Stuttgart.

Bei einem Angriff auf Stuttgart wurden wieder manche Gegenden hart mitgenommen. Mutter war sehr besorgt um einige Vereinskinder in diesen Gegenden, u. a. auch um Frau Widmann. Eine Schwester wurde ausgesandt, um sich nach Frau Widmann zu erkundigen. Sie kam aber unverrichteter Dinge wieder zurück. Es war fast unmöglich, diesen Stadtteil zu erreichen. Mutter hatte aber keine Ruhe, und so wurde ich am folgenden Tag auch ausgesandt und traf unterwegs einige hilfreiche Leute, die mir den Weg erklärten. Auf Umwegen erreichte ich das sehr mitgenommene Haus und konnte die Grüße Mutters übermitteln und auch praktisch etwas Hilfe leisten. Frau Widmann meinte, die Teilnahme Mutters, ihr Denken an sie, war ihr ein ganz großer Trost. Für mich selbst war es ein Erlebnis, daß Mutter sich nicht durch fast unmögliche Umstände zurückschrecken ließ.

Bei den Luftangriffen auf Stuttgart überflogen Hunderte von feindlichen Flugzeugen auch Aidlingen. Die Brandbomben fielen in Mengen auf der freien Höhe gegenüber dem Mutterhaus, ließen das Tal aus und fielen unmittelbar hinter dem Mutterhaus in einen Schuppen! Es gab damals noch keine Zielgenauigkeit beim Bombenabwurf. Die Piloten öffneten die Schächte mit den Bomben und ließen sie reihenweise fallen. Wegen dieser technisch bedingten Ungenauigkeit bestand für die Mutterhausfamilie beständig die Gefahr, von Bomben getroffen zu werden. Dass es nicht geschah – dafür dankten die Schwestern Gott von Herzen!

Mutter Christa war nach ihrer Geburtstagsfeier 1942 in Stuttgart plötzlich sehr beunruhigt und drängte unerwartet, mit einem früheren Zug nach Aidlingen zurückzufahren. Hätte sie nicht so gehandelt, wären sie in den schweren Luftangriff auf den Stuttgarter Hauptbahnhof geraten.

Das Jahr 1943, als Stalingrad fiel, gilt allgemein als Wendepunkt in der Geschichte dieses Krieges. Hitler und seine Gefolgsleute wollten dies nicht wahrhaben. Die Bevölkerung versuchte, einigermaßen zu überleben und einen normalen Alltag zu gestalten. So wirken auch die Eintragungen dieses Jahres 1943 in der Chronik der Schwestern:

Am 1. Mai 1943 fand ein Schwesterntag auf der Station in Stuttgart statt. Am Tag darauf kam Oberin Auguste Mohrmann zu einer Diakonietagung nach Stuttgart. In der Chronik steht dazu der schlichte Satz:

Wir haben Frau Oberin sehr viel zu danken. Es existieren einige Notizen über die Ansprachen dieser Tagung:

Oberin Sofie Schweikhardt:

Psalm 18,47: »Der Herr lebt! Gelobt sei mein Fels! Der Gott meines Heils sei hoch erhoben.« Das Osterlicht liegt noch auf unserer Tagung, das Licht aus dem leeren Grabe! – Die Welt weiß mehr vom Sterben als vom Leben, und auf uns allen liegt das Leiden. Aber der Herr Jesus spricht: »Ich lebe, und ihr sollt auch leben!« Unser Leben ist Leben von Seinem Kreuz; wir dürfen in Kreuz und Leiden mit Ihm leben, solange Er es bestimmt. Es ist Gnade, und darum steht die Diakonie auch im Dienst und im Lob für Ihn. Der Dienst umfaßt unser ganzes Leben, denn »Er lebt!«

Oberin Auguste Mohrmann:

Bewährung enthält das Wort »wahr« und hängt mit »bewahren« zusammen. Was echt ist, bleibt bewahrt. Die Prüfung auf Echtheit muß auch bei uns vorgenommen werden. Was Schein ist, vergeht – nur was echt und von Gottes Geist gewirkt ist, bleibt. – Bei meinen Reisen und Besuchen kommt mir immer wieder zum Bewußtsein, und dies wird auch von den Schwestern vielfach ausgesprochen: Wir müssen uns als Christen, als Diakonissen bewähren. Uns bewähren in den kleinen Dingen des Alltags, mitten unter den anderen Menschen an unserem Arbeitsplatz, im Luftschutzraum oder in den Bunkern, wo wir ja mit so viel ganz anders denkenden Menschen zusammengestellt sind. Uns bewähren ohne Worte, ganz einfach durch unser Sein. Wie leicht versagen wir, wenn wir aus der Gemeinschaft mit Christus und aus der heiligen Einfalt herauskommen. – Ohne Bewährung keine Echtheit! Die Bewährung soll zur Ehre Christi dienen!

Prälat Dr. Hartenstein[*]:

Gott führt uns zusammen. Das ist das Zeichen der Stunde. Mit anderen Schwestern zusammenarbeiten, die eine andere Art und ande-

---

[*] Karl Hartenstein (1894–1952), Prälat von Stuttgart und Prediger an der Stiftskirche, setzte sich 1945 für das Zustandekommen des Stuttgarter Schuldbekenntnisses ein.

re Formen haben, dazu brauchen wir besonders viel Gnade. Ja, wir müssen uns zusammenfinden, ein weites Herz bekommen. Wo eine Diakonisse ist, da ist Gemeinde Jesu Christi. Wir können nicht mehr so dienen in großen Versammlungen oder durch das gedruckte Wort, sondern nur durch das verborgene Opfer der Einzelnen. Die Diakonie ist sichtbar hineingestellt in die Welt. Den Weg des Opfers wollen wir nicht mit Tränen und schmerzlichen Mienen gehen, sondern im Glanz und Licht der Ewigkeit!

Am 3. Mai 1943 fuhr Schwester Berta nach Straßburg, um die Schwestern zu besuchen, die dort in einem Lazarett arbeiteten. Dabei bekam sie viel Elend zu sehen.

Seit dem 3. Juli fuhr kein Postauto mehr zwischen Böblingen und Aidlingen.

Wer also nach Aidlingen kommt, muß seine Fahrkarte nach Ehningen lösen. Dort kann er seinen Koffer aufgeben und bitten, daß der Herr Milch-Stürner ihn mitbringt, denn der Weg muß wieder zu Fuß zurückgelegt werden.

Wenn Ihr nach Aidlingen in Ferien kommt, bringt doch bitte außer den Lebensmittelmarken immer die entsprechenden Seifenkartenabschnitte mit!

Gegenwärtig beschäftigen wir uns viel mit der Sanftmut. Der natürliche Mensch eifert für sein Recht und seine Ehre. Wo aber Jesus Herrscher geworden ist in einem Herzen und Leben, da kann man stille warten, bis Gott für uns eintritt.

Schwester Berta hielt vom 11. Juni bis 23. Juli 1943 drei Bergfreizeiten auf der Edenhofer Hütte. Das bedeutete für die Teilnehmer, nach der Bahnstation Blaichach einen Fußmarsch von zwei Stunden zurückzulegen!

Immer wieder wurden Nachrichten aus der Gemeinde Jesu zur Fürbitte weitergegeben. In einem Rundbrief vom 7. September 1943 stehen externe Informationen neben verschiedenen internen:

Sehr wird Euch interessieren, wie es unseren lieben Hamburger Schwestern bei den schweren Großangriffen* erging. Gott hat sie alle am Leben erhalten. Das Haus steht und ist im Verhältnis zu anderen Häusern weniger beschädigt. Fünfzig Handwerker wurden eingesetzt, damit das Haus schnell wieder Kranke aufnehmen könne. Diese Woche soll nun die Wochenstation in Betrieb gesetzt werden, obwohl sie noch kein Wasser und kein Gas haben.

Das uns bekannte Krankenhaus Elim in Hamburg unter der Leitung von Herrn Direktor Heitmüller hatte große Verluste. Nicht nur ist das Krankenhaus ein Trümmerhaufen geworden – auch vierzig Patienten und vierzehn Schwestern wurden unter den Trümmern begraben, einige andere wohl noch gerettet, starben aber ganz bald im Krankenhaus an den Folgen der Verletzungen. Das ist doch namenlos schwer!

Unter den vielen Tausenden in Hamburg hat auch unsere liebe Nanny Hinrichsen sehr viel Schweres durchgemacht. Sie kam mit ihren Kindern nur mit dem nackten Leben davon.

Es wird Euch auch sehr bewegen, daß vor einigen Wochen, da Elberfeld** so schwer heimgesucht wurde, Herr und Frau Brockhaus all ihr Hab und Gut verloren. Das Haus stürzte ein und begrub mit vielem anderen auch die letzten wertvollen Elberfelder Bibeln, sowie die eben erst vom Buchbinder gekommenen 1500 Konkordanzen. Das ist doch sehr schmerzlich!

Ich denke, der Blick auf all das namenlos Dunkle und Schwere sollte uns mit viel Mitgefühl erfüllen und unsere innige Fürbitte für die Menschen stark machen.

Sehr schmerzlich ist es für unsere Schwestern Otti und Else Noller, daß nun auch ihr jüngster Bruder Erich im Kampf gefallen ist. Nicht lange zuvor war er noch in Aidlingen und Stuttgart bei uns und wurde vom Herrn besonders gesegnet. Nun ist er schon bei dem Herrn in der Herrlichkeit. Kaum hatte ich dies geschrieben, da kam die Nachricht,

---

* Vom 24. Juli bis 3. August 1943 dauerte die »Operation Gomorrha«. Fünf britische Nacht- und zwei amerikanische Tagangriffe verwandelten Hamburg in eine Trümmerwüste. Rund 35 000 Menschen kamen dabei ums Leben, ein entsetzlicher Feuersturm raste durch die Stadt.

** Luftangriffe auf Elberfeld am 24. und 25. Juni 1943, bei denen viele Stadtteile verwüstet und durch den anschließenden Feuersturm völlig zerstört wurden.

daß auch der älteste Bruder Alfred Noller, der eine liebe Frau und mehrere Kinderchen hat, in Neapel einem Kopfschuß erlegen ist. Alfred war ein treuer Jünger des Herrn, der im Männerkreis in Stuttgart ein wirklicher Halt und ein Vorbild war.*

Die meisten von Euch haben wohl schon gehört, daß unser liebes Fräulein Lehrenkraus in Stuttgart – die Schwester von unserer Schwester Emmy** *– nachdem sie eben ihr Geschäft aufgeben wollte, ganz plötzlich starb. Sie hat unserem Werk viel Liebe erwiesen und ist uns in schwerer Zeit sehr beigestanden.*

Außerordentlich nahe ist es uns gegangen, daß unser liebes Fräulein Liesel Widmayer nach langem schwerem Leiden vom Herrn heimgerufen worden ist. Ihr wißt ja, wie viel Kraft und Liebe sie unserem Werk gegeben hat in all den Jahren, da wir uns kannten – vor allem auch in den Zeiten, da viele unseren Weg nicht verstanden oder uns verließen. Das wollen wir ihr nie vergessen.

Wir sind gesund und leben!

Wer nach dem 26. Juli 1944 zur Danneckerstraße 48 A kam, fand keine Schwestern, aber eine Ruine und einen Zettel vor, auf dem stand: *Wir sind gesund und leben! Danneckerstraße 58.*

Ein ausführlicher Bericht der Oberin vom 9. August 1944 gibt Auskunft über dramatische Tage:

Unsere Eilnachricht von dem Verbrennen unseres Stationshauses hat Euch wohl alle erreicht und tief bewegt. Nun werdet Ihr sehnlichst warten auf einen näheren Bericht von unserem schweren Erleben. Die zwei Nächte zwischen Montag und Mittwoch, dem 24. bis 26. Juli, waren die schwersten, die wir je erlebt haben. In der ersten Nacht waren wir noch in unserem Haus. Schon diese Nacht brachte viel Schrecken und Verwüstung mit sich. Es fielen viele Sprengbomben und Luftminen. Ein unterirdisches Wasserrohr wurde getroffen, und damit war die Was-

---

*   Über solche Verluste von Brüdern, Schwestern, Vätern und Müttern berichteten die Schwestern nun immer wieder in den Rundbriefen.

**   Siehe S. 91 ff »Theater, das war mein Leben«

serzufuhr für unsere Gegend abgeschnitten. Das wurde unserem Haus durch Gottes Zulassung zum Verhängnis! Fenster und Türen waren in unserem Hause sämtlich beschädigt. Das mußten wir entdecken, als wir früh am 25. Juli vom Luftschutzkeller nach oben kamen und trotz allem froh waren, noch in unserer eigenen Wohnung zu sein, bis dann gegen sieben Uhr morgens – es war Dienstag – eine Kommission kam und feststellte, daß ein Zeitzünder in der Nähe lag. Deshalb wurden alle Anwohner aufgefordert, möglichst gleich die Häuser zu verlassen. Das war uns natürlich sehr schwer, aber wir mußten einfach gehorchen!

Auf meine Bitte öffnete Herr Albrecht in der Danneckerstraße 58 mir und zwei meiner Sekretärinnen sein Haus als augenblicklichen Zufluchtsort. Die übrigen Schwestern waren bei lieben Bekannten in der Stadt untergebracht.

Und nun kam die Nacht von Dienstag auf Mittwoch, die die allerschwerste war. Betend haben wir beide nächtlichen Angriffe zugebracht. Es schien mir das Einzige, was uns schützen und getrost hindurch bringen konnte, wenn wir laut zum Herrn riefen, und er hat uns gnädig am Leben erhalten. Unser Haus bekam in dieser zweiten Nacht Flugfeuer und Brandbomben, und wir fanden vor dem Haus ein sogenanntes Leitwerk. Das ist ein bauchiger Blechbehälter, an welchem sechs Brandbomben hängen mit Benzin-Benzol-Mischung, die sich im geeigneten Augenblick entzünden und große Brände verursachen. Und nun verstanden wir, warum unser Haus so furchtbar schnell heruntergebrannt war. Wir waren nicht gleich zur Stelle, da in den Häusern, in denen wir untergebracht waren, gleichfalls Brände entstanden waren, bei welchen wir selbstverständlich löschen halfen. Als die Schwestern eine halbe Stunde nach Ausbruch des Brandes an die Danneckerstraße 48 kamen, stand das Haus in hellen Flammen. Man konnte noch Bettstücke und einen kleineren Teil der Kleider herausbringen, ebenso eine Schreibmaschine. Alles andere, auch die Sachen im Luftschutzkeller, schienen für den Augenblick verloren, denn es brannte schon alles.

Das Nachbarhaus 48 B stand in hellen Flammen und bald auch das nächste, 48 C. So konnte man gar nichts tun und stand machtlos da. Unser ganzes Haus war ja mit Holzbalken gebaut, und gar keine Eisenträger oder Betondecken waren vorhanden. So ist es kein

Wunder, daß das Haus schnell zusammenstürzte. Was das für unsere Herzen bedeutet, könnt Ihr ja verstehen. Doch wir sprechen: »Der Herr hat's gegeben, der Herr hat's genommen; der Name des Herrn sei gelobt!« Gerade in diesem Frühjahr sind es fünfzehn Jahre gewesen, daß wir die schöne Stätte für den Dienst des Herrn in Gebrauch haben durften, und wie viel Gnade und Frieden hat der Herr in den fünfzehn Jahren für zahllose Menschen geschenkt! Unsere Bopsergegend ist in jener zweiten Nacht durch Spreng- und Brandbomben schrecklich verwüstet worden – wie auch viele andere Stadtteile.

In Aidlingen beobachteten unsere Schwestern den schrecklichen nächtlichen Angriff. Man vernahm nur zu deutlich die vielen Bombeneinschläge und Explosionen. Der nächtliche Himmel war blutrot gefärbt, und so drängte es Schwester Berta, zwei Schwestern zu schicken mit Lebensmitteln und Verbandszeug. Das letztere brauchten wir glücklicherweise nicht, da alle durch die Barmherzigkeit des Herrn ohne körperlichen Schaden davongekommen sind. Die Schwestern sollten mich nun nach Aidlingen bringen. Eine der Schwestern bemühte sich um ein Auto, das uns bis Vaihingen brachte, von wo aus wir mit der Bahn fahren konnten und in Ehningen mit dem Auto abgeholt wurden. Wie dankbar schloßen wir einander in die Arme!

Der Verlust meiner vielen seltenen, zum großen Teil ausländischen Bücher, die nie mehr wieder zu erlangen sind, ist mir meiner Arbeit wegen nicht leicht*. Doch zeigt der Herr jetzt schon, daß er mir auch wieder wertvolle Studienbücher geben kann. Unser Haus enthielt ja überhaupt so unendlich viel Wertvolles für den Dienst und die Arbeit des Herrn. Soundso oft fällt uns dieser oder jener wichtige Gegenstand ein, den wir fast nicht entbehren zu können glaubten oder glauben. Doch sagen wir uns gleich wieder: Der Herr weiß es besser, und er wird uns weiterhin freundlich geben, was wir bedürfen! Er nimmt uns das Gute, um uns das Allerbeste zu geben!

Wie erstaunt waren wir, als wir am nächsten Mittag bei der Hausandacht im Mutterhaus in unserem fortlaufenden Text weitergingen und gerade an Hebräer 13,1-6 kamen: »Die herzliche Geschwisterliebe daure bei euch fort. Die Gastfreundschaft vergeßt nicht! Denn

---

* Die wertvolle Bibliothek mit mehr als tausend Büchern war verbrannt.

dadurch haben manche, ohne es zu wissen, Engel beherbergt. Denkt an die Gefangenen, als wäret ihr selbst im Gefängnis – an die Geplagten und Mißhandelten als solche, die selbst auch noch im Leibe sind. Euer Sinn wie euer Betragen sei frei von Geldliebe und Habsucht; seid zufrieden mit dem, was ihr gerade habt. Denn der Herr hat gesagt: Ich will meine Hand nicht von dir abtun und dich nie im Stich lassen! Also dürfen wir kühn und zuversichtlich sprechen: ›Der Herr ist mein Helfer, darum will ich mich nicht fürchten; was können mir Menschen tun?‹«

Einige Stunden nach der Andacht fuhr unsere liebe Mina mit ihrem vollbepackten Auto vor. Unsere Schwestern hatten sich nochmals mit Hilfe von Herrn Munzinger bemüht, durch den Notausstieg in unseren Keller zu kommen, und siehe da, alles Luftschutzgepäck unserer Schwestern und noch eine Schreibmaschine waren unversehrt, und so brachten sie es zu unserer großen Überraschung und Freude herbei. Auch all unser Eingedünstetes konnte gerettet werden. So sind sie dann noch mehrfach bei den Trümmern gewesen, sind hinuntergestiegen und haben noch allerlei Wertvolles zutage gefördert. Wie froh ist man an jedem Stückchen jetzt!

Ich habe nun in dieser Zeit eine große schriftliche Arbeit vorgenommen und stramm daran geschafft, um auch hier meine Zeit ganz auszufüllen. Sobald es die Fliegergefahr gestattet, möchte ich wieder nach Stuttgart zurückkehren.

Herr Albrecht hat uns in seinem Haus Danneckerstraße 58 einige Untergeschoßräume nach der Gartenseite angeboten, und das sagt mir für den Augenblick recht zu. Auch ist dort ein Versammlungsraum, den wir gebrauchen dürfen für unsere Zusammenkünfte. So hoffen wir, in ganz bescheidenem, kleinem Maß unsere Arbeit in Stuttgart wieder anfangen zu können. Am 4. August ließen wir restliche Bücher nach Elenbogen bringen, um sie zu erhalten.

Wie ernst sind unsere Tage, und doch dürfen wir sie freudig ausfüllen mit der Liebe untereinander und für alle Menschen – mit der kostbaren Rettungsbotschaft von Jesus, unserem Herrn, und mit fleißiger Arbeit in seinem Königreich, bis er kommt. Nun seid alle in viel Liebe gegrüßt von Eurer an Euch denkenden
Mutter und Schwester Berta.

P. S.: Ein lieber Freund unseres Werkes teilt Folgendes mit, was zur Vervollständigung unseres Berichtes dienlich ist:

In dieser Woche hatten wir vier sehr schwere Nachtangriffe. Die ganze Innenstadt, die Geschäftsviertel mit allen Hotels und so ziemlich alle Prachtbauten, Staatsbehörden, liegen in Trümmern, und zwar so, daß man tagelang eine Reihe Straßen nicht mehr feststellen konnte. Die Wohnviertel nach allen vier Himmelsrichtungen sind ebenfalls sehr schwer mitgenommen, manche so schlimm wie die Innenstadt. Es sind Tausende und Abertausende von Explosivbomben, Minen und natürlich besonders Brandbomben auf die ganze Stadt gefallen. Nach der Fülle dieser Vernichtungsmittel könnte eigentlich kein Stein mehr auf dem anderen sein. Die zuständigen Stellen sagen und die Zeitungen schreiben es, daß zwei dieser Angriffe die allerschwersten und schlimmsten im deutschen Reich gewesen seien. Wir haben schwerste Verluste und viele Tote zu beklagen. Die Stadt ist seit dem 24. 7. ohne Wasser, Licht, Gas und Elektrizität. Schlimm ist, daß die meisten Krankenhäuser zerstört sind und auch eine Reihe großer Bunker schwer getroffen sind.

Unter dem Eindruck der Zerstörung des Hauses in Stuttgart entstand ein »neues Lied«, ein Gedicht von Schwester Berta Hechtle, das auf die gefühlvolle Melodie von C. C. Scholefield (1839–1904)* zu singen ist:

Herr, deine Hände wollen segnen,
du nimmst und machst uns arm und klein,
um alles uns mit dir zu geben,
du selbst willst uns ja alles sein!

Wir sagen »Ja« zu deinem Willen,
der stets das Beste für uns will.
Der Blick auf dich, den treuen Heiland,
der macht das wehe Herze still.

---

* *Neue Lieder*, Nr. 95. Die Melodie findet sich auch EG 266.

Wohl scheint der Weg in Nacht zu gehen,
doch endet er gewiß im Licht.
Wenn wir dein Tun jetzt nicht verstehen,
so glauben wir und zweifeln nicht.

Die Heimat in dem Lichte droben,
sie leuchtet umso heller nun.
Nach Leid und Arbeit hier auf Erden
gibt es bei dir ein selges Ruhn.

Und dann, dann werden wir bekennen,
wenn wir im Licht stehn nach der Nacht:
Dein Tun mit uns war lauter Liebe,
du hast es alles recht gemacht!
Berta Hechtle

Schwester Helene Kern radelte mit einigen Schwestern nach Stuttgart, um nach den Schwestern im Robert-Bosch-Krankenhaus zu schauen, da jegliche Verbindung dorthin abgebrochen war. Sie fanden entsetzliche Zustände vor: Überall Verletzte mit verstümmelten und verbrannten Körperteilen, Schmerzensschreie, Wimmern und Weinen und dazwischen Ärzte, Schwestern, Helfer, die nicht genügend Hände und Material hatten, um zu helfen.

Christa von Viebahn, die nun für längere Zeit nicht dauerhaft nach Stuttgart zurückkehren konnte, ging sofort wieder tatkräftig an die Arbeit, wie aus verschiedenen Briefen hervorgeht, vor allem aus einem vom 6. November 1944:

Nun wird es Euch vor allem interessieren, wie es uns hier im Mutterhaus geht. Ihr wißt ja, daß ich mit meinen lieben Sekretär-Schwestern seit dem 29. Juli, da unsere Station verbrannt ist, hier im Mutterhaus bin und hier arbeite.

Ich habe hier den BLZ für das erste Vierteljahr 1945 geschrieben und tue nun hier vom frühen Morgen bis zum späten Abend meine wichtige Arbeit: Biblische Studien und Arbeiten für die Schule und für Euch. So schaffe ich hier mit Schwester Berta an der Reformationsge-

schichte. Neulich schrieb ich eine Abhandlung über die Blutrache in der Heiligen Schrift.

Sodann kennt Ihr ja meine große Korrespondenz. Viele Kinder Gottes wenden sich an mich mit ihren Nöten oder mit biblischen Fragen oder sonstigen Anliegen. Häufig entsteht dann eine Dauerkorrespondenz in mehrmonatlichen Abständen.

Auffallend ist die entschlossene Wegwendung vom erlittenen Verlust hin zu aktuellen Aufgaben. So schmerzlich für Mutter Christa die erzwungene Zwangspause von der Stuttgarter Arbeit und das Trauma der Bombennächte war, so wenig ließ sie sich davon lähmen.

Sie wandte sich weiterhin anderen Menschen zu, die ebenfalls von Verlust und Leid betroffen waren, um deren Not etwas zu lindern. Sie hielt an ihrem straffen Tages- und Arbeitsrhythmus fest, obwohl zum gegenwärtigen Zeitpunkt nicht zu erkennen war, welche sinnvolle Perspektive sich daraus ergeben könnte. Wann würde Hitlers »Tausendjähriges Reich« zu Ende gehen?

Die vorbildliche Haltung der blinden, über siebzigjährigen Oberin war für die Schwestern, die sie so erlebten, ermutigend und tröstlich.

Gleich nach Ausbruch des Zweiten Weltkrieges ermutigte die Soldatentochter Christa von Viebahn ihre Schwestern, Feldpostbriefe an ihnen bekannte Soldaten zu schreiben, Päckchen zu schicken usw. Sie selbst unterhielt eine große Korrespondenz mit vielen eingezogenen jungen Männern, die sie über die verschiedenen Männerkreise oder durch die Bibellesezettelarbeit kannte. Die in alle Winde zerstreuten »Brüder« erfuhren durch sie, wie es den anderen ging. Sie versorgte sie auch mit biblischen »Aufgabenzetteln«, um sie zum eigenen Bibelstudium anzuregen.[*]

---

[*] Siehe »Soldatenbriefe«, S. 251

KAPITEL 11

Ein Ende mit Schrecken (1945)

Die Zäsur des Kriegsendes und der Gewaltherrschaft der Nazis war so gewaltig, dass kein Lebensbereich von den schrecklichen Folgen ausgenommen war, weder die Kirchen in ihrer institutionellen Größe noch die Diakonie in ihren großen und kleinen Verbänden. Diese Zeit stellt auch eine Bilanz der riesigen Verluste dar, der offensichtlichen (Mit-)Schuld, der Hilflosigkeit und Ohnmacht angesichts der Exzesse des menschenverachtenden Regimes.

Das Kriegsende und die Folgen

Das Attentat vom 20. Juli 1944, das Hitler töten sollte, brachte stattdessen Claus Schenk Graf von Stauffenberg und mehr als zweihundert anderen Menschen* den schnellen Tod durch Exekution. Hitler geriet mit seinen Helfershelfern in einen letzten wahnwitzigen Taumel von Hass und Tobsucht. Er holte keine seiner Divisionen heim, verbot die rechtzeitige Flucht der Zivilbevölkerung aus den Ostgebieten und überließ sie der Wut der anrückenden Armeen.

Weihnachten 1944 wankte die Front der Alliierten im Westen etwas, der Vormarsch der Amerikaner und Briten stockte am sogenannten Westwall. Dafür ließen sie Bomben auf deutsche Städte regnen. Wahllos. Nicht nur kriegswichtige Städte mit entsprechenden industriellen Knotenpunkten wurden bombardiert, sondern auch Städte, die für die Kriegsführung bedeutungslos waren wie Darmstadt oder Dresden. Es waren die schwersten und brutalsten Luftangriffe, denen Deutschland ausgesetzt war.

---

* Unter ihnen Generalfeldmarschall Erwin von Witzleben, James Graf von Moltke, Admiral Canaris, Erwin Rommel, Dietrich und Klaus Bonhoeffer, Hans von Dohnanyi – neunzehn Generäle, sechsundzwanzig Oberste, zwei Botschafter, Theologen, Schriftsteller, Gewerkschafter u.v.a.

Im Januar 1945 begannen die Russen mit ihrer großen Offensive von Osten her, von der Ostsee bis zu den Karpaten. An der Oder wurden sie für kurze Zeit aufgehalten, ehe sie unaufhaltsam Richtung Berlin marschierten. Im Westen überquerten die Alliierten den Rhein und erreichten Mitte April die Elbe. Aber immer noch galten die Befehle des »Führers«, immer noch wurden Menschen kurzerhand ermordet, die sich dem Wahnsinn widersetzten.

Der Schuldige an diesem zur Wirklichkeit gewordenen Massenalbtraum saß im Luftschutzkeller der Berliner Reichskanzlei. Ein Greis bei seinen sechsundfünfzig Jahren, ohne Schlaf, von Medikamenten und Giften sich nährend, zitternd, das Gesicht aschfahl, mit flackernden Augen, hielt er seine »Lagebesprechungen« ab, die mit der Wirklichkeit nichts mehr zu tun hatten. Unter jeder Beschreibung spottenden Gefahren und Mühen bahnten noch immer hohe Offiziere sich den Weg zu ihm; und es ist eine der befremdendsten Tatsachen in dieser ganzen befremdenden Geschichte, dass sie auch jetzt noch sich beugten vor dem zitternden Menschwrack und seine höllischen, jedes Sinnes bar gewordenen Befehle ausführten.[29]

Die beängstigende und zerstörerische Rolle, die Deutschland etwa von 1890 bis 1945 in der Welt spielte, endete mit der bedingungslosen Kapitulation am 8. Mai 1945. Angetreten waren die deutschen Heere, um Raum zu gewinnen. Doch das Ergebnis war die Teilung Deutschlands und der Verlust der Ostgebiete.

Der »Kalte Krieg« zwischen Ost und West begann, und jeder Block hielt ein halbes Deutschland als Faustpfand in der Hand. Der Ostzone (die spätere Deutsche Demokratische Republik – DDR) standen drei Westzonen unter britischer, amerikanischer und französischer Verwaltung (die spätere Bundesrepublik Deutschland – BRD) gegenüber.

Die Nachkriegszeit stand im Zeichen der »Trümmerfrauen«, der Kriegsgefangenen und Kriegsheimkehrer, der entwurzelten Flüchtlinge, des mühsamen Wiederaufbaus, des entsetzlichen Hungers und Mangels an lebensnotwendigen Gütern.

Am 3. April 1948 wurde auf Initiative des Außenministers George C. Marshall* ein bedeutendes Wirtschafts-Aufbau-Programm durch den

---

* Ihm wurde 1953 der Friedensnobelpreis verliehen.

amerikanischen Kongress verabschiedet. Im amerikanischen Außenministerium hatte man erkannt, dass ohne entsprechende Unterstützung sich ganz Westeuropa in absehbarer Zeit nicht mehr von den Kriegsfolgen erholen würde. Die Zerstörung war zu groß. Resignation und seelische Kraftlosigkeit lähmten die gestressten und überforderten Menschen. Sie konnten nicht über den Tag hinaus denken: Einige Kartoffeln, etwas Speck, ein löchriges Dach über dem Kopf, ein kleines Feuer – mehr ging nicht.

Dies bedeutete aber auch, dass der sich verschärfende Konflikt des »Kalten Krieges« mit einem geschwächten Westeuropa zugunsten des Ostens ausgehen könnte.

So wurden auf Anordnung des amerikanischen Präsidenten Truman von 1948 bis 1952 Kredite, Rohstoffe, Lebensmittel und viele Waren im Wert von 12,4 Milliarden Dollar* nach Westeuropa »gepumpt«.

Außerdem wurde eine Währungsreform durchgeführt. Am 21. Juni 1948 galt die D-Mark als alleiniges Zahlungsmittel in den drei westlichen Besatzungszonen. Jede natürliche Person erhielt am 20. Juni 1948 vierzig D-Mark und einen Monat später zwanzig D-Mark bar ausgezahlt. Diese Reform war eine organisatorische Meisterleistung und neben dem Marshall-Plan eine Grundlage des späteren »Wirtschaftswunders« in der Bundesrepublik. Zugleich war sie für die Bevölkerung eine weitere mühsame Station bei der Bewältigung der Folgen des Nazi-Regimes.

Gnade zur Bescheidenheit

Das Mutterhaus in Aidlingen und das gesamte Areal darum herum wurden häufig von Tieffliegern überflogen und beschossen. Immer wieder mussten alle Hausbewohner stundenlang im feuchten, kalten Keller Schutz suchen, oft Tag und Nacht. Doch niemand kam zu Schaden, das Haus erhielt keinen Treffer, der größere Schäden anrichtete. Es blieb bei den Maschinengewehrgarben, die die Dächer der hinteren Gebäude durchsiebten.

---

* Entspricht etwa 75 Milliarden Euro.

Im Januar 1945 trat ein, womit die Schwestern in Aidlingen längst gerechnet hatten: Das Mutterhaus wurde für humanitäre Zwecke teilweise beschlagnahmt:

»So bekommen wir jetzt dreißig ältere und kranke Frauen aus einem Altersheim, die aus gefährdeter Gegend evakuiert werden. Wir werden also ein kleines Krankenhaus in unseren beiden großen Sälen haben. Im Raum sind wir natürlich nun sehr beschränkt bei unserer großen Zahl von Schwestern und Schülerinnen, die wir hier haben. Doch der Herr gibt Gnade zur Bescheidenheit«, schreibt Christa von Viebahn am 13. Januar 1945.

Im Mutterhaus gab es keine Kohlen mehr. Die Heizungsanlage blieb kalt. *Mit zwei kleinen Öfen im »Sonnenland« und »Heckenröschen« halfen wir uns ein wenig.* Vielleicht fand deshalb die Aufnahme der dreißig evakuierten Frauen erst ab 6. März 1945 statt. Nach und nach konnten die Frauen dann später wieder anderweitig untergebracht werden.

In den Briefen kommen vermehrt Sorge und Unsicherheit zum Ausdruck. So schreibt die Oberin am 23. Januar 1945 u. a.:

Bei der erschwerten Lage der Dinge bitten wir Euch, uns jede Woche ein kurzes Briefchen zu schreiben, damit wir wissen, wie es Euch geht. Und ebenso wollen wir es tun. Wir legen Euch auch die Adressen unserer Schwestern bei. Wir wollen darauf bedacht sein, den Zusammenhang untereinander bei den immer schwieriger werdenden Briefpostverhältnissen nicht zu verlieren! Es ist ja schön, daß meist mehrere von Euch beieinander sind und daß Ihr miteinander um Weisung und Rat beten und Euch gegenseitig stärken dürft.

In unserer unsicheren Zeit ist es gut, wenn jede Schwester bei ihrer Kennkarte und ihren wichtigsten Sachen RM 100 oder 200 hat. Und wenn es einmal darauf ankäme, den jetzigen Ort zu verlassen, dann müsstet Ihr wohl recht viele Sachen übereinander anziehen, um möglichst viel bei Euch zu haben. Wer einen Rucksack hat oder sich noch einen beschaffen kann, ist gut dran, denn man kommt mit ihm leichter fort als mit dem Luftschutzkoffer. Vielleicht wollt Ihr Euch auch etwas Brot oder Zwieback backen oder kaufen und sie in eine gute Schachtel in Euren Rucksack tun.

Mit diesen fürsorglichen Ratschlägen vermittelte Christa von Viebahn ihren Schwestern einige sehr ausführliche Anweisungen »für Diakonissen im Notfall« von Oberin Mohrmann.

Auf der Flucht

Damals befanden sich noch Schwestern in Lauban (Schlesien) und Aue (Erzgebirge). Beide Orte waren von Flüchtlingen überfüllt, die Lage äußerst angespannt. Täglich wurden die Schwestern von Fragen umgetrieben: Sollen wir bleiben? Kommt die Front zum Stillstand? Sollen wir uns nach Aidlingen durchschlagen?

Die Russen besetzten bald das ganze Gebiet um Aue. Die besorgte Oberin schickte Schwester Berta Breitling mit einer Bekannten, Fräulein Berghöfer, nach Aue, um die Schwestern nach Hause zu holen. Mitten in der Nacht kamen sie dort an. Es wimmelte schon überall von russischen Soldaten, Flüchtlingstrecks waren unterwegs, es herrschte ein allgemeines Chaos.

Vom 12. bis 21. August dauerte die Flucht der Schwestern aus Aue:

Ziemlich weit konnten wir mit dem Zug fahren. So acht Kilometer vor der Grenze sagte man uns, es wäre völlig unmöglich, über die Grenze zu kommen. Aber wir versuchten es doch. Wir gingen erst ein Stück auf der Straße, dann an einem Bahndamm entlang. Russen kamen vorbei, hoch zu Ross und zu Fuß.

Ein Bahnwärter machte uns Mut und erklärte uns einen Weg, wo man noch heimlich über die Grenze könne. Wir warteten im Wald bis gegen Abend. Dort machten wir uns ein Schlafplätzchen unter jungen Fichten zurecht und lehnten uns an unsere Rucksäcke. Es fing an zu regnen.

Bei der ersten Dämmerung machten wir uns wieder auf und schlichen im Zickzack der angegebenen Richtung zu. Es vergingen wohl Stunden. Einige Männer stießen zu unserer Gruppe. Einer wollte uns über die Grenze bringen. Er nahm uns im Laufschritt mit aus dem Wald heraus, einer Anhöhe zu. Dort waren aber mehrere Russen. Nun wurde alles durchsucht. Kerzen nahmen sie, einen Füllhalter, eine

Mundharmonika und sonst noch alles, was ihnen gefiel. Dann hieß es wieder alles fix einpacken und den Berg hinab – zurück!

Nun saßen wir wieder im Wald. Erschöpft und erschrocken. Wir beteten um Gottes Beistand. Plötzlich stand ein Russe vor uns und schrie uns an: »Warum hier schlafen! Sestra nix gut, Sestra Partisanen! (Schwestern sind Partisanen) Alle erschießen! Schießen, verstehn?« Wir mussten mit ihm an eine freie Stelle gehen. Da wollte er uns an einen Baum stellen und tatsächlich erschießen. Wie wir zum Herrn schrien! – und den Mann anflehten! Fräulein Berghöfer bekam einen Stockschlag von ihm. Schließlich ließ er von uns ab und jagte uns im Trab den Weg hinab.

Wir gelangten wieder an die gleiche Stelle wie am Vortage. Dann stießen wir auf einen Flüchtlingszug, von Russen bewacht, und wir mußten uns einreihen. Es ging ins Lager! Wir marschierten neun Kilometer. Im Dorf, in das wir kamen, waren noch Gefangene, die nun unseren Zug auf etwa achtzig Menschen vergrößerten. Jetzt sollten wir vierundzwanzig Kilometer nach Plauen laufen. Alles war am Ende der Kraft. Hilfspolizisten brachten uns nach vielem Bitten zum Kommandanten. Wir wußten nicht, was auf uns wartete. Doch es wurde alles gut, der Kommandant schickte alle Frauen und Kinder nach Hause.

Anderntags fuhren wir zu Bekannten zurück ins Vogtland. Dort erholten wir uns drei Tage und versuchten, an einem anderen Ort über die Grenze zu kommen. Doch im Zug sagte man uns, dort sei alles voller Russen und unmöglich durchzukommen. Was tun? Alle mußten schon vor der Endstation aussteigen. Wir fragten im Dorf nach einem guten Grenzübergang. Der war zwanzig Kilometer weit fort. Wir hatten nur noch leichtes Gepäck, weil wir schon viel zurückgelassen hatten. So kamen wir ganz gut vorwärts. Am Abend waren wir am Grenzort Blankenstein. Es waren keine Russen dort. Liebe Menschen kochten uns noch einen Kaffee und strichen Marmeladenbrote.

Als es dämmerte und die Ausgehzeit beendet war, waren wir am Fluß Sebnitz, einem Nebenfluß der Saale. Es ging über Gartenzäune und Türchen ans Wehr. Schnell mußte alles gehen und leise, damit die Posten auf der nahen Brücke nichts merkten. Wohl zehn Meter breit und ziemlich mehr als knietief war das Wasser. Schwester Maria Braun wäre beinah ertrunken. Sie geriet in tiefe Stellen. Schwester

Pauline wurde von einem Soldaten hinübergebracht. Wie dankbar waren wir am anderen Ufer. Kein Schuß fiel, und viele Menschen gingen hinüber und herüber. Im nahen Wald übernachteten wir.

Als es hell wurde, hängten wir die Rucksäcke wieder um und weiter ging es Richtung Hof. Etwa fünfundzwanzig Kilometer hatten wir vor uns. Kein Wagen wollte uns mitnehmen. Aber wir bekamen unterwegs ein gutes Mittagessen, das stärkte unsere müden Knochen. Abends nach sechs Uhr war das Quartier in Hof erreicht, und mit uns war nichts mehr anzufangen vor Schlaf und Müdigkeit. Morgens gingen wir früh zur Fahrbereitschaft. Und tatsächlich fuhr ein Lastauto direkt nach Stuttgart, der heißersehnten Heimat zu. Gegen acht Uhr abends waren wir schon in der Danneckerstraße bei unseren lieben Schwestern und am nächsten Morgen im Mutterhaus. Wie der Empfang hier war, das muß ich Euch nicht beschreiben! Alle Not und alle Sorgen haben nun ein Ende gefunden. Der Herr hat uns durch alles hindurch wunderbar geführt. Das werden wir nie vergessen!

In dieser Auflösungsphase des »Tausendjährigen Reiches« hatten Schwester Ruth Bechtle und Schwester Else Noller noch den Mut, eine evangelistische Arbeit in Esslingen zu beginnen. Bombenangriffe und ständiger Fliegeralarm zwangen die Schwestern jedoch bald, die Bibel- und Jugendstunden aufzugeben.

Wir überlegten, was wir machen sollen, und beschlossen, daß wir ins Mutterhaus gehen.* Was wir an Hab und Gut hatten, packten wir auf unsere Fahrräder und fuhren bei Nacht und Nebel los von Esslingen nach Aidlingen**. Unterwegs mußten wir uns in den Straßengraben legen wegen Fliegeralarm. Irgendwann kamen wir dann in Aidlingen an.

Doch schon ab dem 22. Mai 1945 wurde die Arbeit in Esslingen wieder aufgenommen. Sie hat eine eigene blühende Geschichte, die zunächst mit Schwester Hede Kessler, danach mit vielen anderen Schwestern –

---

* Am 18. April 1945.
** Etwa 45 Kilometer.

z. B. Schwester Otti Noller und Schwester Liesel Probst – eng verbunden ist. Die Schwestern prägten Generationen von Kindern, Jugendlichen, Studenten und Erwachsenen. Sie besuchten die Menschen, organisierten Freizeiten, hielten Bibel- und Jugendstunden.* Dabei erlebten sie selbst in vielfältiger und überraschender Weise – nicht nur in der Nachkriegszeit – Gott als einen, der nahe ist, der sich kümmert und führt.

Bedrückende Nachrichten

Viele bedrückende Nachrichten trafen im Mutterhaus ein: von Soldaten, die in Gefangenschaft geraten oder vermisst waren, von ausgebombten, in Kellern hausenden Familienangehörigen der Schwestern. Unter diesen Eindrücken schreibt Mutter Christa am 3. Februar 1945:

Wir dürfen gerade jetzt in all unseren Schwierigkeiten, Leiden und Nöten, Kämpfen und Trübsalen mit der wunderbaren Liebe und Allmacht unseres Gottes rechnen.

Nun ist es mein Gebet, daß der Herr Dir einen Tag an den anderen reihe, an dem Du Ihm dienst und Ihn verherrlichst, auch in Schwachheit. Wie gut doch, daß wir auch in der Schwachheit den Herrn ehren und erfreuen, Ihm viel Frucht bringen können und sehr glücklich sein dürfen.

Schon seit meiner Jugend ist mir das Wort eine so große Hilfe: »Der Fels, vollkommen ist Sein Tun und alle Seine Wege mit uns sind richtig!« (5. Mose 32,4). Ich war damals in meiner Jugend schon in äußerst schwierigen Lagen, in größten inneren Nöten, so daß ich oft nicht ein noch aus wußte. Doch immer kam der Herr mir mit einem Seiner kostbaren Worte zu Hilfe. All die namenlosen Kämpfe und Nöte und Dunkelheiten und Schmerzen meines Lebens hat der Herr mir zum größten Gewinn dienen lassen, damit ich auch andere verstehen und ihnen auf den rechten Weg helfen könnte.

---

* In der Olgastr. 63 in Esslingen trifft man sich immer noch zu Kinder- und Bibelstunden, die zwei Aidlinger Schwestern durchführen.

Ein Soldat schreibt am 4. Februar 1945 ins Mutterhaus. Der Brief enthält interessante Details über die letzten Tage in Ostpreußen und wurde an Schwestern und Freunde weitergegeben:

Wie froh bin ich, daß ich Gelegenheit habe, Euch auf dem Luftwege noch einen – vielleicht letzten – Gruß zu schicken, nachdem wir hier in Ostpreußen ja seit vierzehn Tagen eingekreist und abgeschnitten sind. Wir lagen seit Oktober bei Lötzen, haben ab 22. Januar den allgemeinen Rückzug mitgemacht und liegen jetzt mit unseren Batterien am Frischen Haff* in Stellung. Der Herr allein weiß, ob wir aus dem Kessel noch einmal herauskommen. Aus den Heeresberichten wißt Ihr ja, daß der Feind vor 14 Tagen bereits den Ring geschlossen hat.

Ich wollte Dir noch herzlich danken für Deine lieben Sendungen aus den letzten Monaten, die mir so wertvoll waren. An dem Verlust Eures schönen Hauses habe ich aufrichtigen Anteil genommen, freue mich aber, daß Ihr Eure Arbeit trotzdem weiterführen konntet. Grüße mir bitte Deine liebe Schwesternschar und meine teuren jungen Brüder herzlich und seid alle unserem hochgelobten Herrn befohlen. In Ihm bin ich so getrost.

Zu meiner großen Freude schenkte mir der Herr Gelegenheit, zwei jungen Kameraden noch den Weg zum Frieden zu zeigen. Beide Jungs hatte ich vorher nie gesehen und werde sie wohl auch erst in der Ewigkeit wiedersehen. Aber der Herr öffnete ihnen das Herz. Lob und Dank!

Lange kamen keine Nachrichten von Clara Eyff. Die Lehrerin war mit Mutter Christa besonders verbunden durch ihren Unterricht in der Bibelschule, den sie schon in den Anfangsjahren erteilt hatte. Endlich traf eine Postkarte von ihr ein. Sie befand sich in einem Kinderheim im Südharz und schrieb:

Sehr geehrte Frau Oberin!
Ich will einen Gruß versuchen. Seit dem 10.2.45 mit einem Transport hier angekommen und danke Gott für Dach, Bett und Wärme.

---

*   Bei Königsberg (heute Kaliningrad).

40 Leute im Schlafsaal, dadurch eine Infektion bekommen. Seitdem geht es mir äußerst schlecht. Tage – und besonders die Nächte – sind furchtbar, bekomme abends eine Tablette; es gibt keine Pflege und kein Mitleid, viermal nach unten (2 Treppen) zum Essen und zur Toilette. In mir ist glühende Hitze, ich verschmachte, das Wasser ist nicht für mich zu brauchen. Nie war ich so verlassen. Aber der Herr weiß es ja. Das Herz will nicht den Atem geben. Die Qualen, die alle Kranken hier erdulden, sind unaussprechlich; ob ich durchkomme, weiß der Herr. Zwei Tote haben wir schon begraben, morgen wieder welche. Man ist immer von Lärm umgeben. Mein Koffer ist verloren.

Schwester Julie Funke, die in Halle/Saale die schweren Luftangriffe unbeschadet überlebt hatte, wurde auf die Suche nach Clara Eyff geschickt mit dem Auftrag, sie möglichst nach Aidlingen zu bringen. Sie fand die Gesuchte tatsächlich.

Und mittendrin in diesem Chaos wurden im Mutterhaus in Aidlingen Schwestern eingesegnet. Sie hielten an einer Perspektive fest, die über das augenblickliche Geschehen hinausreichte: *Gestern Abend schenkte uns der Herr eine erhebende Stunde. Unsere beiden lieben Schwestern Anni Stapke und Edith Kröger wurden eingesegnet. Und wir durften vor dem Angesicht des Herrn fröhlich sein und aus Seinem Wort unterwiesen und gestärkt werden.*

Im Robert-Bosch-Krankenhaus machten fünf Schwestern gute Abschlussexamen in der Krankenpflege, eine andere schloss das Examen in der Säuglingspflege ab und machte sich sofort auf ins zerbombte Pforzheim, um ihre Mutter zu suchen. Sie fand sie vor dem völlig ausgebrannten Haus sitzen, zufrieden, das Leben gerettet zu haben.

Marokkaner in Aidlingen

Am 19. April 1945 zogen sich die deutschen Soldaten aus Aidlingen zurück, nicht ohne das Pferd und die Fahrräder der Schwestern beschlagnahmt zu haben.

Die Keller wurden zum Schlafen eingerichtet. In der Nacht war starkes Artilleriefeuer rings auf den Höhen zu hören, dem die örtlichen

Flakgeschütze antworteten. Über das Dach des Mutterhauses wurde die Rote-Kreuz-Fahne aufgezogen, weil sich nun viele Alte und Kranke darin aufhielten.

Dann erfolgte die Einnahme des Gebietes durch französische marokkanische Truppen. Da die Franzosen noch viele deutsche Soldaten in Aidlingen vermuteten, schickten sie ein Jagdbombengeschwader voraus, das durch den Abwurf von Bomben und den Einsatz von Bordkanonen den Gegner gefechtsunfähig machen sollte. Gleichzeitig rückten Panzer vor. Dreizehn Menschen starben infolge dieses Angriffs, etwa vierzig wurden verletzt. Bald wurde das Feuer eingestellt, weiße Fahnen hingen vom Kirchturm herab, auch aus den Fenstern der Häuser.

In einem ausführlichen Rundbrief erzählten die Schwestern von diesem denkwürdigen Tag:

Nun schellte ein Büttel aus: »Räder, Radios und Fotoapparate abliefern!« Daraufhin gingen auch wir hin und lieferten die gewünschten Gegenstände ab. Kaum war dies geschehen, da verteilten sich die feindlichen Soldaten in Gruppen im Ort. Sie kamen auch auf den Sonnenberg und von hinten über den Gartenzaun zu uns. Sie besahen sich unseren »Sonnaufgang«. Helga Winkel* übte gerade die D-Dur-Tonleiter. Sie blickte sich erschreckt um, weil einige Franzosen plötzlich hinter ihr standen. Einer sagte lächelnd: »Nix, nix!« Sie lief schnell davon.

Dann verhandelten die Soldaten mit Schwester Meta, Schwester Helene und Schwester Ruth. Sie wollten zehn Mann in den »Sonnenaufgang« legen, aber als sie hörten, daß wir Schwestern hier schlafen und daß wir ein Krankenhaus sind, lachten sie und zogen ab. Sie gingen dann auf dem Weg hinunter und nahmen eine große Schar ihrer Kameraden mit fort, die vor unserem Haus standen. Sie erkundigten sich bei uns: »Tuberkulöse im Hospital«? Wir antworteten: »Ja, zwei!« Daraufhin verzichteten sie bei uns ganz auf Quartier. Als die Schwestern die alten Leute aus dem Keller in den Krankensaal zurückbeförderten, rief einer ihnen zu: »Antike malade?« Die Schwestern nickten.

Einige Soldaten quartierten sich aber doch samt Maschinengewehr in der »Villa Höhenluft« ein, einem kleinen Gebäude auf dem Mutterhausgelände. Sie verhielten sich den Schwestern gegenüber absolut korrekt, während sie im Dorf übel hausten:

> Obwohl die Feinde bei vielen Leuten im Ort alle Koffer durchsuchten und durcheinander warfen, blieben unsere sämtlichen Koffer und Sachen in der »Höhenluft« unversehrt und unangetastet. Auf dem Tisch ließen die fünf französischen Soldaten, welche hier bei uns übernachtet hatten, eine Reihe Päckchen zurück, ebenso eine Anzahl Konserven. Auf die Ecke des Tisches legten sie dann noch einen glänzend polierten Apfel, umgeben von einem kunstvoll gelegten Stern aus Mandeln! Sonntagmorgen, halb acht, zogen die fünf Franzosen, die durch einen Meldefahrer gerufen wurden, wieder ab!

Ein Lied, das aus dem Holländischen übersetzt wurde, schließt den Bericht ab. Ihm liegt Psalm 34 zugrunde:

Dich will ich rühmen, Herr! Mein Mund lobt Dich allzeit.
In meiner größten Not war Hilfe mir bereit.
Du hast mir Heil gegeben und neu geschenkt das Leben.
Dich rühme ich, o Herr, in alle Ewigkeit.

Als vor Dich kam mein Flehn, hast Du gehört den Schrei.
O preist mit mir den Herrn, Er macht die Seinen frei.
Wer kindlich auf Ihn schauet, auf Seine Hilfe bauet,
darf sehen Seine Macht und Seine große Treu.

Der Engel unseres Herrn schützt die geliebte Schar;
und stehet sie im Kampf, reicht Siegeskraft Er dar.
Er läßt's an nichts uns fehlen, auch darf uns Not nicht quälen –
kein Mangel kommt heran. Sein Wort ist ewig wahr!*

---

* *Neue Lieder*, Nr. 130, Verlag Diakonissenmutterhaus Aidlingen. Für »Liebhaber« immer noch erhältlich.

Die Nacht von Samstag auf Sonntag verlief ruhig. Die Schwestern konnten sich in allem Frieden am Sonntagmorgen um ihre Oberin und die Bibel zur Andacht versammeln.

Im September 1945 traten sechs Schwestern ihren Dienst im Sanatorium Dr. Römer in Hirsau (Schwarzwald) an. Außerdem wurden fünf Aidlinger Schwestern in die gynäkologische Abteilung des Krankenhauses in Göppingen gesandt.

Und am 10. Dezember 1945 konnte Oberin Christa schreiben:

Durch Gottes Barmherzigkeit dürfen wir sagen, daß unsere Schwesternschaft ohne irgendeine Verwundung und ohne jeden Todesfall durch die Kriegsjahre hindurch kam, und daß alle unsere lieben Schwestern ihre Arbeit bis heute fortsetzen durften.

Andere Mutterhäuser erlebten neben dem Verlust von Hab und Gut durch Bomben, Brände und Artilleriefeuer vor allem schwere, schmerzliche Verluste an Schwestern. Oberin Auguste Mohrmann legte ihren Berichten immer wieder Listen von Schwestern bei, die »im Dienste der Diakonie fielen für Führer und Volk«. Die Rundbriefe 1944/45 der Diakoniegemeinschaft sind ergreifende Zeugnisse über Zerstörung, Vertreibung und Flucht, aber auch von selbstverständlicher Hilfe untereinander.

Einen Bericht, den Oberin Auguste Mohrmann zwar erst 1948 auf der Diakonietagung in Stuttgart vortrug, geben wir an dieser Stelle auszugsweise als zeitgeschichtliches Dokument wieder:

Auguste Mohrmann: Die Lage der Diakonie im Osten

Ich komme direkt aus der Ostzone. Dort denkt eine Schar von Schwestern an Euch hier, das sind Schwestern aus dem Königsberger Mutterhaus, mit denen ich gestern morgen zwischen sechs und acht Uhr zusammen gewesen bin. Ich stand draußen auf einem Holzstoß, und hinter dem Zaun unsere vierundzwanzig Schwestern. Es sind etwa 2000 Ostpreußen in diesem Lager, die nun schon drei Jahre dort ausgehalten haben. Ich kann nicht sagen, wie das gewesen ist, wie die Schwestern dastanden und nicht sprechen konnten, und ich auch nicht.

Stellen Sie sich unsere Schwestern vor in Holzschuhen, nicht mehr in Diakonissenkleidern. Wenn ich ein Wort darüber setzen darf, dann ist es das Psalmwort: »Er hat Seinen Engeln befohlen über dir, daß sie dich behüten auf allen deinen Wegen.«

Das sagen mir viele, viele Schwestern aus dem Osten dankend. Zweiundzwanzig Mutterhäuser haben auf die Flucht gehen müssen, zweiundzwanzig Mutterhäuser aus Schlesien, Ostpreußen, Westpreußen, Mutterhäuser aus dem früheren Polen, Litzmannstadt, sie mußten – wie viele Tausende – flüchten und ihre Straße ziehen und wußten nicht, wo sie hingehen sollten. Zweiundzwanzig Mutterhäuser mit insgesamt rund 10 000 Schwestern.

Die Schwestern, die aus Ost- und Westpreußen plötzlich ausziehen mußten, sind dann in dem schrecklichen Winter 1945 über das Haff gewandert, dabei sind die Eisschollen eingebrochen und viele, viele sind im Wasser umgekommen. Unter dieser Schar war auch ein Blindenheim mit zwei Schwestern. Sie sind mit ihren Blinden Schritt für Schritt den Weg gegangen, eine Schwester vorne und eine hinten. Engel haben sie umgeben. Sie kamen wohlbehalten in Glücksburg an.

Von Engelwacht wissen auch unsere Schwestern zu sagen, die noch draußen in Polen sind. Wie sollten sie durchkommen, wenn sie nicht wüßten, in jeder Stunde ist Christus bei ihnen und Er leitet und führt sie, sie, die jetzt drei Jahre ohne Mutterhausbrief sind, ohne Mutterhausgemeinschaft.

Ich weiß von Schwestern, die stehen in der Gemeinde, wo seit 1945 kein Arzt und kein Pfarrer mehr ist. Sie tun als Schwestern dort ihren Dienst als Arzt und als Pfarrer. Eine Schwester dort sammelte die Kinder, brachte sie in die Kinderlehre, dann in den Konfirmandenunterricht, und dann hat sie die Kinder noch eingesegnet. Sie haben selbst nichts gehabt als ihre Bibel und ihr Gesangbuch, und das hat ausgereicht.

Was vom Bromberger Mutterhaus übriggeblieben ist, sind noch vier Schwestern. Alle andern sind gestorben im Lager, verhungert, elend zugrunde gegangen. Eine davon hat mir erzählt, daß Oberin Wally auch im Lager gewesen ist. Sie hat bis zum Schluß auf dem harten Steinboden liegend Gott gelobt und gedankt für das, was Er in ihrem Leben und in ihrem Mutterhaus getan hat. Sie ging für ihre Schwestern in den Tod.

Zwei Schwestern sind eines Tages ins Lager gekommen, über und über grau – von Läusen ganz und gar bedeckt, der ganze Mantel und alles.

*In der Landhausstraße in Berlin, in der wir über zwanzig Jahre gear-
beitet haben, und jetzt nur noch Trümmer vorhanden sind – leben wir
seit 1943 unten im Keller in zwei Räumen – da hatten wir einmal eine
Tagung. Wir suchten eine Mutter für ein verwaistes Haus. Schwester Erna
meldete sich. Wir brachten sie dorthin. Wir haben etwa ein Jahr nichts
von ihr gehört. Dann kamen Briefe von ihr. Und diese Briefe tragen oben
schon ein Wort aus der Bibel und dieses Wort ist immer ein Wort des
Lobes und des Dankes. Und was hat sie durchgemacht, ganz allein auf
sich gestellt, täglich umgeben von feindlichen Gewalten, nie wissend, was
über sie hereinbricht. Früh um vier Uhr ist sie aufgestanden, hat die Alten
versorgt, mit den Kindern gelernt, die Menschen beerdigt. Sie schrieb: »Ich
habe in diesem Jahr so viele Menschen beerdigt, wie sonst der Pfarrer in
zehn Jahren«.*

*Sie mußte dann alles stehen- und liegenlassen und fliehen. Dann kam
sie ins Lager, in eine verwanzte Zelle, ein Stück Brot wurde hineingewor-
fen, und dafür bedankte sie sich. Dann teilte sie das Stück in drei Teile
für den ganzen Tag. Und eines Tages flüsterte ihr eine Frau zu: »Gelobt
sei Jesus Christus«, sie antwortete: »In Ewigkeit. Amen.« Damit waren
da zwei Gotteskinder beieinander.*

*Nach qualvollen Wochen wird sie entlassen. Der Herr führt sie in eine
katholische Kirche, der Pfarrer hilft ihr weiter, bis sie in ihr Mutterhaus
kommt. Da bekommen wir ein Telegramm: »Im Weihnachtslicht heim-
gekehrt.« Am Heiligen Abend ging sie durch die Pforte des Mutterhauses,
die andern Schwestern waren gerade in der Kirche. Und nun ist sie da,
allerdings ganz entstellt durch den Hunger, und sie sagt: »Ich will nichts
missen von dem, was ich erlebt habe, ich weiß jetzt wirklich, was es heißt,
Ancilla Domini zu sein. Dinge, an denen wir so hängen, sind gar nicht
notwendig, es geht auch ohne sie.«*

*Es war bei einem Tieffliegerangriff 1945. Ich las gerade die Losung
des Tages: »Leben und Wohltat hast Du an mir erwiesen, und Dein Aufsehen bewahrt meinen Odem.« Da plötzlich ein Durchschuß durch die
Wand in Halshöhe. Ich konnte mich noch schnell und rechtzeitig auf den
Boden werfen, sonst wäre ich getroffen worden. – Dies Wort stand auch
in Königsberg bei den Schwestern, deren Oberin tot ist: »Dein Aufsehen
bewahrt meinen Odem.« Ja, Jesus läßt uns nicht sterben. Er läßt uns nicht
untergehen, und Er läßt unsere Diakonie niemals untergehen. Es ist etwas*

ganz Wunderbares, daß wir noch arbeiten dürfen, daß wir unseren Kranken dienen dürfen, daß wir gerufen werden zum Dienst. »Sein Aufsehen bewahrt meinen Odem«, bewahrt das Leben der Mutterhausdiakonie.

Am 6. April 1948 nimmt Mutter Christa in einem Brief an Auguste Mohrmann noch einmal Bezug auf diese Tagung und schreibt u. a.:

Meine liebe Frau Oberin!
Es war mir so leid, daß ich wegen meiner Blindheit und wegen meines sonstigen Befindens nicht anwesend sein konnte bei der Tagung der Diakoniegemeinschaft im Furtbachvereinshaus! Meine Mitarbeiterin, Schwester Berta Kempf, die mit mir unser Mutterhaus in Aidlingen leitet, hat mir von allem Wertvollen und Wichtigen dieser Zusammenkunft berichten können. Sie erzählte mir auch von den vielen Schwestern aus Ostpreußen und insbesondere vom Königsberger Mutterhaus, welche jetzt gänzlich heimatlos und ihrer Sachen beraubt, sehr schwer daran sind. Mein inniges Gebet ist, daß diese lieben Schwestern bald wieder eine Heimat und neue Aufgaben finden möchten!
Ihrer Aufforderung, daß doch jede Württembergische Schwester ein Stück Wäsche oder Sonstiges geben möchte, damit diesen lieben beraubten Schwestern geholfen werden könne, werden auch unsere Schwestern freudig nachkommen.

Vom Umgang mit der Schuld

Weder Oberin Auguste Mohrmann noch Oberin von Viebahn thematisieren die Ursachen, die diese Katastrophe über Deutschland und seine Menschen gebracht haben. Kein Wort darüber, dass die eigene Regierung das mörderische Inferno verursacht hatte, das Volk und Land verführt und zerstört hatte. Kein Wort davon, dass Läuse, Lager, Hunger, Mord und Totschlag in Deutschland »alltäglich« geworden waren wegen eines verbrecherischen Regimes.

Kein Wort über die Konflikte der Diakonissen, die Behindertentransporte für Gaskammern zusammenstellen oder Todesspritzen verabreichen mussten. Kein Wort über die widerständigen Diakonissen, die lieber selbst den Tod in Kauf genommen hatten, anstatt ihn anderen zu bringen. Kein Wort über Menschen jüdischen Glaubens, die meist einem schrecklichen Schicksal preisgegeben waren. Das ist bedrückend und lässt nach Erklärungen suchen.

Nachvollziehbar ist, dass im unvorstellbaren augenfälligen Ausmaß des Elends der Reflex des Helfens vor der Reflexion über die Ursachen stand. Zudem füllte ein zäher, erschöpfender Kampf um die Mittel für das tägliche Leben die Tage aus. Und es fehlte (noch) der Abstand, um eine Gesamtschau zu gewinnen. Außerdem verdankte die Aidlinger Schwesternschaft Auguste Mohrmann den Schutz vor der Gestapo.

Eingedenk der Tatsache, dass jede Generation mit dem historischen Erbe auch die Fehler und Versäumnisse der Vorgänger übernimmt, stellen sich die Aidlinger Schwestern heute demütig hinein in die Reihe ihrer Gründer und Gestalter der frühen Zeit ihres Mutterhauses. Sie nehmen ihre Geschichte ganzheitlich an. Zwar sehen sie aus der zeitlichen Distanz nicht, wo die Schwestern hätten anders handeln können, doch befreit sie dies nicht von der geheimnisvollen Verflechtung in Schuld, Unterlassung und Fehleinschätzungen. In diesem Sinne stellen sie sich auch neben die Mutterhäuser, die schon allein durch ihre Größe in ganz anderem Maße Zwängen, Gewissenskonflikten und harten Befehlen ausgesetzt waren.

Schwester Berta Kempf reiste am 30. September 1947 mit Schwester Elisabeth Wöhrle zur sogenannten »Bundestagung der Deutschen Gemeinschafts-Diakonissen-Mutterhäuser« nach Bad Harzburg.* Gegenüber dem Kaiserswerther Verband war der Bund mit seinen 1708 Diakonissen ein Zwerg. Schwester Berta berichtet zunächst von einem Referat, das Rektor Glöckner hielt:

Im Juni 1941 war die letzte Bundestagung unserer Mutterhäuser in Berlin-Lichtenrade gewesen. In diesen letzten sechs Jahren haben sich durch den Zusammenbruch Deutschlands auch in unseren Mutterhäusern einschneidende Veränderungen ergeben.

---

* Die Tagung fand im Mutterhaus »Kinderheil aus Stettin« statt, das beim Einmarsch der Russen von Finkenwalde nach Bad Harzburg verlegt worden war.

*Doch dem Herrn sei Dank, der doch trotz allem sämtliche zehn
Mutterhäuser* unseres Bundes am Leben erhalten hat. Auf den Besitz-
stand gesehen mögen es zum Teil nur noch Stümpfe der ehemaligen
Werke sein, doch auf den diakonischen Auftrag geschaut, stehen sie
so voll auf dem Platz wie je.*

*Mit bewegtem Herzen dürfen wir uns in dem lieben gastlichen
Hause wieder begegnen und einander von den schweren, in diesen
Jahren durchgestandenen, Nöten und Gefahren berichten. Auch wollen wir an den mancherlei gegenwärtigen uns bedrängenden Fragen
der einzelnen Werke Anteil nehmen.*

Dann notiert Schwester Berta weiter:

*Am ersten Tag hielt Bruder Dietrich aus Berlin einen wertvollen
Vortrag: »Was kann von uns als Diakonie geschehen, um unser Volk
vor dem Untergang zu bewahren?« Die ganze erschütternde Not und
Lebensgefahr unseres niedergebrochenen Volkes wurde vor uns ausgebreitet. Buße und Fürbitte ist unsere Aufgabe.*

Ursache und Umkehr

Im Archiv des Mutterhauses befindet sich der Durchschlag eines Arti-
kels, den Pfarrer Dr. Helmut Thielicke** 1945 verfasst hat: *Die Kirche
inmitten des deutschen Zusammenbruches, ihre Beurteilung der Lage und
ihre Ziele.* Der Artikel umfasst neun Schreibmaschinenseiten. Ein amerikanischer Presse-Offizier hatte Thielicke den Auftrag dazu gegeben.

Ausführlich analysiert der Theologe die Ursachen für das Phäno-
men des Nationalsozialismus. Daraus sollen einige Passagen wiedergegeben werden:

---

*   »Kinderheil«, »Salem«, Berlin-Lichtenrade, Liebenzell, Chrischona, Aue/Sachsen,
        Aidlingen, St. Michael, Berlin-Friedenau, Jägersburg (Ansbach), Lobethal-Lübtheen,
        Annastiftung-Schönberg (Aue/Sachsen).
**   Helmut Thielicke (1908–1986), deutscher evangelischer Theologe, im Kreis der
        Bekennenden Kirche, zuletzt Dekan der Theologischen Fakultät Hamburg, Prediger
        an St. Michaelis, einer von Hamburgs Hauptkirchen.

Als Seelsorgerin des gepeinigten Volkes hat die kämpfende und leidende Kirche in Deutschland Einblicke in die wirklichen Zustände nehmen können, wie sie außer ihr kaum eine Gruppe von Menschen gewinnen konnte. Sie ist zutiefst davon überzeugt, daß diese Zustände nur dadurch entstehen konnten, daß man jenes (gebietende und wegweisende) Wort des Meisters seit langem nicht mehr zur Geltung kommen ließ und daß es aus der Öffentlichkeit des Lebens verwiesen war. Der Nationalsozialismus ist das letzte und furchtbarste Produkt der Säkularisation. Säkularisation bedeutet, dass man sich den Händen Gottes entwindet und dafür in die furchtbaren Hände der Menschen fällt. Es ist das Geheimnis des entgotteten Menschen, das in Deutschland hervorgebrochen ist. (…) Wir Christen in Deutschland haben von ferne das »Tier aus dem Abgrund« gesehen.

Wer die Verbindung mit Gott verloren hat, wird damit anfällig gegenüber der Diktatur! Die maßstablos gewordene und aus der göttlichen Ordnung gefallene Seele nahm nun Judenpogrome, Irrenmord und Konzentrationslager mit einer gewissen Nonchalance hin. Sie hatte verlernt, zwischen Gut und Böse zu unterscheiden, weil sie die Gebote Gottes verlernt hatte und weil darum ohne Mühe ein anderes und verruchtes Wertesystem in das Vakuum ihrer Seele gepresst werden konnte.

Es gab unzählige Menschen in Deutschland, die entsetzlich darunter litten, aber diese Eigengesetzlichkeit des atheistischen Regimes führte zu einer »Nacht, da niemand wirken kann«. So konnten wir nur eines tun, durch die Predigt des Evangeliums und der Gebote Gottes unsere Gemeinden immun machen zu helfen gegen jene ideologischen Gifte, von denen der Zersetzungsprozess ausging.

Eine im letzten Grund religiöse Krise kann auch nur mit religiösen Mitteln bereinigt werden. Alle anderen Bereinigungsversuche wären nur Symptom-Therapie und beständen in dem von Anfang an zum Scheitern verurteilten Versuch, auf eine geöffnete und blutende Hauptschlagader den dünnen Leukoplast-Streifen einer äußeren politischen Ordnung zu kleben.

So ist die Aufgabe der Kirche beim Wiederaufbau in einer knappen und klaren Linie zu umreißen: Je mehr sich die Kirche auf ihr eigenstes Gebiet beschränkt, je klarer sie in Gericht und Gnade ihre Botschaft *ausrichtet, je zuchtvoller sie sich an die Substanz ihrer Botschaft hält, umso weiter wird ihr Einfluß in die Öffentlichkeit ausstrahlen. Sie hat zuerst nach dem Reich Gottes zu trachten, dann wird ihr alles andere, auch das rechte Wort für die einzelnen Nöte ihres verwirrten und unglücklichen Volkes, zufallen.*

Das Grundthema, das Prof. Thielicke in diesem Artikel entwickelt – das Evangelium muss zu den Menschen, die Menschen müssen Gottes Heilsabsichten kennenlernen! – deckt sich mit dem Lebensthema von Christa von Viebahn. Davon war sie bewegt, daran hielt sie ihr Leben lang unbeirrt fest, dafür scheute sie keine Mühe.

KAPITEL 12

Der Schutt wird beiseitegeräumt, Neues wächst (1946–1955)

Neue Herausforderungen

In den Nachkriegsjahren litt die Mutter Oberin zunehmend an gesundheitlichen Problemen. Dadurch war sie gezwungen, ihre Arbeit öfter zu unterbrechen. Immer wieder kam es zu Sanatoriumsaufenthalten, um ernsthafte Erkrankungen innerer Organe zu behandeln. Dies ließ sie nur notgedrungen zu. Im Laufe der Jahre hatte sie sich so sehr an ein strenges Arbeitspensum gewöhnt, dass sie im Januar 1948 schreibt: *Nie mehr gehe ich in eine Kur! Mein Sanatorium ist der Himmel; ich bin zur Arbeit geboren und muß tüchtig schaffen.*

Doch oft musste sie das Bett hüten und arbeitete von dort aus. Ihre Korrespondenz wurde immer umfangreicher, ihre schriftstellerischen Arbeiten führte sie unter schwierigsten Bedingungen fort.

Es war mühsam, für die Veröffentlichung von Literatur die notwendige Lizenz von der Militärregierung zu bekommen. Dies hing mit der großen Knappheit an Papier zusammen. Wer etwas drucken lassen wollte, musste damals auch das Papier liefern. Schon allein für die Quartalsschrift *Bibellesezettel* waren jeweils zwei bis drei Tonnen Zeitungsdruckpapier nötig.

Dazu musste umständlich mit dem Landwirtschaftsministerium, mit Papierfirmen und Druckereien korrespondiert werden. Ausführliche Papierverbrauchsaufstellungen mussten ausgefertigt und eingereicht werden. Diese ganze mühsame Prozedur wiederholte sich 1948/1949 Quartal um Quartal.

Christa von Viebahn wandte sich sogar direkt an das *Moody Bible Institute* in Chicago/USA und bat um entsprechende Papierspenden, die ihr tatsächlich gewährt wurden.

Es gab auch andere Spenden, z. B. heißt es in einem Brief an den Landesverband der Inneren Mission vom 19. Mai 1948:

Sie haben uns außerordentlich überrascht und wohlgetan durch Ihre gütige Sendung von zwei Zentnern Mehl und fünfzig Wolldecken, die wir kürzlich von Ihnen empfingen. Tatsächlich hatten wir hier auf unserer Hauptstation kein bißchen Mehl mehr in jenen Tagen.

Zur gleichen Zeit mussten die Mittel für den Wiederaufbau der Stuttgarter Station von verschiedenen Behördenstellen erbeten werden. Da es viele ausgebombte Häuser in Stuttgart gab, flossen die Geldmittel nur spärlich und Baumaterial war schwer zu bekommen. Trotzdem konnte schon Weihnachten 1948 das Haus in der Danneckerstraße 48 A teilweise wieder bezogen werden. Es grenzt an ein Wunder, dass dies möglich war und dass in der Folgezeit der gesamte Wiederaufbau des Hauses gelang.

Im Jahresbericht 1949/1950 – wieder an den Landesverband der Inneren Mission – schreibt Schwester Helene Kern am 23. Dezember 1950 u. a.:

Unsere Arbeit in Stuttgart konnte sich wieder voll entfalten. Es werden wieder alle Bibelstunden, Jugendstunden, Kinderstunden, auch die Singstunden und die Gebetstreffen durchgeführt. Von Stuttgart aus arbeiten unsere Schwestern in Frauen- und Jugendkreisen in Althütte, Asperg, Hessigheim, Murr, Neckarwestheim, Steinenberg, Brackenheim, Großbottwar, Korntal, Vaihingen/F., Cannstatt, Fellbach, Obertürkheim, Stuttgart-Wangen, Zuffenhausen, Holzgerlingen. Auch in Esslingen befindet sich eine Schwestern-Station, die Kreise in Esslingen und Untertürkheim betreut.

Wie früher konnten wir auch in diesen Jahren auf dem Volksfest in Cannstatt vielen Menschen, die sonst nie den Weg unter Gottes Wort finden, vor allem auch vielen Kindern, die frohe Botschaft von Jesus Christus nahebringen.

Für unsere Freizeiten fanden wir im Jahre 1949 ein Haus in St. Blasien, das uns zwar viel Mühe und Arbeit kostete, das aber über Erwarten stark besucht wurde, sodaß wir im Sommer längst nicht alle, die kommen wollten, aufnehmen konnten. Der Herr segnete uns in den Freizeiten mit unseren Gästen und sie konnten innerlich und äußerlich neu gestärkt unser Haus verlassen.

Da es sich jedoch zeigte, daß wir das Haus in St. Blasien nicht als Eigentum erwerben konnten, kauften wir im Frühjahr 1950 ein Anwesen in Villingen, das nun nach und nach instandgesetzt wird. Schon im Sommer war eines der Häuser soweit gerichtet, daß dort eine Freizeit für Erwachsene gehalten werden konnte, während im anderen Haus etwa 60 bis 70 Jungen ihre Ferien verbrachten. In Aidlingen war im Mutterhaus eine Freizeit für etwa ebenso viele Mädchen. Im Herbst 1950 war der begonnene Bau II in Villingen fertiggestellt, der nun älteren Menschen als Heimat dienen soll, die ihren Lebensabend gern in einem christlichen Heim zubringen möchten.*

Im April 1949 konnten wir mit dem ersten Kurs unserer eigenen Krankenpflegeschule beginnen, die dem von uns im Jahre 1948 besetzten Kreiskrankenhaus Kirchheim/Teck** angegliedert ist. Zwölf unserer jungen Schwestern werden dort in der Krankenpflege ausgebildet.

Unsere Schwesternbibelschule in Aidlingen wird durchschnittlich von 20 bis 25 Diakonissen- und Gastschülerinnen besucht. Die Haushaltungsschule zählt in diesem Jahr 15 Schülerinnen. Neben den Haushaltungs-Schülerinnen werden aber in Aidlingen, Villingen und St. Blasien zusammen etwa 12 bis 15 Haustöchter in allen Haushalt-Arbeiten ausgebildet.

Unser Werk zählte am 1. Januar 1949: 129 eingekleidete Schwestern. Bis heute hat sich die Zahl auf 141 erhöht.

Diesem sachlichen Bericht fehlen natürlich die Geschichten hinter der Geschichte der neuen Anfänge und der manchmal schwierigen Weiterführung der verschiedensten Arbeitsgebiete. Da hinein verwoben ist nicht nur die Geschichte der Gründerin dieses Werkes, sondern die Geschichte jeder einzelnen Schwester, die mit Hand anlegte. Es waren große Arbeitsberge tatkräftig zu bewältigen, es war Müdigkeit zu überwinden, selbstvergessen die Not fremder Menschen zu lindern – und

---

* Aus dem ehemaligen Waldhotel, das man als Ruine von der Stadt Villingen erworben hatte, ist heute ein Gästehaus, eine Kindertagesstätte und ein Schwesternheim für Diakonissen im Ruhestand geworden.

** Auch diese Arbeit erlebte eine große Blüte, Generationen von Krankenschwestern wurden in Kirchheim ausgebildet. Bis heute arbeiten dort Schwestern in der Krankenpflege und in der Leitung.

bei alledem den Glauben nicht zu verlieren, sondern überzeugend und einladend davon weiterzuerzählen.

War da eine »himmlische Schar« beieinander? Perfekt und tadellos in allen Belangen? Keineswegs. Verschiedene Temperamente und menschliche Schwächen stießen manchmal hart aneinander. Da gab es manchen Unmut, manche Reibereien, auch Ungerechtigkeiten und Nöte.

Schwester Berta schreibt am 6. Januar 1947 einen überaus offenen Brief an ihre Schwestern im Mutterhaus, in dem sie einige dieser Probleme anspricht. Dabei kommt der Wunsch zum Ausdruck, dass sich jede Schwester immer wieder neu am Wort Gottes ausrichten möge.

Und Oberin Christa schreibt am 2. März 1951:

Wie wichtig ist das doch bei unserem wachsenden Werke, daß Ihr alle einander schwesterlich kennen- und lieben lernt. Jedes darf hierzu das Seinige tun! In einer neueren Übersetzung heißt es: »Dieses gebe ich euch auf: Habt einander lieb!« *Jesus weiß, daß es in manchen Fällen eine Aufgabe bedeutet, einander zu lieben.*

Doch trotz aller menschlichen Unvollkommenheiten berief Gott immer wieder Frauen in die Aidlinger Schwesternschaft. Und sie pflegten ihre Gemeinschaft, übten sich, aus der Vergebung zu leben, waren füreinander da und suchten über dem alltäglichen »Kleinkram« das Band der Liebe und des Vertrauens zu knüpfen und zu stärken. Dies leuchtete über allen Mängeln auf.

Eine Gruppe von Schwestern machte eine abenteuerliche Radtour in den französischen Jura mit seinen tiefen Schluchten und reißenden Flüssen. Gemeinsame Ferienzeiten und Feste förderten den familiären Zusammenhalt der Schwestern.

Immer wieder reisten manche von ihnen für einige Zeit nach England, um die Sprache zu lernen, die englische Art der Bibelauslegung kennenzulernen, den eigenen Horizont zu erweitern. Die Oberin, die ja selbst immer wieder in England gewesen war, nutzte ihre Kontakte und schickte die Schwester vom Nähzimmer oder die Leiterin der Haushaltungsschule, die Sekretärin oder Jugendleiterin über den Kanal.

Andere Schwestern, deren Französischkenntnisse dies zuließen, studierten in der Universitätsstadt Aix-en-Provence Theologie und Kirchengeschichte.

Und – Papiermangel hin und Lebensmittelknappheit her – die Musik wurde im Mutterhaus weiterhin großgeschrieben. Es existiert ein komplettes Programm eines Musikabends vom 22. März 1946. Werke von Händel, Mozart, Abt, Schumann, Pachelbel, Prätorius, Telemann, Haydn wurden in verschiedenen Besetzungen mit sechs Violinen, Flöten, Klavier, Harmonium und Chor musiziert. Wie gemeinschaftsfördernd waren allein schon die Proben der Schwestern!

In einer beispiellosen Dynamik wurde in den Jahren zwischen 1945 und 1955 Aufgabe um Aufgabe begonnen. Dabei ist nicht zu vergessen, dass sich aus den verschiedenen Männer- und Jungenkreisen »Brüder« dem Mutterhaus zur Verfügung stellten. Sie* waren als Automechaniker, Chauffeur, Elektriker, Gärtner, Schreiner, Maschinenschlosser und Hausmeister entscheidend in den verschiedenen Aufbauphasen tätig. Auch heute noch arbeitet eine ganze Reihe von »Brüdern«, die mit ihren Familien in Aidlingen und Umgebung wohnen, im Mutterhaus mit.

In einem Rundbrief von 1948 wird das Pfingstjugendtreffen, das im Mutterhaus in Aidlingen stattfand, besonders erwähnt. Es wurde dann ununterbrochen bis in die Gegenwart hinein Jahr um Jahr durchgeführt.**

1949 kam aus Südafrika eine Anfrage nach Schwestern. Schwester Elisabeth Böttcher und Schwester Erika Twisselmann ließen sich in diesen Dienst senden. Sie gingen zu Sprachstudien nach England und reisten dann im Januar 1952 nach Pretoria aus. Dort lebten viele ausgewanderte deutsche Familien, die sie besuchten und zu Bibelstunden einluden. Später folgte Schwester Lisbeth Spitzner. Sie arbeitete in einem Krankenhaus in Nordtransvaal mit, das sich besonders der einheimischen Bevölkerung annahm. Ihr »Schokolädle«, ein schwer kranker Junge, wuchs ihr besonders ans Herz und wurde von der gan-

---

* Karl Ernst Wiedmann, Werner Ehmann, Johannes Matthäus, Heinz und Werner Keppler, Erhard Kröger, Gerhard Kurrle, Helmut Moser, Willi Haller – um nur einige Brüder der ersten Zeit zu nennen.
** 2014 feierten etwa 10000 Jugendliche in Aidlingen miteinander das Pfingstfest.

zen Schwesternschaft in der Fürbitte begleitet. Auch Bruder Harald Fölsch machte sich auf, um unter Juden in Südafrika zu arbeiten.

Rund um den Globus – nach Argentinien, Indien, Libanon, Israel, Syrien und Österreich – wurden im Lauf der Jahre kleine Schwesterngruppen ausgesandt, um dort den Menschen an Leib und Seele zu dienen. Natürlich waren die Briefe und Diavorträge aus diesen fremden Ländern für alle Schwestern hochinteressant.

Das Werk ist ausgerichtet

Der Gesundheitszustand von Mutter Christa verschlechterte sich langsam, aber stetig. Sie interessierte sich zwar nach wie vor für alle Schwestern und Schülerinnen, für alle Anfragen und Probleme und ließ sich viel vorlesen. Aber sie musste doch nach und nach immer mehr Aufgaben aus der Hand geben, zunehmend die Verantwortung abgeben. Mit ihrem körperlichen Befinden ging es auf und ab. Am 12. Dezember 1953 diktiert sie an ihre Schwestern:

Von meiner Krankheit habt Ihr gewiß inzwischen alle gehört und ach, daß der Herr wieder Besserung geschenkt hat, sodaß ich nun wieder wohlauf bin und meine Arbeit beginnen konnte. Ich habe nun natürlich für viele liebe Briefe zu danken und auch manches andere zu erledigen, das liegengeblieben ist. Danach will ich dann wieder mit meiner Bibellesezettelarbeit beginnen, die mir ja stets so viel Freude macht und mir auch immer Neues und Anregendes bringt.

Die achtzigjährige Oberin beachtete ihre Beschwerden* nicht weiter und machte sich wie gewohnt an die Arbeit. Sie sagte wiederholt, dass sie sich nicht wie achtzig-, sondern wie fünfzigjährig fühle. Für die Schwestern aber, die sie aus nächster Nähe begleiteten und betreuten, war dies nicht immer einfach. Womit konnte man die Frau Oberin noch belasten? Was galt es, fernzuhalten, ohne dass sie sich übergangen fühlte? Wenn sie konnte, arbeitete sie an ihrem geliebten *Bibelle-*

---

* Dazu zählten u.a. Krampfanfälle, Bewusstseinstrübungen, Wortfindungsstörungen.

sezettel. Es gelang ihr, die Auslegungen für das ganze Jahr 1954 noch fertigzustellen. Damit war es ihr geschenkt, diese Tageslese vierzig Jahre lang zu schreiben und so vielen Menschen den Zugang zur Bibel zu erleichtern.

Am 16. Januar 1954 diktiert sie folgende Zeilen für die *geliebten Schwestern*:

> *Heute möchte ich Euch über eine besondere Sache schreiben. Am kommenden Montag, den 18. Januar, können wir nämlich mit dem Bau von Danneckerstr. 48 B beginnen. Das ist natürlich ein großes Unternehmen, und nur im Gedanken daran, daß der Herr es will, können wir es wagen.*
>
> *Es ist mir aber ein so großes Anliegen, daß nicht nur ich und Schwester Berta und einige Schwestern dieses Werk mit dem Herrn beginnen, sondern daß es unser gemeinsamer Auftrag und unsere gemeinsame Verantwortung ist. Darum will ich es Euch auch gleich mitteilen, damit Ihr von Anfang an für die Sache im Glauben mitbeten könnt.*

Immer noch denkt sie im Zusammenhang des Ganzen, immer noch bringt sie täglich alle Namen der Schwestern im Gebet vor Gott, immer noch ringt sie darum, *daß Sein Wille auch weiterhin geschehen kann in all unseren Häusern!*

Ende Mai 1954 hielt sie die Hauptansprache beim »Mutterhaustag«, an dem sich alle Schwestern, denen es möglich ist, im Mutterhaus versammeln. Am zweiten Mutterhaustag im November 1954, an dem Christa von Viebahns Geburtstag gefeiert wird, konnte sie nur im Bett liegend die Übertragung aus dem großen Saal hören. An diesem Tag erzählten elf junge Schwestern, wie sie durch Gottes Güte ins Mutterhaus geführt worden waren.

Im Dezember diktiert Christa von Viebahn den Weihnachtsbrief an ihre Schwestern:

> *Sicher bieten sich Euch in den Weihnachtstagen Stunden der Stille, in denen Ihr selbst in Eurer Bibel noch manche Stellen finden könnt, die Euch Kostbares offenbaren über unseren herrlichen Herrn!*

Und dann habe ich mir in den letzten Wochen all Eure Grüße und Geschenke vorlesen lassen und angesehen und ich bin ganz gerührt ob der vielen Liebe, die ich an meinem Geburtstag von Euch habe erfahren dürfen. Nehmt so innigen Dank für diese Liebe, die ich aus der Hand des Herrn genommen habe, und Ihn dafür preise. Er wolle Euch ein reicher Belohner sein und Euch mit geistlichen Segnungen überschütten. Ja, immer wieder ist es meine Bitte zu unserem im Himmel thronenden Herrn, daß Er uns allen viel Neues, Kostbares schenke in Seiner Gemeinschaft und in Seinem Wort, so daß wir stets wachsen und Ihm viel Frucht bringen.

Dann möchte ich Euch noch sagen, daß es mir in den letzten Tagen wieder besser geht. Das hat der Herr getan, denn ich war diesmal ganz nahe an den Pforten der Ewigkeit! Ich wäre natürlich sehr freudig zum Herrn gegangen, aber wenn ich an das ganze Werk denke und an Euch alle einzeln, dann bleibe ich auch noch gern hier. Viel flehe ich, daß unser ganzes Werk von einem Wind der Ewigkeit durchweht werde und daß ein ganz neuer Eifer zum nahen Umgang mit dem Herrn erwache.

Dies war ihr letzter Brief an die Schwestern, ihre letzte Tat als Oberin der von ihr gegründeten und durch viele schwierige Umstände und Bedrohungen hindurch geführten Aidlinger Schwesternschaft.

Den Heiligen Abend erlebte sie – im Bett liegend – im Kreise der feiernden Mutterhausfamilie. Da sagte sie zu den Schwestern:

Ich bin so glücklich, weil ich die Gemeinschaft mit dem Herrn Jesus habe. Wie kurz und vergänglich ist doch dieses Leben. Im Licht der nahen Ewigkeit leben wir, und gerade an solchen Tagen dürfen wir uns ganz nahe an den Herrn halten und mit Ihm für die Einzelnen beten.

Nach wenigen Tagen stellten sich wieder heftige Krampfanfälle ein, die sie weiter schwächten.

Die »Tagung« am 1. Januar 1955 konnte sie nicht mehr besuchen. Dort stand ein Jubiläum im Mittelpunkt: Vierzig Jahre bestand nun die Arbeit in Stuttgart. Als die Schwestern von dort zurückkamen, hatte sich das Befinden von Mutter Christa stark verschlechtert.

»Herr, Du Gott, begegne mir heute!«[*]

Ein kleines Kalenderblättchen wurde aufbewahrt. Darauf ist für den 2. Januar 1955 das Bibelwort »Herr, Du Gott, begegne mir heute!« gedruckt. Auf der Rückseite ist Hermann Bezzel[**] zitiert:

> *Das Wort: »Ich komme bald!« tönt in den Arbeitsmorgen herein, an dem die Aufgabe so schwer und unüberwindbar scheint. Und wenn es Abend geworden ist, Abend im Arbeitsleben, dann will Er uns über dem Weh des Unerreichten trösten: Siehe, Ich komme bald! Nicht als Richter, sondern als Retter, nicht um unser Leben inhaltsleer zu zerbrechen, sondern um es mit Gnade und Erbarmen zu krönen.*

Es war nun wirklich Abend geworden in diesem Arbeitsleben, das Christa von Viebahn für Christus gelebt hatte. Schwester Berta berichtet von den letzten Stunden:

> *Bangend verbrachten wir die Nacht. Vom Herrn gestärkt und gehalten waren wir den Sonntag an Mutters Bett. Von fünf bis sieben Uhr abends war die körperliche Not besonders groß. Um acht Uhr brach ein überirdisches Leuchten und Staunen auf dem so schmal gewordenen Gesicht durch und ihre Seele war beim Herrn.*

Nun war am 2. Januar 1955 ihr Leben in Aidlingen beendet, das sie am 25. November 1873 in Wiesbaden nur mit Mühe begonnen hatte. Sie hatte früh entdeckt, dass ein Leben, das sich an Gott und seinem Wort ausrichtet, eine unerwartete Tiefe, eine befreiende Weite und großen inneren Reichtum gewinnt. Diese Erfahrung wollte sie mit anderen teilen. Sie sammelte Helferinnen und Schwestern um sich, führte sie in die Heilige Schrift ein, achtete auf ihre Bildung und Erziehung, drängte sie, immer vorwärtszugehen, das große Ziel der Freundschaft mit Gott nicht aus den Augen zu verlieren.

---

[*]   Nach 1. Mose 24,12.
[**] 1861–1917, Rektor der Diakonissenanstalt Neuen-Dettelsau.

Die Trauerfeier fand am 6. Januar 1955 im großen Saal des Mutterhauses statt, an dessen Wänden immer noch die einladenden Bibelworte zu lesen waren, die Elisabeth von Viebahn entworfen hatte.

Der Schwesternchor sang während der Feier u. a. ein Lied, dessen Text von ihrer jüngsten Schwester stammt, von Anni von Viebahn-Werthern.

Es war durch die Vertonung von Friedrich Hänssler sen. populär geworden:

Auf Adlersflügeln getragen
übers brausende Meer der Zeit,
getragen auf Adlersflügeln
bis hinein in die Ewigkeit.
Über Berge und Täler und Gründe,
immer höher zur himmlischen Höh;
die Flügel sind stark, die mich tragen,
die Flügel, auf denen ich steh.

Und unter denselben Flügeln,
wie wunderbar ruhe ich aus!
Da ist meine Zufluchtsstätte,
mein festes, sichres Haus.
Der Feind mag über mir kreisen
und zielen und spähn wie er will:
die Flügel sind stark, die mich decken,
und unter den Flügeln bleibt's still.

Ja, unter den Flügeln geborgen
und auf den Flügeln bewahrt,
das gibt ein seliges Ruhen,
das gibt eine glückliche Fahrt;
das gibt ein sicheres Wissen
bei wechselnder Pilgerschaft;
denn unter den Flügeln ist Frieden,
und auf den Flügeln ist Kraft.
Anni von Viebahn (1884–1931)

Es ist bewegend, dass Anni, nach deren Geburt ihre Mutter Christine damals in Engers am Rhein gestorben war, nun durch diesen Text auch »anwesend« war. Tatsächlich konnten aus dem Geschwisterkreis die »Lieblingsschwester« Pauline von Herff und die Brüder Dr. Ing. Friedrich Wilhelm (F. W.) und Bernd von Viebahn dabei sein. Die Trauerfeier wurde in die Aidlinger Kirche übertragen, da sehr viele Menschen zu diesem Abschied gekommen waren.

Nach der Feier wurde Christa von Viebahn in einem vorbereiteten Grab im Garten des Mutterhauses beigesetzt. Dieses »Gartengrab« wurde zu einer schlichten Gedenkstätte umgewandelt. Ein schmuckloses hohes Kreuz weist auf die Erlösungstat Jesu Christi hin. In einer schlichten Steinplatte sind ihre Lebensdaten und ihr Lebensmotto eingraviert:

»Wer an mich glaubt, wie die Schrift sagt, von dessen Leibe werden Ströme lebendigen Wassers fließen.«[*]

Christa von Viebahn glaubte an die Wahrheit der Heiligen Schrift. Das bezeugte sie durch ihr Leben, das uns, die wir ihrer Lebensgeschichte nachgegangen sind, einlädt, der Kraft der Heiligen Schrift auch zu vertrauen.

Schlussgedanken

Die Schwesternschaft nahm über einen langen Zeitraum hinweg immer wieder neue Projekte in Angriff, die mit Hingabe, Schwung und Begeisterung bewältigt und gestaltet wurden. Immer wieder ließen sich junge Frauen von dieser Möglichkeit, Gott und den Menschen zu dienen, anstecken. Sie folgten Gottes Ruf, sich mit ihren verschiedenen Gaben und Fähigkeiten in die Gemeinschaft der Diakonissen einzureihen.

Ich selbst lebe seit fünfzig Jahren mit den Schwestern. Oberin von Viebahn lernte ich nicht mehr kennen. Aber Oberin Berta Kempf prägte weite Strecken meines Schwesternlebens. Somit habe ich viel von dem Schwung und der Unbekümmertheit der neuen Anfänge miterlebt und selbst an verschiedenen Stellen mit angepackt.

---

[*] Johannes 7,38.

Doch es gibt einen Satz, der nachdenklich macht: »*Die erste Generation gründet, die zweite erhält und verwaltet, die dritte verspielt das Erbe.*« Diese Behauptung stützt sich auf viele Beispiele aus der Geschichte und wirkt dadurch bestürzend wahr. Und darum müssen auch wir als Aidlinger Schwestern uns damit auseinandersetzen.

Gründer(-innen) sind meist so starke Persönlichkeiten, dass sie lange Schatten werfen. Die nachfolgenden Generationen können sich nur schwer davon lösen und ihren eigenen Weg finden. Auch die »starken frommen Frauen« der ersten Stunde in Stuttgart und Aidlingen hatten eine Überzeugungs- und Gestaltungskraft, über die wir Schwestern bis heute nur staunen können. Dankbar schauen wir auf das, was Gott durch sie gewirkt hat.

Die Zeiten haben sich geändert. Manches ist leichter geworden. Uns bedrohten keine Kriege oder schwere finanzielle Engpässe. Wir konnten die Früchte ernten und genießen, die von der Gründergeneration gepflanzt wurden. Doch wenn äußere Existenzsorgen nicht mehr bedrängen und »nur« das Erreichte zu bewahren und zu erhalten ist, lauern andere Gefahren. Allzu schnell kann materielle Sicherheit das gnädige Leuchten der Nähe Gottes auslöschen, durch das auch eine Schwesterngemeinschaft anziehend gemacht und der himmlische Vater geehrt wird. Allzu leicht können wir vergessen, wie schwer errungen wurde, woraus wir bis heute schöpfen.

Deshalb trachten wir danach, die Kompassnadel des Glaubens immer wieder neu auf Gottes Wort auszurichten und in Wort und Tat nach seinem Willen zu leben. Darin sind wir Lernende. Und wir bleiben Bittende: Nur der lebendige Gott kann Frauen berufen, mit uns in einer verbindlichen Gemeinschaft zu leben, um sein Wort auszubreiten und seine Wiederkunft zu erwarten. Er muss uns mit seinen Augen leiten, uns den Weg zeigen, den wir gehen sollen.[*]

In unserer postmodernen und stark säkularisierten, individualistisch geprägten Zeit suchen wir gemeinsam nach neuen Wegen, den Menschen Gottes Liebe, seine Barmherzigkeit und seinen Rettungswillen nahezubringen. An Gott liegt es nicht, wenn uns dies nicht so umfassend gelingt, wie wir es uns erbitten. Die Fähigkeit, sich nach

---

[*] Nach Psalm 32,8.

Gottes Willen ganz an ihn und dem Dienst an den Menschen hinzugeben, ist kein Selbstläufer. Unsere bedingungslose Hingabe kann von vielen Bedenken und Zweifeln ausgebremst werden. Der Blick auf Gottes unbegrenzte Möglichkeiten kann von Fragen nach Formen und Strukturen verstellt werden. Diese Anfechtung erleben wir durchaus.

Wir wollen das Erbe nicht verspielen. Wir glauben, dass unsere Schwesternschaft weder dem demografischen Wandel noch dem Zeitgeist erliegen muss. Wir glauben das, weil »*Jesus Christus derselbe ist, gestern und heute und in Ewigkeit*«*. Sein Auftrag für seine Nachfolger hat sich nie geändert: »*Mir ist gegeben alle Gewalt im Himmel und auf Erden. Darum gehet hin und machet zu Jüngern alle Völker und lehret sie halten alles, was ich euch befohlen habe. Und siehe, ich bin bei euch alle Tage bis an der Welt Ende.*«**

Die äußeren Formen einer zeitgemäßen Schwesternschaft mögen sich wandeln, nicht aber die Inhalte der Verkündigung und der diakonischen Aufgaben an Menschen. Die Strukturen können sich ändern. Bleiben wird die Berufung zu einem Leben, das Gott zur Verfügung steht als »Ancilla Domini«.

In ihrem »Vermächtnis« sagt Christa von Viebahn: *Unser Wirken muss genug von der Liebe Christi und vom Licht der Bibel, vom Licht des Heiligen Geistes durchdrungen werden.*

Dies bleibt gültig. Über Generationen hinweg.

Schwester Heidemarie Führer, Villingen,
»Tannenhöhe«, im Juli 2013

---

* Hebräer 13,8.
** Matthäus 28,18-20.

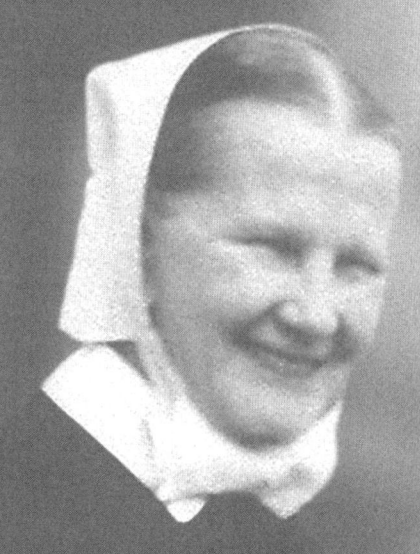

DRITTER TEIL

GESCHICHTE UND GESCHICHTEN

Orden und Arrest

Schon mit dreiundzwanzig Jahren war Georg von Viebahn zur Militärakademie nach Berlin kommandiert worden (1863). In dieser Zeit drängte das dänische Parlament seinen König, das Herzogtum Schleswig zu annektieren. König Christian IX. zögerte. Das preußische Parlament dagegen wollte keinen Krieg mit Dänemark, genehmigte keinen Pfennig für die Kriegskasse und warnte den König vor Bismarcks Kriegstreiberei. Umsonst. Unaufhaltsam wie ein Gewitter braute sich 1864 der Krieg zusammen.

Da hielt es den Sekondeleutnant von Viebahn damals nicht mehr in seiner Berliner Garnison. Er erbat sich Anfang April 1864 Urlaub und die Genehmigung, sich seinen Kameraden im Infanterie-Regiment Nr. 15 anschließen zu dürfen. Dort lernte er Henry von Burt kennen, Hauptmann und Adjutant des Feldmarschalls Graf von Moltke. Burt fragte ihn gleich am ersten Nachmittag, ob er wisse, dass er unter »die Mucker«* geraten sei? *Da fanden wir uns denn in dem Herrn und verlebten damals eine köstliche Zeit,* notiert Georg. Sie blieben zeitlebens Freunde. Unbekümmert blieb er bei der Truppe, obwohl sein Urlaub längst zu Ende war.

Am 18. April, morgens um zehn Uhr, begann der Sturm auf die »Düppeler Schanzen«, eine Anhöhe am Übergang zwischen der Insel Alsen und der Stadt Sonderburg. Georg von Viebahn erlebte seine erste blutige Schlacht. Dies war nun keine Übung mehr, sondern feindliche Kugeln pfiffen ihm um die Ohren, verwundete Soldaten stürzten neben ihm schreiend zu Boden, andere starben qualvoll.

Um zwölf Uhr fiel die letzte Schanze in preußische Hand. Die geschlagenen Dänen beklagten 3 549 tote Soldaten und 56 Offiziere. Die sieghaften Preußen verloren 71 Offiziere und 1 130 Mann.[30]

Für seine Tapferkeit wurde Georg von Viebahn mit dem Roten Adlerorden ausgezeichnet, für die eigenmächtige Urlaubsüberschreitung musste er fünf Tage Stubenarrest absitzen.

---

* Mucker war ein damals gängiger Spitzname für gläubige Christen; ursprünglich für Christen aus der französischen Erweckungsbewegung (*mômiers* – Mucker).

Der Tod des Kaisers

Das Jahr 1888 ging als Drei-Kaiser-Jahr in die Geschichte ein: Kaiser Wilhelm I. starb am 9. März, sein Sohn, Kaiser Friedrich, bestieg als todkranker Mann den Thron und starb am 15. Juni*. Dessen Sohn übernahm noch am selben Tag die Regentschaft als Kaiser Wilhelm II. Zwei Jahre später entließ Wilhelm II. seinen Kanzler Otto von Bismarck. Der »eiserne Kanzler« hatte Preußen großmachen wollen. Dafür nahm er viele – oft faule – Kompromisse in Kauf. Sie vertuschten das schlechte Fundament, auf dem er das Deutsche Reich in Versailles gebaut hatte. Der Kaiser war immer noch König von Preußen, Bismarck Ministerpräsident Preußens und Kanzler des Deutschen Reiches. Dieses Zwitterdasein hielt Preußen nicht aus, es wurde vom Reich »geschluckt«. Hatte Bismarck bis 1871 geschickt und geschmeidig seine Ziele verfolgt, stotterte in den kommenden zwanzig Jahren der Motor seiner Diplomatie.

Die Innenpolitik stellte Bismarck ständig vor neue Probleme. Zu sehr war er geprägt von seinem herrschaftlichen Schalten und Walten als Großgrundbesitzer in der Altmark. Der Reichstag mit seinen neu entstandenen Parteien des katholischen Zentrums (Vorläufer der heutigen CDU), der Liberalen und Freisinnigen (Wurzelboden der FDP) und der Sozialdemokratischen Partei war ihm lästig.

Mit dem »Kulturkampf« versuchte er den Einfluss der »Zentrumspartei« zurückzudrängen. Es war ein Kampf zwischen einem zunehmend säkularisierten Staat und den Rechten der Kirche in Bildung und Gesellschaft. Bismarck setzte die Zivilehe durch und entzog der Geistlichkeit die Hoheit über das Bildungswesen.

Die Sozialdemokraten verfolgte er brutal als »Reichsfeinde«, zwang ihre Führer und Parteigänger in den Untergrund und schickte sie zu Hunderten in die Zuchthäuser. Und dies, obwohl die Zustände unter

---

* Georg von Viebahn notiert dazu in der Chronik: »Der Kronprinz starb nach langen und sehr schweren Leiden, die er gottergeben getragen hatte. Er war mir stets sehr gnädig gesinnt gewesen, hatte mir noch in den letzten Wochen einen Gruß gesendet. Ich reiste deshalb auf Aufforderung der Kaiserin Victoria zum Leichenbegängnis nach Potsdam.«

den Industriearbeitern zum Teil tatsächlich fürchterlich waren und besonders von den Sozialdemokraten angeprangert wurden.

Der Wandel vom Agrar- zum Industriestaat war ein schmerzlicher Prozess, der die ärmere Bevölkerung hart traf. Die Industrie wuchs zwar, aber nicht schnell genug. Für die wachsende Bevölkerung gab es nicht genügend Arbeitsplätze. Die Löhne sanken. Noch immer wurde zehn, elf, zwölf, dreizehn Stunden täglich hart gearbeitet – auch von Kindern. Die Sonntagsruhe war (noch) nicht gesetzlich geschützt.

Die Landbevölkerung strömte in die hässlichen Mietwohnungen der immer größer werdenden Städte. Großstädte entstanden. Berlin verzehnfachte seine Bevölkerung zwischen 1848 und 1914 von 400 000 auf vier Millionen. Oft teilten sich mehrere vielköpfige Familien viel zu kleine Wohnungen in engen Vierteln. Die sanitären Anlagen waren völlig unzureichend. Der erneute Ausbruch einer schwarzen Cholera-Epidemie im Hamburger Gängeviertel 1892 war eine direkte Folge solch katastrophaler Verhältnisse.

Bismarck sah sich gezwungen, eine Sozialgesetzgebung auf den Weg zu bringen: die allgemeine Krankenversicherung der Lohnabhängigen (1883), ein Jahr später das Gesetz zur Unfallversicherung, schließlich das Gesetz zur Invaliditäts- und Altersversicherung (1889). Dies tat er nicht aus reiner Menschenfreundlichkeit, sondern er hoffte, durch seine Gesetze sowohl das Zentrum als auch die Arbeiterpartei zu schwächen. Doch das Gegenteil geschah.

Gleichzeitig beschwerten sich die pommerschen Gutsbesitzer bei Bismarck. Sie hielten an ihrer alten Lebensweise fest und wehrten sich gegen die Verstädterung und Industrialisierung. Der Landadel, der ursprünglich den preußischen Staat geschaffen hatte, verarmte. Die Güter warfen zu geringe Erträge ab. Bismarck versuchte zu helfen, indem er Schutzzölle auf Getreide und andere landwirtschaftliche Erzeugnisse legte. Dies machte aber die Brotpreise für die Industriearbeiter zu teuer. Deshalb kam es immer wieder im ganzen Reich zu den sogenannten Brotkrawallen.

Erfinder, Ingenieure, Chemiker lieferten ständig neue Produkte, die von der Industrie begierig aufgenommen wurden. Die deutsche Medizin errang um die Jahrhundertwende Weltruhm: Emil von Behring gelang es, das Diphterie-Serum zu gewinnen, und er wurde

1901 dafür mit dem Nobelpreis für Medizin ausgezeichnet. Vier Jahre später erhielt Robert Koch dieselbe Auszeichnung, weil er die Erreger von Tuberkulose und Cholera unter dem Mikroskop aufgespürt hatte. Und schließlich erlangte Rudolf Virchow auf dem Gebiet der zellularen Forschung Weltruhm.

Bismarck spürte, dass seine Vision, aller Welt zu zeigen, wie groß und mächtig Preußen war, nicht zu realisieren war. Als sich unter Wilhelm II. das prunk- und prachtliebende, tanzende, dichtende, malende und zugleich konservative Wilhelminische Zeitalter seinen Weg bahnte, grollte Bismarck vergeblich auf seinem Altersruhesitz.

Der Historiker Jürgen Osterhammel[31] bezeichnet seine *Geschichte des 19. Jahrhunderts* als »Verwandlung der Welt«. Dies war in der Tat der Fall. Althergebrachtes zerbrach, neue Formen und Normen wurden gesucht und geschaffen, Tugenden und Untugenden wurden ausgelebt und liberalisierten konservative Wertvorstellungen. Amerika, China, Indien, Japan, Indonesien, Afrika kamen deutlicher ins Bild, weiteten den engen Horizont des europäischen Kontinents.

Europa im Strom christlicher Nächstenliebe

Das Kommunistische Manifest von Karl Marx und Friedrich Engels war seit Februar 1848 in der Welt. Es enthielt verlockende Theorien, um das zunehmende Elend der Arbeiterschaft zu beenden. Revolutionäre Umtriebe, Krawalle und Streiks flammten in vielen Ländern an verschiedenen Orten auf, auch in Deutschland. Bismarck und sein Kabinett hatten zunächst andere Sorgen, als die sozialen Spannungen zu beseitigen, die im Zuge der Industrialisierung und der Landflucht entstanden waren. Auch die Kirchen sahen zunächst nicht, welche Sprengkraft in diesen Veränderungen der Gesellschaft steckte.

Doch durch das ganze 19. Jahrhundert hindurch floss ein Strom christlicher Nächstenliebe, der in einer lebendigen Frömmigkeit seine Quelle hatte. Er ging besonders von evangelischen, aber auch von katholischen Christen aus.

Diese sogenannte Erweckungsbewegung war bunt und lebendig und hatte kein festgelegtes Programm wie ihr Vorläufer:

Der frühe Pietismus

Die 1675 entstandene Schrift *Pia Desideria* (fromme Wünsche) von *Philipp Jakob Spener* vermittelt ein Sechs-Punkte-Programm. Die Bibel, das lebendige Wort Gottes, sollte verstärkt unter die Leute gebracht werden. In wöchentlichen Treffen in verschiedenen Häusern sprachen die Teilnehmer über Bibeltexte und ermutigten sich gegenseitig durch das gemeinsame Gebet für ihren Alltag. Speners Impulse führten weg vom konfessionellen Streit, der in den Kirchen herrschte. Er forderte mehr die praktische Glaubenstat, weniger Kopfwissen.*

Der Arbeit Speners in Frankfurt folgte bald das große pädagogische Werk von *August Hermann Francke* (1663–1727) in Halle, das zunächst mit einer Armenschule und einem Waisenhaus begonnen hatte. Francke pflegte gute Kontakte zu einflussreichen Persönlichkeiten in Berlin, Kopenhagen und in den Kreisen des Adels.

Auch Francke wollte seinen Schülern nicht nur die Welt der Naturwissenschaften, der Sprachen und Formeln nahebringen, sondern vermittelte ihnen auch den Glauben an einen persönlichen Gott, der in Jesus Christus ergriffen werden kann.

Ein Schüler von Francke, *Reichsgraf Nikolaus Ludwig von Zinzendorf* (1700–1760), gründete die Herrnhuter Brüdergemeine im Geist der Jesusliebe. Dort versammelten sich neben hochgestellten auch einfache Menschen, Diener, Mägde, Handwerker und Bauern, die Gottes Liebe mit ihrem Leben widerspiegeln wollten.

Die Pietisten korrespondierten untereinander, besuchten sich gegenseitig, versorgten sich mit Literatur, die sie im Glauben stärkte. Wohin sie kamen, sprachen sie über ihren Glauben, bezeugten, dass Christus von den Toten auferstanden ist. Sie nahmen aufmerksam die Nöte

---

der Schwachen in der Gesellschaft wahr, versuchten ihnen zu helfen und ihr Los zu erleichtern.

Im 19. Jahrhundert zerfloss die pietistische Bewegung in viele verschiedene Gruppen. Sie hatte im Adel ihre Bekenner genauso wie in der preußischen Beamtenschaft und in Kreisen von Unternehmern. Sie hatte Theologen und Laien »angesteckt«, sie wirkte in England genauso wie in Skandinavien. In den reformierten Kirchen der Westschweiz und Frankreichs sprach man vom Réveil (franz. = Wecker, Erweckung).

Die Deutsche Christentums-Gesellschaft wurde ein Sammelbecken für *Liebhaber christlicher Wahrheit und Gottseligkeit*, so der Titel einer Monatszeitschrift, die sie herausgab. Es entstanden Bibel- und Missionsgesellschaften in Basel, Stuttgart, London, New York – immer mit dem Ziel: Die gute Nachricht von Jesus Christus muss verbreitet werden. Denn nicht Ideologien retten die Menschen, sondern nur der lebendige Glaube an Christus. Daran entzündeten sich viele Ideen, die ganz verschiedene Menschen zu immer neuen Aufgaben führten:

Amalie Sieveking (1794–1859) gründete in Hamburg einen »weiblichen Verein der Armen- und Krankenpflege« in freier Trägerschaft. Überall entstanden nun solche und ähnliche Vereine.

Johann Hinrich Wichern (1808–1881) nahm den Impuls seiner Förderin Sieveking auf. Er holte verwahrloste Kinder und Jugendliche von Hamburgs Straßen, brachte sie im »Rauhen Haus« unter und unterrichtete sie dort (1833). Überall entstanden christliche »Rettungshäuser« als Gegenstück zu den Zucht- und Arbeitshäusern des Staates.

Wichern gründete die Innere Mission, die mit seiner Aufsehen erregenden Rede beim Kirchentag in Wittenberg ihren Anfang nahm (1848). Er warnte Staat und Kirche, die Not der Arbeiter zu ignorieren, weil sie die Menschen buchstäblich in die Arme von Kommunisten und Revolutionären trieb, die wiederum ganze Volksgruppen zu Atheisten erzogen. Denn wer konnte schon an einen Gott glauben, wenn er in Dreck, Hunger und Armut sein menschenverachtendes Dasein fristen musste?

Diese Gefahr sah *Friedrich von Bodelschwingh* (1831–1910) sehr deutlich. Er schuf in Bethel* bei Bielefeld eine Heimat für epilepsie-

---

* »Gottes Haus«.

kranke und behinderte Menschen. Besonders kümmerte er sich aber um die obdachlosen Wanderarbeiter, um »arbeitslustige, arbeitslose Menschen«. Denn nach wie vor strömten Tagelöhner, Bauern und Handwerker in die wachsenden Vorstädte, um Arbeit und Brot zu finden – und fanden meistens nur Elend.

Die Christen der Erweckungsbewegung bemühten sich auch, die üblen Zustände in den Gefängnissen zu verbessern. Dabei inspirierte sie das Vorbild von *Elisabeth Fry* (1780–1845) in England.

Außerdem setzten sich die Christen für eine Reform in der Krankenpflege ein, die sich ebenfalls in einem heillosen Zustand befand. Ihr charismatischer Wortführer war *Theodor Fliedner* (1800–1864), der mit seiner ersten Frau *Friederike* (1800–1842) die bahnbrechenden Gedanken der Mutterhausdiakonie in Kaiserswerth umgesetzt hatte. Die Schwestern sollten Dienerinnen Jesu und der Kranken sein und dabei auch einander dienen.

Fliedner organisierte die Leitung der Mutterhäuser auf eine doppelte Weise: ein Theologe als männlicher Vorgesetzter und Geschäftsführer, und die ihm unterstellte Oberin, die meist aus dem gehobenen Bürgertum oder dem Adel kam. Sie war zuständig für die direkten Anliegen der Schwestern.

Davon löste sich *Eva von Tiele-Winckler* (1866–1930) und beschritt einen neuen Weg der Mutterhausdiakonie. Sie gründete eine evangelische Schwesternschaft, in der sie allein als Vorstand und Oberin tätig war. Zugleich blieb sie aber immer Schwester unter Schwestern.

Ebenfalls neu war, dass sie über die Dörfer und Städte verstreut kleine »Kinderheimaten« gründete, keine großen Rettungshäuser. Die Kinder lebten mit ihren Diakonissen und Helferinnen wie in einer Familie zusammen.

Eva von Tiele-Winckler hatte in jungen Jahren durch das Lesen in ihrer Bibel zum persönlichen Glauben an Jesus Christus gefunden. Wie ihre früh verstorbene Mutter, sah auch sie die Not der Bergarbeiterfamilien. Schon als Jugendliche richtete sie im elterlichen Schloss eine Armenküche ein und versorgte die Armen mit Kleidung. Dafür verwendete sie ihr Taschengeld. In Bethel erlernte sie die Krankenpflege und kehrte dann in ihre oberschlesische Heimat, nach Miechowitz, zurück. Bald gründete sie mit eigenen Mitteln ein Hilfsprogramm für heimatlose Kinder. Daraus erwuchs ab 1890 unter anderem eine diakonische Einrichtung für Alte, Kranke und Obdachlose.

Die Gemeinschaftsbewegung

Der vielfältige diakonische Einsatz der Christen konnte dennoch nicht verhindern, dass sich viele Menschen ab 1880 zunehmend von den christlichen Werten abwandten. Die Erweckungsbewegung »war in die Jahre gekommen«, sie zündete nicht mehr so wie am Anfang. Doch sie bekam wieder neuen Schwung durch eine überraschende Erweckung unter der Jugend, durch die Gemeinschaftsbewegung. Der »Jugendbund für entschiedenes Christentum« (EC) entstand, Schüler- und Mädchenbibelkreise wurden gegründet. Der »Gnadauer Gemeinschaftsverband« entwickelte sich, um den sich besonders Reichsgraf Eduard von Pückler große Verdienste erwarb.

Es war die Zeit von Zeltmission und großen Evangelisationen im Freien. Der »Christliche Verein Junger Männer« (CVJM) und die »Deutsche Christliche Studentenvereinigung« (DCSV) entstanden, um auch in diese Kreise das Evangelium von Jesus Christus hineinzutragen.

Die aus dem anglo-amerikanischen Raum stammende Heiligungsbewegung befruchtete die Gemeinschaftsbewegung auf dem Kontinent.

Der Engländer *William Booth (1829–1912)*, der Gründer der Heilsarmee, kümmerte sich unablässig mit seinen Helfern um die Ärmsten der Armen, z. B. um alkoholabhängige Menschen, um Prostituierte. Die Mitglieder der Heilsarmee scheuten sich nicht, die dunkelsten Winkel der Gesellschaft aufzusuchen.

Um 1900 gründete *Hedwig von Redern* den Deutschen Frauen-Missions-Gebets-Bund. Sie stammte aus einem alten märkischen Adelsgeschlecht. Nach dem frühen Tod des Vaters und dem Verlust des Stammsitzes durch einen Brand lebte sie in ärmlichen Verhältnissen in Berlin.

Durch die Predigten von Elias Schrenk wurde ihr der Glaube an einen lebendigen Gott zum neuen Lebensinhalt. Davon inspiriert, schrieb sie viele christliche Lieder und Erzählungen. Sehr bekannt wurde ihr

Lied: »Weiß ich den Weg auch nicht, du weißt ihn wohl«, das auch heute noch in vielen Gesangbüchern abgedruckt ist.

Brief von Johann Hinrich Wichern an seine Frau, 1. März 1849:

Das wichtigste Ereignis war die gestrige Versammlung in der Elisabethschule. Was diesmal reizte, war außer der Sache selbst, die mich immer bewegt, die Teilnahme von vielen Gutsbesitzern und Geistlichen, die zum Teil meilenweit hergekommen waren.

Der Saal, wohl vierhundert Menschen fassend, war gänzlich gefüllt, ebenso viele hatten umkehren müssen. Es war, wie man erwartet hatte, alles durcheinander: Demokraten von reinstem Wasser, Konservative, gute und schlechte, Stadträte, Bürgermeister, der Konsistorialpräsident, Räte der Regierung, Militärs, die meisten Pastoren der Stadt, eine große Menge von solchen, die den Pietismus fürchten, dazwischen Schullehrer und einige Kaufleute. Natürlich fehlten die wenigen »Christlichen« nicht, die zum Teil verlangten, daß das Bekenntnis hinsichtlich des Dogmas so auf den Präsentierteller gelegt werden sollte, daß alle andern alsbald erkennen möchten, daß man mit ihnen nichts zu tun habe. Dazu waren die Führer der Altlutheraner, Baptisten, ferner solche erschienen, welche von der Inneren Mission den Untergang der Kirche fürchten, wie auch die, die von ihr deren Auferstehung hoffen.

Dieses Schlachtfeld reizte mich, nach allen Seiten hin zu versuchen, die Innere Mission als ein Werk des Friedens und der allseitigen Beschämung und Erhebung geltend zu machen und ihr für die verschiedensten Standpunkte Bahn zu brechen. Ich habe 2 ½ Stunden geredet; die Zuhörer waren wie gebannt. Und der Gang des Ganzen, der erst im Moment der Rede entstand, war ein aufsteigender, der zuletzt die Zuhörerschaft auf eine Stufe der allgemeinen Überzeugung zu führen schien und sich von da aus mit freudiger Hoffnung und Aussicht schließen ließ.[32]

Wicherns Vortrag wirkte wie der Funke in ein vorbereitetes Pulverfass. Es wurden sofort Nägel mit Köpfen gemacht und der Provinzialverein der Inneren Mission für Pommern, mit Sitz in Stettin, gegründet. Zwei Sonntage danach wurde von allen Kanzeln Stettins eine Bußpredigt im Gottesdienst gehalten. Die Menschen wurden eingeladen, die Hilfe der Inneren Mission anzunehmen bzw. tatkräftig zu unterstützen. Kirchenhistoriker halten das Datum der Rede Wicherns für das »bedeutendste und nachhaltigste in der Kirchen- und Diakoniegeschichte Pommerns im 19. Jahrhundert«. Schon etwa ein Jahr später gab es vierundzwanzig Rettungshäuser – verstreut über ganz Pommern – nach dem Vorbild des Rauhen Hauses in Hamburg.

Im Hotel »Vier Jahreszeiten«

Georg von Viebahn lud eine größere Anzahl von Offizieren mit ihren Frauen nach Berlin in das Hotel »Vier Jahreszeiten« ein. Am 4. März 1898 traf man sich. Nach einem Abendessen in zwangloser Runde hielt er einen Vortrag: *Aufgabe und Stellung des deutschen Offizierskorps in der Gegenwart – Die Bedeutung der Bibel für den Offizier.* Einige Unterthemen lauteten: *Hat der Offizier Zeit, die Bibel zu lesen? Das Wort Gottes treibt zur Trennung von der Sünde und zum Bekenntnis. Stellung und Wert der Bekenner Jesu im deutschen Offizierskorps.*

Diese Treffen im Hotel »Vier Jahreszeiten« fanden nun einmal jährlich statt. Es kamen immer mehr Teilnehmer dazu. Damit begann eine fruchtbare missionarische Arbeit unter den Offizieren des Heeres und der Marine. Manche Kameraden unterstützten Georg von Viebahn tatkräftig.

Niemand ahnte damals auch nur entfernt, dass diese Zeit des wirtschaftlichen Aufschwungs, des Fortschritts, der Erfindungen, des Friedens schon in sechzehn Jahren in einem verheerenden Weltkrieg ihr jähes Ende finden würde. Und dass Tausende der Offiziere und Soldaten, denen Georg von Viebahn den Weg zum ewigen Leben in Christus zeigte, ihr Leben auf den Schlachtfeldern verlieren würden.

Auseinandersetzungen

Es war keineswegs so, dass Georg von Viebahn am Ende seiner militärischen Laufbahn aller Konflikte ledig war. Er geriet in unerwartete Auseinandersetzungen, eigentlich in einen »Zweifrontenkrieg«. Die eine Front eröffnete sich in Berlin, als *ein evangelischer Pfarrer der preußischen Landeskirche öffentlich erklärte, nicht mehr an die Gottessohnschaft Jesu Christi glauben zu können. Dieser Erklärung traten bald über dreißig evangelische Pfarrer, Professoren und Männer im Amt der Wissenschaft bei,* notierte Friedrich Wilhelm.

Auch bei seinen Gottesdienstbesuchen in Stettin stellte der General traurig fest, dass von der Kanzel viele biblische Wahrheiten infrage gestellt wurden. Er wandte sich deshalb an die Kirchenleitung der Pommerschen Kirche. Von dort bekam er keine klaren Antworten, obwohl die Kirchenverfassung auf den lutherischen Bekenntnissen beruhte. Christus und die Schrift standen darin deutlich im Mittelpunkt und waren als Inhalt der Verkündigung festgelegt. So reichte der wahrheitsliebende Georg von Viebahn auch hier aus Gewissensgründen seinen »Abschied von der Landeskirche« ein. Seitdem nannte er sich *Christ ohne Konfession.*

Er hielt sich weiter zur »Versammlung«. Doch nun nahmen ihn die »Brüder« unter »Beschuss«, weil sie seine Evangelisationen und Kontakte zu gläubigen Christen aus anderen Denominationen ablehnten. In der »Versammlung« herrschte eine Enge der biblischen Auslegung, der Viebahn längst entwachsen war. Durch seine Vertrautheit mit der Bibel, durch die schweren Lebensführungen, durch konkrete Antworten auf Gebete in seinem Leben war er in eine große innere Weite geführt worden. Er lehnte den Anspruch der Ausschließlichkeit, wie ihn die »Brüder« verlangten, als unbiblisch ab. Er vertrat den Standpunkt, dass Gottes Wirken nicht auf die Aktivitäten der »Brüder« beschränkt sei. Die »Brüder« drohten mit Ausschluss, wogegen sich Viebahn entschlossen wehrte. Wenn wir es militärisch ausdrücken wollen, lag er fortan unter »kritischem Artilleriefeuer« der eigenen Leute, während er an der »Front der Verkündigung« für seinen Herrn im Dienst stand.

Die Schwabenmetropole

Vom 18.–25. August 1907 fand in Stuttgart der Internationale Sozialistenkongress in der »Liederhalle«* statt, zum ersten und einzigen Mal auf deutschem Boden. Vielleicht war die Wahl deshalb auf Stuttgart gefallen, weil der König von Württemberg am 1. Dezember 1905 bestimmt hatte: Für die Aufnahme von Frauen an der Technischen Hochschule gelten dieselben Bedingungen wie für Männer.

Zur Eröffnung des Kongresses waren 65 000 Menschen in die Stadt gekommen. Ein Russe namens Wladimir Iljitsch Lenin befand sich unter den Teilnehmern. Nur wenige wussten um seine radikalen Ansätze, die er dann ab 1917 in Russland mit brutaler Gewalt durchsetzte.

Parallel zu diesem Kongress wurde eine internationale Frauenkonferenz abgehalten. Immer noch gab es kein Wahlrecht für Frauen, immer noch waren sie von den Bildungswegen der Männer weitgehend ausgeschlossen, immer noch wurden sie im Arbeitsrecht schwer benachteiligt. Für Verbesserungen kämpften Frauenrechtlerinnen wie Clara Zetkin, Rosa Luxemburg u. a. – auch damals in Stuttgart.

Schon 1903 war Henriette Arendt in Stuttgart als erste Polizistin in Deutschland eingestellt worden. Sie geriet aber zunehmend in Konflikt mit ihren männlichen Kollegen. Wieder waren es die Frauen, die in den Dienstvorschriften der Polizei benachteiligt wurden. Henriette Arendt nahm dagegen Stellung und war z. B. bei Verhören von Frauen anwesend, um sie vor Übergriffen und ungerechter Behandlung zu schützen. Sie engagierte sich außerdem besonders in der Kinderfürsorge. Unerschrocken deckte sie Missbrauch und Kinderhandel auf und ging damit an die Öffentlichkeit. 1908 quittierte sie den Polizeidienst, da sie in unerträglicher Weise von den Kollegen gemobbt wurde. 1910 erschien ihr erstes Buch *Erlebnisse einer Polizeiassistentin*. Mit ihren Schilderungen, die interne Praktiken der Polizeiarbeit aufdeckten, löste sie einen Skandal aus. Unerschrocken schrieb sie weiterhin über die kri-

---

* Heute ein Kultur- und Kongresszentrum mit einer denkmalgeschützten Architektur und weit berühmten Akustik. Die Aidlinger Schwestern veranstalten im Beethovensaal der Liederhalle ihre Jahrestreffen.

minellen Machenschaften des Kinderhandels und wies auf die Notlage der »vergessenen Kinder« hin.

In Stuttgart hatte auch die »Lebensreformbewegung« Fuß gefasst. In vielen Vereinen engagierten sich Männer und Frauen, um die Folgen der Industrialisierung zu mildern: »Zurück zur Natur!«, Aufenthalt im Freien, Wander- und Turnbewegungen, Kneipp-Verehrer, Homöopathie-Anhänger u. v. m. Sie alle hatten ein Gespür für die Not ihrer Mitmenschen und wollten praktisch etwas dagegen tun.

Der Erste Weltkrieg (1914–1918)

Am 28. Juni 1914 wurde in Sarajewo der österreichische Thronfolger, Erzherzog Ferdinand, ermordet. Das tödliche Attentat löste zunächst einen lokalen Krieg zwischen Österreich und Serbien aus, entwickelte sich aber bald zu einem Weltkrieg, der mit brutaler Härte geführt wurde. Der amerikanische Diplomat und Historiker F. Kenan bezeichnete den Ersten Weltkrieg als »Urkatastrophe des 20. Jahrhunderts«. Mit Beginn des Krieges ging das »bürgerliche Zeitalter« zu Ende, das mit der Französischen Revolution 1789 begonnen hatte. Zu Ende gingen auch ein ungebrochener Optimismus und Fortschrittsglaube, zertrümmert wurden die Monarchien Europas, zerschlagen der Glaube an »das Gute im Menschen«. Die Materialschlachten, Stellungskriege, Grabenkriege, Gaskriege, Seekriege, der Völkermord an den Armeniern – Europa und seine Kolonien versanken in einem blutigen Gemetzel. Millionen verloren ihr Leben, Millionen ihre Gesundheit, Millionen ihre Heimat, viele den Verstand.

Die Folgen dieser »Urkatastrophe« waren ebenfalls verheerend: Oktoberrevolution, Stalinismus, Faschismus, Nationalsozialismus, Judenmord und schließlich der Zweite Weltkrieg. Es gibt Historiker, die vom »zweiten Dreißigjährigen Krieg« (1914–1945) sprechen. Es war ein verschlungenes, verworrenes Knäuel von Ursachen und Wirkungen.

Die astronomischen Summen der Kriegsschuld führten zur Inflation, zur größten Geldentwertung in der deutschen Geschichte (1914–

1923). Der Staat druckte in großen Mengen Papiergeld, dessen Wert nicht mehr gedeckt war, und ruinierte damit seine Währung. Dies hatte unabsehbare Folgen für die Bevölkerung, für die Kaufkraft jedes Einzelnen. Geplant war es völlig anders, wie der Auszug einer mitstenografierten Rede vor dem Reichstag im August 1915 zeigt. Es sprach der konservative Finanzpolitiker Karl Helfferich:

Meine Herren, wie die Dinge liegen, bleibt also vorläufig nur der Weg, die endgültige Regelung der Kriegskosten durch das Mittel des Kredits auf die Zukunft zu verschieben, auf den Friedensschluß und auf die Friedenszeit. Und dabei möchte ich auch heute wieder betonen: Wenn Gott uns den Sieg verleiht und damit die Möglichkeit, den Frieden nach unseren Bedürfnissen und nach unseren Lebensnotwendigkeiten zu gestalten, dann wollen und dürfen wir neben allem anderen auch die Kostenfrage nicht vergessen; [lebhafte Zustimmung] das sind wir der Zukunft unseres Volkes schuldig. [»Sehr wahr!«-Rufe] Die ganze künftige Lebenshaltung unseres Volkes muß, soweit es irgend möglich ist, von der ungeheuren Bürde befreit bleiben und entlastet werden, die der Krieg anwachsen läßt. [weitere »Sehr wahr!«-Rufe] Das Bleigewicht der Milliarden haben die Anstifter dieses Krieges verdient; [»Sehr richtig!«-Rufe] sie mögen es durch die Jahrzehnte schleppen, nicht wir. [»Sehr gut!«-Rufe] [33]

Deutschland verlor den Krieg. Nicht die Kriegsgegner wurden ausgeplündert, sondern das eigene Volk.* Die Last, die es zu schleppen hatte, war hart. Hinzu kamen Hungerwinter, Arbeitslosigkeit, Epidemien und eine zunehmende Verwahrlosung der ärmeren Bevölkerung.

Die Saat ist aufgegangen

Die Arbeit des Generals von Viehbahn wirkt durch seine Schriften und die Entstehung der Kornelius-Bruderschaft noch bis in die Gegenwart hinein. In einem »Sternbrief der Cornelius-Vereinigung« heißt es u. a.:

---

* Die Bundesregierung Deutschland bezahlte im Oktober 2010 die letzte Rate der Reparationen (200 Millionen Euro).

Zu allen Zeiten hat es Soldaten gegeben, die sich zu Jesus Christus als ihrem Herrn und Erlöser bekannten – auch in Lagen, in denen ein solches Bekenntnis persönlichen Mut erforderte, bis in die Gegenwart. Zu ihnen zählt Generalleutnant von Viebahn, 1840 in Arnsberg (Westfalen) geboren. Seine Freude am Soldatenberuf und seine Bewährung als Christ im täglichen Leben waren kennzeichnend für ihn.

Nach einer glänzenden militärischen Laufbahn nahm er im Jahre 1896 seinen Abschied, um ganz für den Dienst Jesu Christi frei zu sein. Bis zu seinem Tode 1915 entfaltete er eine große und reich gesegnete missionarische Tätigkeit in der Armee und sammelte einen Kreis gläubiger Offiziere, von denen viele ihrerseits im gleichen Sinne tätig wurden. Bei einer Versetzung nach Berlin 1930 kam der damalige Rittmeister Hans Graf von Kanitz (geboren 1893) zum ersten Mal mit diesem Kreis zusammen. Er unterstützte diese Arbeit.

Von 1935 an sammelten sich um ihn einige junge bewußt christliche Offiziere, die ihrem Glauben entsprechend leben und sich entgegen der damals von oben propagierten christusfeindlichen Ideologie für die Sache Jesu Christi in der Wehrmacht einsetzen wollten. Anfang 1940 wurde ein Rundbrief herausgegeben. Das sternförmige Hereinkommen von Nachrichten aus dem Felde und das gleichartige Hinausgehen der Rundbriefe ins Feld führte – sprachlich angelehnt an die »Sternfahrten« zu den großen Turnieren – zu der Bezeichnung »Sternbrief«. Angesichts des Mangels an Militärpfarrern – bei der Luftwaffe gab es überhaupt keine – stellten die Sternbriefe für viele Offiziere die einzige »geistliche Nahrung« in den Jahren des Krieges dar. Sie wurden an interessierte und »zuverlässige« Kameraden von Hand zu Hand weitergegeben und erreichten dadurch einen größeren Leserkreis. So kam es, daß der Kreis der Sternbriefempfänger auf mehr als vierhundert anwuchs.

Noch als Kommandeur der Heeresgasschutzschule Celle hatte der Generalmajor Graf von Kanitz selbst zu Bibelabenden eingeladen. Im November 1944 wurde diese Tätigkeit denunziert. Auch die Post war schon länger kontrolliert worden. Graf von Kanitz bekam zuerst ein rüdes Telegramm im Auftrag Hitlers vom OKH. Dann wurde er seines Postens enthoben, wurde von der Gestapo verhaftet und längere Zeit in Berlin im Reichssicherheitshauptamt in Einzelhaft gehalten. Man versuchte, aus den biblischen Worten der Sternbriefe chiffrierte

Putschanweisungen zu deuten. Nach dem Einmarsch der Engländer erhielt Graf von Kanitz die Erlaubnis zum Besuch der Gefangenenlager. Vielen konnte er dadurch Nachrichten von Angehörigen bringen.

Zu Beginn des Jahres 1946 konnte mit Genehmigung der britischen Militärregierung der erste Sternbrief neuer Art versandt werden. Nachdem nun nicht mehr die Notwendigkeit bestand, anonym zu bleiben, gab sich der Kreis schon bald den Namen »Korneliusbruderschaft« – nach dem ersten namentlich bekannten Soldaten, der Christ wurde (Apostelgeschichte Kap. 10).

Mit der Aufstellung der Bundeswehr konnte sich die Kornelius-Bruderschaft wieder ihrer ursprünglichen Aufgabe, der Arbeit mit und unter den Offizieren der deutschen Streitkräfte, zuwenden.

Die Cornelius-Vereinigung (CoV) versteht sich heute als Sammlung von Christen aller Dienstgradgruppen in der Bundeswehr. Sie wollen als Partner der evangelischen Militärseelsorge ihren Beitrag zum »Bau der Kirche unter den Soldaten« leisten. Soldaten in der CoV stehen fest im Alltag, üben Nächstenliebe mit Wort und Tat, ermutigen durch Vorbild, fordern dadurch zur Nachfolge auf und sind in Demut Jünger des Herrn.

Aus der Chronik 1938

27. April: Wieder ist großes Packen und Vorbereiten im Haus. Diesmal ist es die A-Klasse, die vor Freude das Haus auf den Kopf stellen möchte. Sie machen eine 3-tägige Radtour zur Edenhofer Hütte im Allgäu. Während des Packens gießt es draußen in Strömen. Doch das stört sie nicht.

29. April: Noch einmal wird der Anhänger mit Lebensmitteln gepackt. Halb für Reutenen, halb für die Hütte. Dann entführt uns der »Wanderer«* unsere geliebte Schwester Berta für zehn Tage und wir bleiben allein zurück.

---

* Ein Auto der Wanderer-Werke AG. Es handelte sich um einen offenen Wagen, in dem vier Personen Platz fanden.

Doch nicht allein. Kostbare Gebetsstunden vereinen uns dreimal täglich vor dem Angesicht des Herrn. Unsere äußere Not ist augenblicklich wieder so groß, daß nur der Herr uns retten kann. Wir wollen noch sparsamer sein und keinen Pfennig unnötig ausgeben.

In der Arbeit haben wir auch große Schlachten zu schlagen: Kartoffelstecken, Waschen, Bügeln und noch mehr mit wenig Menschen. Der Herr hat sehr geholfen und willige Helfer geschenkt, die uns unterstützten. Am 25. April 1938 traten zwei Mädchen als Haushaltschülerinnen ein. Sie lernen morgens im Haus oder in der Küche und mittags ist Büroschule.

5. Mai: Seit acht Tagen haben wir zwei NSV*-Kinder hier, Christa und Gertrud, die von Schwester Ruth betreut werden. Beide Kinder kommen aus großer Armut. Sie werden jeden Tag fröhlicher und ihre Bäckchen runden sich.

Bruder Wilhelm arbeitet viel an dem Bau hinter der Liegehalle. Vor Wochen schon holte er die großen Stangen im Wald. Die A-Klasse half beim Schälen der Stangen und nun ist die Hütte schon aufgerichtet. In den nächsten Tagen soll das Dach gedeckt werden.

6. Mai: Heute kam eine sehr dringende Mahnung von Herrenberg. Wenn wir bis zum 13.5. nicht die gesamte Schuld von 564,66 Mark bezahlt haben, wird uns das Licht abgestellt. Wir riefen täglich zum Herrn. Zwei Tage später schenkte der Herr 200 Mark und am 12.5. auch noch 250 Mark von Herrn Joh. B. »Dieser Elende rief, und der Herr hörte, und aus allen seinen Bedrängnissen rettete er ihn!« (Psalm 34,7)

14. Mai: Am Montag reist Schwester Ruth Bechtle nach England. Gestern feierte Klasse B in der Mühle Abschied. Schwester Berta war den ganzen Tag mit ihnen in der Mühle. Am Nachmittag wurde das Buch »Fünklein« von Jörn vorgelesen und damit der Grund gelegt für

---

* Nationalsozialistische Volkswohlfahrt. Sie war der NSDAP eingegliedert, die Arbeiterwohlfahrt wurde nach 1933 verboten. Ziel war es, jede andere Form von freier Wohlfahrtspflege zurückzudrängen, wie das Deutsche Rote Kreuz, die evangelische Diakonie oder die katholische Caritas. Dies war ebenfalls eine Maßnahme der angestrebten Gleichschaltung.

die Mitternachtsmission* unseres Werkes. Möchte der Herr unsere Schwestern für diesen Dienst entflammen und ausrüsten und uns ein Haus dafür geben.

26. Mai: Familientag. Viele liebe Gäste füllten den Saal. Auch der Jugendbund von Stuttgart weilte unter uns. Es waren wohl 150–200 Personen beisammen. Mutter sprach über Matthäus 3,12-17: »Wie wird man ein brauchbares Werkzeug für Gott?« Am Nachmittag machten wir einen größeren Spaziergang in den Staatswald, auch Mutter ging mit. Der Herr hat ihr sehr viel Kraft gegeben, obwohl die Augen sehr schwach waren.

30. Mai: Wir feiern Schwester Bertas Geburtstag mit einem Mutterhaustag. Doch Mutter ist nicht unter uns, weil der BLZ dringend fertiggestellt werden muß. So hielt Schwester Berta die Andacht am Morgen. Sie stellte uns den »Weg dem Lamme nach« vor Augen (Offenbarung 14,1-9). Wollen wir »mit Ihm« dort vor dem Thron stehen, dann müssen wir es hier auch »mit Ihm« halten.

3. Juni: Die Schwestern sind vom Lindenhof zurückgekehrt. Die Besitzerin, Frau Torbecke, war bis zuletzt rührend besorgt um die Schwestern und hat sie auch für nächstes Jahr eingeladen, kostenlose Ferien in ihrem Haus zu verbringen.

Schwester Gertrud, Marta und Trudl rüsten sich für England.

Die Pfingsttagung war gut besucht und sehr gesegnet. Obwohl Mutter nichts lesen konnte, reichte der Herr ihr doch wunderbare Kräfte. Auch die anschließende Männerfreizeit, die Frau Lippmann hielt, war sehr gesegnet. Zehn Männer waren gekommen.

21. Juni: Die A- und B-Klasse hat ihre Schule abgeschlossen. In dieser Woche dürfen wir beim Heuen helfen. Gestern wurden sechs Wiesen gemäht. Es ist schönes Wetter. Das ist auch günstig für die Wäsche, die von der B-Klasse bewältigt wird.

Es folgen ausführliche Berichte über die Sommerfreizeiten im Mutterhaus: *Jedes Plätzchen ist belegt. Wir finden kein stilles Eckchen mehr.*

---

* Hierbei handelt es sich vor allem um Beratung und Betreuung von Prostituierten. Eine der ersten Schwestern, die dabei mitarbeiteten, war Schwester Emmy Lehrenkraus.

30. Juni: Heute ist auch Abreisetag an den Bodensee nach Reutenen. Luischen reiste mit den Schwestern mit der Bahn. Schwester Gertrud Roller fuhr mit Eberhardt und Mechthild von Herff* mit dem »Wanderer«. Der Anhänger war vollgepackt mit Lebensmitteln.

12. August: Am Samstag hatten wir ein schönes Familienfest. Sechs Schwestern wurden an diesem Tag eingesegnet!

12. September: Am Montag war hier wie alljährlich das Frauenfest, diesmal ohne Schwester Berta, die noch in Baden-Baden zur Kur ist. Ihre Gesundheit ist sehr angegriffen. Der Herr gab Gnade, daß wir unser großes Programm abhalten konnten. Am Schluß sprach Mutter noch über Johannes 12,35.36 sehr ernste Worte. Wirklich fröhlich zogen die lieben Frauen am Abend ihre Straße heimwärts. Es waren ungefähr hundert Frauen hier gewesen.

Trotz großer Schwierigkeiten wegen des Wetters konnte die Ernte doch gut eingebracht werden und in dieser Woche haben wir auch schon die große Arbeit des Dreschens hinter uns. Gestern wurde in der Scheune ein Fruchtboden** gelegt.

11. Oktober: Mutter arbeitet an einer Übertragung des Römerbriefs.

31. Oktober: Heute ist Herr Pfr. Riek im Mutterhaus, und zwar verfolgt er einen ganz besonderen Zweck. Er will den Tageslauf der Schwestern filmen*** für unsere Mutter zum Geburtstag. Heute will er erst einmal alles besichtigen.

---

*   Tochter von Pauline von Herff, Nichte von Christa von Viebahn, die später in die Schwesternschaft eintrat.

** Hier wird das Getreide auf einem Dachboden aufgeschüttet und verwahrt.

*** Dieser Schwarz-Weiß-Film kam tatsächlich zustande.

Das Robert-Bosch-Krankenhaus[*]

Mit der Eröffnung des neuen Krankenhauses erhält die Stadt Stuttgart eine Heilanstalt, die von internationaler Bedeutung ist, denn es ist das erste Institut in Europa, das als Heilstätte der homöopathischen Heilweise dient und gleichzeitig der Wissenschaft und Forschung gewidmet ist. Das bisherige Homöopathische Krankenhaus ist nunmehr, nachdem diese neue Heilanstalt mit 300 Betten und allen in jeder Beziehung neuzeitlichen Einrichtungen geschaffen worden ist, aufgehoben worden.

Wenn man den Bau betritt, der sich in bevorzugter Lage am Südhang des Kalten Berges am Burgholzhof ausbreitet, gewinnt man sehr bald den Eindruck der Gediegenheit, Zweckmäßigkeit und Großzügigkeit. Schon im Vorraum des Haupteinganges, wo eine Büste des Führers aufgestellt wurde, bewundern wir die klare Anordnung und Schönheit der inneren Gestaltung. Im Erdgeschoß sind alle Arten von medizinischen Bädern, eine sehr große Küche mit allen zugehörigen Kühlräumen und eine eigene Bäckerei untergebracht.

Die Krankenzimmer liegen in den oberen Geschoßen auf der Südseite, nach außen von großen durchgehenden Liegeterrassen miteinander verbunden. Überall freut man sich an der bis ins einzelne sorgfältig durchdachten zweckmäßigen Einrichtung. Erscheinen die Haupthallen, Gänge und Treppenhäuser sachlich, schlicht und vornehm, so sind die Aufenthaltsräume für die Schwestern gemütlich und die sonnigen Krankenzimmer und Tagräume behaglich. In den Krankenzimmern sind Telefon, Radio und eine originelle Wunschrufanlage vorhanden, durch die auf elektrischem Wege die Wünsche der Kranken übermittelt werden. Genau so großzügig sind auch die Operations- und Behandlungsräume, die Laboratorien usw. ausgestattet worden. Zum Krankenhaus gehört auch ein nach biologischen Grundsätzen geführter Gemüsegarten.

---

[*] Auszug aus einem Zeitungsartikel, den Oberin Christa am 24. April einem Schwesternrundbrief anfügt. Leider sind weder das Datum noch die Zeitung vermerkt, aus der zitiert wurde.

Soldatenbriefe

Werfen wir einen kurzen Blick in den umfangreichen Briefwechsel:

23. Oktober 1944

Mein lieber Ernst!
Ich habe mich herzlich gefreut, in diesen Tagen einmal wieder einen
Brief von Dir zu bekommen und bin recht froh, daß Du jetzt einmal
in Deutschland bist und auch Deine Lieben für einen Tag wenigstens
besuchen konntest. (...)
Das hat mich nun auch sehr bewegt, daß von Deiner Division so
viele aufgerieben wurden und daß Du so wunderbar erhalten bliebst.
Unser Leben hier auf Erden hat ja dadurch einen so hohen Wert, daß
wir jeden Tag und jede Stunde mit dem Herrn Jesus leben und daß
wir für Gott und für die Ewigkeit Frucht bringen dürfen!

Ernst A. antwortete am 3. Dezember 1944

Meine liebe Mutter!
Habe so viel Post von Dir bekommen, freute mich sehr darüber und
danke Dir herzlich dafür. – Jedenfalls ist alle vorhergehende Post bis
zurück zum 23. August verloren gegangen, denn von da ab konn-
te mich ja kein Brief mehr erreichen (...) Das Wort, das Du mir
schreibst über Hebräer 3,1, ist mir so recht von Herzen gesprochen
(...) Auch die schönen Berichte von den lieben Brüdern sind so kost-
bar. Weißt, als Soldat ist es einem von besonderem Wert, wenn man
etwas hört von dem Erleben der Brüder, die in gleicher Lage sind. (...)
Es geht mir ja überaus gut, mein Leben ist voll von Erbarmungen und
Gnadenerweisungen des Herrn, ebenso auch bei meiner lieben Frau
und den Kindern, ihr letztes Briefle war mir eine besondere Freude.
Sie ist ja immer in vielen Schwierigkeiten durch die Landwirtschaft.
So war es auch in letzter Zeit. Da hat der Herr ihr wieder so wun-

derbar durchgeholfen, daß ihr letzter Brief anfing mit: »Lobe den Herrn, meine Seele«.

Diesmal konnte ich mich auch mit dem Aufgabenzettel beschäftigen. Aufgabe 65: Das Passahlamm weist hin auf unseren Heiland. Johannes sagt:»Siehe, das ist Gottes Lamm, welches der Welt Sünde trägt.«

Tübingen, 13. März 1944

Liebes Fräulein von Viebahn!
Habe gestern von Ihnen einen lb. Brief erhalten, einige Gedanken über das Gebet sowie ein Notizbüchlein. Es freute mich sehr, und bin Ihnen dankbar dafür. Wie Sie ja von meiner lb. Frau wissen, bin ich in Tübingen Soldat. Habe von Anfang unseres treuen Gottes Hilfe und Fürsorge erfahren dürfen. Er schenkte mir einen lb. Freund und Bruder zur Seite, wir dürfen uns täglich stärken in dem Herrn, unsrem Gott. Ja,»näher noch näher, fest an dein Herz, führe mich, Jesu, durch Freude und Schmerz usw.« – Ich wünsche Ihnen und Ihrer lb. Schwesternschaft Gottes Segen und Beistand.

Gefechts-Stand, den 25. Juli 1944

Liebe Brüder und Schwestern!
Gestern erhielt ich von meinem Freund (Student der Theologie aus Göttingen, dzt. Leutnant und Abt.-Adjutant im Osten) einen Brief, in dem es u. a. heißt:
»Gott hat mich in den letzten zwei Wochen ungeheuer viel erleben lassen. Christus geht durch meine Abteilung und beginnt, Menschen zu sich zu rufen. Gestern sind siebzig Soldaten zu einem Zusammensein in das hiesige Schloß gekommen, unter dem Thema: Was kommt nach dem Tode? Die Aussprache ging bis spät in den Abend hinein. Ich erlebe seit zwei Wochen eine fortlaufende Kette von Wundern und Gebetserhörungen. Bete, bete für meine Abteilung, und schreib es auch dem einen oder anderen Deiner Freunde!«

Das wollte ich hiermit tun – nicht nur, um Euch nahezulegen, mit mir den Herrn der Herrlichkeit anzurufen, daß ER in jener Artillerie-Abteilung das Feuer Seines Geistes entzünden und Sich als der Auferstandene machtvoll offenbaren wolle zur Errettung vieler Seelen, sondern auch in der Gewissheit, daß Euch obiger kurze Bericht stärken und erquicken wird. Ja – groß ist der Herr. Sollte IHM irgendetwas unmöglich sein?!

Verbunden in Seiner Liebe und in der Erwartung Seiner Ankunft grüßt Euch mit Philipper 2,9-11 und 4,19.20 herzlich

Euer Bruder

Auch Bruder Wilhelm Conradt war eingezogen worden und fehlte an allen Ecken und Enden im landwirtschaftlichen Betrieb des Mutterhauses. Darüber ist eine lebhafte Korrespondenz erhalten. Am 4. November 1944 schreibt Christa von Viebahn:

Mein lieber Wilhelm!

Soeben hörte ich von Deinen letzten Nachrichten an Deine Frau Rosi und freue mich, daß der Herr Dich jeden Tag stärkt, und daß Du ihm lebst und dienst an Deinem Platz. Auch bin ich froh, daß Du Gemeinschaft mit den lieben Geschwistern dort in Bremen hast.

Hier erfahren wir auch täglich des Herrn Schutz und Hilfe und freuen uns, daß wir unsere wichtige Arbeit wenigstens mehr im Stillen tun dürfen.

Denk Dir, mein Bruder Friedrich Wilhelm und meine Schwägerin haben alles durch Bombenangriff verloren. Mein Bruder ist dadurch sehr niedergeschlagen, auch körperlich recht elend und im Gemüt gedrückt. Sie waren jetzt vierzehn Tage zur Erholung bei uns, und nun hat er seine Arbeit als Ingenieur bei Daimler wieder aufgenommen. Da müssen wir ihn und seine liebe Frau mit unseren Gebeten umgeben, damit er wieder ganz stark und froh in dem Herrn wird und der Herr ihn gesund mache.

Deine Kinderlein kommen gar manchmal zu mir herein, und ich freue mich sehr an ihnen. Heute will mich auch das Berthildchen besuchen! – Eine Nichte von mir, die Tochter von Dr. F. W. von Viebahn, hat mit ihren drei Kinderchen von Trier fliehen müssen und ist nun auch

bei uns. Sie wohnen im »Maiglöckchen«. So haben wir eine muntere
Kinderschar im Hause.

*Das nachfolgende Schriftwort soll Dich erfreuen: »Mir, mir ist Gottes
Nähe beglückend. Ich habe meine Zuversicht gesetzt auf Ihn, den großen
Herrn, und wir rühmen all Seine herrlichen Taten!« Psalm 73,28
Nun, mein lieber Wilhelm, sei dem treuen Herrn befohlen*

Im Kurland, den 14.11.44

Liebe Mutter,
*Dein lieber Brief vom 25. 10. hat mich gestern erreicht. Herzlichen
Dank für Dein treues Gebet. Ich habe auch viel an Dich und den
ganzen Kreis gedacht, nachdem Stuttgart so sehr unter den Luftan-
griffen zu leiden hatte. Auch hörte ich, daß leider Dein Haus in der
Danneckerstraße nicht verschont blieb.*

*Nach meinem Urlaub war ich in Ostpreußen, wurde nach Riga
verschifft, war dann an vielen Orten des Kurlandes. In Windau hatte
ich ein paar Mal den Gottesdienst besuchen können. Das Luthertum
hat hier oben seine Segensspuren hinterlassen. Wie schade, daß man
gehindert ist, irgendwelche Verbindung mit diesen Volksdeutschen
und Letten aufzunehmen. Leider war ich nur kurz in Riga. Ich bin
stolz darauf, dort gewesen zu sein, wo die vielen balten-deutschen
Blutzeugen um ihres Glaubens willen in den Tod gegangen sind. Ich
will im Glauben an Christus festhalten. Er vermag mich auch durch
diese Zeit zu bringen.*

*Dir, den Schwestern und dem ganzen Kreis alles Gute wünschend!
Gott befohlen, in seiner Hut haben wir es gut. Dein Ernst D., Unter-
offizier*

Ein Auszug aus einem Feldpostbrief vom 16.6.42

Liebe Mutter!
*Ich grüße Sie mit dem Wort: »Wenn ich mitten in der Angst wandle, so
erquickst du mich und streckst deine Hand aus über den Zorn meiner*

Feinde und deine Rechte hilft mir« (Psalm 138). Nach längerer Zeit will ich nun ein kleines Lebenszeichen von mir geben. Bin seit Anfang Mai hier in Russland, und zwar in vorderer Stellung im Südabschnitt der Front.

Heute haben wir etwas Zeit zum Schreiben. Es ist Sonntagnachmittag. Heute Vormittag hatten wir »Feldgottesdienst«. Der treue Gott segnete uns und es ist doch herrlich, daß wir auch Gottes Wort hören dürfen hier an der Front. Schwere Tage liegen hinter uns. Der treue Gott hat mir beigestanden und mich bewahrt.

Das Wetter ist schön. Doch gibt es öfters große Gewitter mit starken Regengüssen, so daß es sehr schlecht ist mit den Wegen. Es ist nicht so wie in Deutschland. Man versinkt dann beinah in dem Morast und Schlamm. Es kann sich keiner eine Vorstellung machen, der es nicht selber gesehen oder miterlebt hat. Dann weiß man erst, was unsere lieben Kameraden bis jetzt geleistet haben. Nun, es geht mir gut und ich weiß, daß Ihr auch im Gebet an uns denkt.

Liebe Mutter, heute muß ich schließen. Bitte grüßen Sie alle meine Brüder von mir, grüßen Sie alle, die für uns beten. Und hoffen wir auf einen baldigen Sieg und eine Wiederkehr in der Heimat! Das walte Gott!

Herzlichst grüßt aus weiter Ferne, Eurer Mitpilger zur ewigen Heimat – Peter.

Dank

Niemand kann z. B. von Düsseldorf nach Atlanta fliegen, ohne die – in der Regel unsichtbare – Hilfe vieler Menschen. Ähnlich verhält es sich mit dem Schreiben eines Buches: Viele steuern in irgendeiner Form etwas dazu bei, dass ein solches Projekt gelingt. Aber im Gegensatz zu einem Transatlantikflug, bei dem die meisten Mitarbeiter anonym im Hintergrund bleiben, kann ich bei einem Buch den freundlichen Helfern namentlich danken:

Zuerst meiner Oberin, Schwester Renate Kraus, die mir die Aufgabe anvertraute und – um im Bild zu bleiben – mich beflügelte, zu starten. Bei verschiedenen Zwischenlandungen war sie erfreut über die schon zurückgelegte Etappe und ermutigte mich, bis zum Ziel durchzuhalten. Sie gab mir auch wertvolle inhaltliche Impulse während des »Flugs«.

Für das nötige Gepäck sorgte Schwester Elfriede Kemmler, die das Mutterhaus-Archiv betreut. Außerdem die freundlichen Mitarbeiter der Stadtarchive Wiesbaden und Trier und das »Deutsche Literaturarchiv Marbach«, auch der Deutsche Wetterdienst geizte nicht mit Informationen. Wertvolles Material bekam ich vom Pfarrer der evangelischen Kirchengemeinde Engers, Hartmut Ohlendorf, und dem Vorsitzenden des »Bürgervereins Engers e. V.«, Bernd Wolff. Dank sei jener freundlichen Dame, die uns im Schloss von Engers – außerhalb der Besucherzeiten – den prächtigen Diana-Saal öffnete.

Während des »Flugs in die Vergangenheit« war schon Probelesen angesagt, wofür ich ebenfalls danke: Schwester Anne Rentschler und Schwester Gabi Strobel, die den Text mit den Augen der jüngeren Schwesterngeneration anschauten und manchen wichtigen Hinweis gaben. Meiner Nichte Sarah Wiedemann, die sich zum ersten Mal mit einer »frommen Biografie« auseinandersetzte. Ihr »Außenblick« war für mich sehr erfrischend! Dankbar bin ich Ingeborg Koch-Dreier, meiner Schwester, die mich selbstlos von Wiesbaden über Trier und Engers bis nach Amsterdam kutschierte, damit ich mir vor Ort ein besseres Bild von Christa von Viebahns Lebensstationen machen konnte.

Dank gilt auch Frau Birgit Weidner, freie Autorin und Journalistin, die sich als Gast in unserem Freizeithaus »Tannenhöhe« besonders für

Christa von Viebahn interessierte. Sie las gern das Manuskript und machte hilfreiche Anmerkungen dazu.

Mein besonderer Dank gilt Schwester Elisabeth Keppler, die mir täglich »meine Schreibe« vorlas, damit ich hören konnte, wo es im Text »Luftlöcher« gab, wo es holperte und stolperte.

Nicht zu vergessen Schwester Ida Rau, die mit scharfem Blick viele »Kursschwankungen« in der Rechtschreibung entdeckte! Ich danke auch Schwester Hanna Brandt, die sich viel Mühe mit der Bearbeitung der Fotos machte, damit sie für den Druck übernommen werden konnten.

Bei der finalen Durchsicht des Manuskripts standen mir meine treuen Weggefährten Schwester Gabriele Goseberg und Schwester Ursula Heitkötter tapfer zur Seite. Trotz der konzentrierten Arbeit erfüllte hin und wieder ein befreiendes und schallendes Lachen unsere Klausur. Auch dafür ein herzliches Dankeschön.

Ich danke allen Schwestern, die dieses Buchprojekt mit ihrer Fürbitte begleiteten. Da über Christa von Viebahn nicht geschrieben werden kann, ohne geistliche Themen wie Lebenshingabe an Christus, Gehorsam dem Wort Gottes gegenüber, Glaubensfreude usw. anzusprechen, ist das Gebet die wichtigste und nachhaltigste Quelle dieses Buches. Die Verbindung zum »Tower« riss dadurch nie ab. Und ich danke all denen, die ihre Skepsis zum Ausdruck brachten, die fragten, ob eine solche »Reise in die Vergangenheit« für die Gegenwart etwas bringt, ob nicht andere Themen dringlicher sind. Mag sein. Aber mich spornte es an, genau hinzuschauen, genau zu recherchieren, um Christa von Viebahn in ihrer Zeit zu verstehen, verbunden mit der Frage: »Was kann uns für unser Leben heute inspirieren?«

Kein Flugzeug kommt ohne Cockpit aus. Genauso kam ich nicht ohne die Cheflektorin des Hänssler-Verlags, Uta Müller, und ihre ganze Crew aus. Sicher steuerte Frau Müller durch die Nebelbänke der verschiedenen Unsicherheiten bei meinem Buch, sie hatte die Reiseroute immer fest im Blick. Uta Müller organisierte das ganze Umfeld für Grafik, Layout, Fotoseiten und für das vorzügliche Lektorat. Bei der Titelsuche und Covergestaltung hatte sie die Ruhe weg, als sich die Suche hinzog. Sie war für mich immer erreichbar, gab wichtige stilistische Tipps und war sicher, dass wir gut landen würden. Danke!

Wichtige Ereignisse im Leben von Christa von Viebahn

1873   Am 25. November wird Christa von Viebahn in Wiesbaden geboren.

1878   Die Versetzung des Vaters nach Hannover.

1881   Christa bekommt vom Vater ihre erste Bibel zum Geburtstag.

1883   Der Vater wird zum Direktor der Kriegsschule in Engers am Rhein ernannt.

1884   Der Tod der Mutter Christine, geb. Ankersmit, nach der Geburt des sechsten Kindes Anni.

1887   Die zweite Ehe des Vaters mit Marie Ankersmit.
Am Karfreitag ergreift Christa für sich persönlich das Heil in Jesus Christus.

1888   Die Versetzung des Vaters nach Frankfurt/M.

1889   Der Vater wird Kommandeur der Horn-Kaserne in Trier.
Christa besucht ein Pensionat in Tübingen.

1890   Rückkehr aus dem Pensionat, Haushaltsführung des elterlichen Hauses in Trier.

1893   Umzug der Familie nach Stettin.
Christa verbringt ein halbes Jahr in England.
Seelsorgerlicher Dienst an Frauen und Mädchen in Stettin.

1907   Am 4. September verlässt Christa von Viebahn das Elternhaus und mietet in Stuttgart eine Wohnung.

1914   Christa von Viebahn trennt sich von der Darbystischen Versammlung, Wiedereintritt in die Landeskirche.

1915   Neujahr – Beginn der Frauen- und Mädchenarbeit in Stuttgart.
Am 15. Dezember stirbt der Vater Georg von Viebahn.
Christa von Viebahn übernimmt die Herausgabe des Bibellesezettels.

1919   Am 31. Mai gründet Christa von Viebahn den Helferinnenkreis.

1921	Zwei Helferinnen halten eine Bibelstunde in Aidlingen.
1924	Neujahr – Die erste Tagung in Stuttgart für auswärtige Frauen und Mädchen.
	Die ersten Diakonissen werden von Christa von Viebahn in ihrer Stuttgarter Privatwohnung eingesegnet.
1925	Gründung des Christlichen Vereins für Frauen und Mädchen (e. V.).
	Zehntägige Evangelisation in Aidlingen.
1927	Am 1. Januar wird die neu erbaute Evangeliumshalle in Aidlingen eingeweiht.
	13. November – Einweihung des Diakonissenmutterhauses.
	Beginn der Bibelschule.
1929	Die Danneckerstraße 48 A in Stuttgart wird zum neuen Zentrum der Arbeit.
1934	Erster Bibelstand auf dem Volksfest.
1938	Völlige Erblindung von Christa von Viebahn.
1944	24.–26. Juli: schwere Bombenangriffe auf Stuttgart.
	Das Haus in der Danneckerstr. 48 A brennt völlig aus.
1945	Eigener Verlag.
	Beginn der Haushaltungsschule.
	Übernahme der Arbeit im Krankenhaus Lauffen a. N. und anderer Arbeitszweige.
1948	Übernahme der Arbeit im Krankenhaus Kirchheim/Teck.
1949	Beginn der eigenen Krankenpflegeschule in Kirchheim/Teck.
	Freizeitarbeit in St. Blasien.
1950	Übernahme des zerstörten ehemaligen Waldhotels in Villingen, die Wohnanlage wird als »Tannenhöhe« in drei Gebäuden für Kinder, Gäste und Senioren wieder aufgebaut.
1952	Missionsarbeit in Südafrika.
1953	Missionsarbeit in Argentinien.
1955	2. Januar – Heimgang von Mutter Christa.

Der Geschwisterkreis
von Christa von Viebahn

Elisabeth von Viebahn
geb. am 16. September 1875 in Wiesbaden,
gest. am 24. Dezember 1926 in Berlin-Dahlem

Maria von Viebahn (verh. mit Hermann von Loeper)
geb. am 22. März 1877 in Wiesbaden
gest. am 6. September 1925 in Sassen/Vorpommern

Friedrich Wilhelm von Viebahn (verh. mit Hertha von Schultzendorff)*
geb. am 10. August 1878 in Wiesbaden,
gest. 20. April 1957 in Villingen/Schwarzwald

Pauline von Viebahn (verh. mit Gustav von Herff)**
geb. am 14. April 1882 in Hannover,
gest. am 11. Juli 1978 in Aumühle

Anni von Viebahn (verh. mit Dr. Eberhard von Werthern)
geb. am 26. Januar 1884 in Engers,
gest. am 28. Oktober 1931 auf Sylt

Georg von Viebahn II (verh. mit Freiin von Tiele-Winckler)
geb. am 10. März 1888 in Engers,
gefallen am 8. Dezember 1915 in der Champagne

Wilhelm von Viebahn
geb. am 15. September 1889 in Frankfurt/M.,
gefallen am 18. Dezember 1914 in Ostpreußen

---

*   Die Tochter Gerda von Viebahn trat in die Aidlinger Schwesternschaft ein.
**   Auch die Töchter Ursula und Mechthild von Herff waren Aidlinger Diakonissen.

Bernd von Viebahn (verh. mit Christa von Reese)
geb. am 11. November 1890 in Trier,
gest. am 26. Februar 1984 in Bayreuth

Quellen- und Literaturangaben

Wo keine besondere Kennzeichnung im Text erfolgte, sind alle Quellen dem umfangreichen Archiv des Diakonissenmutterhauses entnommen.

Folgende Literatur war während der Arbeit hilfreich:

Sebastian Haffner, *Preußen ohne Legende*. Berlin: Siedler, 1998.

Christian Graf von Krockow, *Bismarck*, Stuttgart: DVA, 1997.

Eric J. Hobsbawm, *Das imperiale Zeitalter 1875–1914*, Frankfurt/M.: Fischer, 1995.

Bernd Blisch, *Kleine Wiesbadener Stadtgeschichte*. Regensburg: Pustet, 2011.

Hubert Kolling (Hrsg.)/Horst-Peter Wolff (Hrsg.), *Biographisches Lexikon zur Pflegegeschichte*, Band 4. München: Elsevier, Urban und Fischer, 2008.

Anmerkungen

1 »Wiesbadener Abrisse KAL U6, 1988«. Stadtarchiv Wiesbaden.
2 GEO EPOCHE Nr. 52: Otto von Bismarck.
3 *Engers. Der Ort und seine Geschichte.* Horb am Neckar: Geiger, S. 101.
4 Schloss Engers, Führungsheft 22, Seite 28, Edition Burgen und Schlösser, Altertümer/Rheinlandpfalz.
5 *Geschichte der Kriegsschule.* Zur Feier ihres 50jährigen Bestehens 1913. Landesbibliothekszentrum Rheinlandpfalz, Online-Ausgabe.
6 *Engers. Der Ort und seine Geschichte.* Horb am Neckar: Geiger, S. 100–103.
7 Viktoria Nau geb. Viebahn, *Viebahn. Spuren einer oberbergischen Familie,* Aufzeichnungen – Dokumente – Auszüge, Vorwort (im Folgenden »Sammlung Nau«).
8 Georg Eberhard Viebahn, *Familie Viebahn.* Chronik-Auszug 1513–1971, erstellt 1978.
9 www.efrg.de
10 Alle Erinnerungen von Bernd von Viebahn sind entnommen aus: *Memini,* Bd. I und II. Hergestellt in der Hausdruckerei des Diakonissenmutterhauses in Aidlingen.
11 Sammlung Nau, S. 182.
12 Aus: Hans Brandenburg, *Georg von Viebahn. General und Evangelist.* Aidlingen: Verlag Diakonissenmutterhaus, 1984.
13 Sammlung Nau, S. 182.
14 Internet: http://www.diakonissenmutterhaus-hebron.de/schwesternschaft/woher-wir-kommen/geschichte-1899-1932; auch:»Gottes Weg mit Hebron«, 75 Jahre Diakonissen-Mutterhaus Hebron, Marburg-Wehrda, S. 3 ff.
15 http://de.wikipedia.org/wiki/Erster_Weltkrieg; gesellschaftliche Umwälzungen 6.1.3 und http://www.von-zeit-zu-zeit.de
16 Gustav Adolf Benrath/Ulrich Gäbler (Hrsg.), *Geschichte des Pietismus Bd. 3, Geschichte des Pietismus im neunzehnten und zwanzigsten Jahrhundert.* Göttingen: Vandenhoeck & Ruprecht, 200, S. 231 ff. und 404/405.
17 http://elib.suub.uni-bremen.de/diss/docs/00010131.pdf: Barbara Rohr:»… *mich selbst und alles, was ich war und hatte, hineinwerfen in den Jammer der Zeit«,* Dissertation, 2005.
18 Christa von Viebahn, *Vom Leben im Geist.* 12. überarbeitete Auflage. Aidlingen: Verlag Diakonissenmutterhaus, 2002.
19 Auguste Mohrmann, *Diakonie heute!.* Potsdam: Stiftungsverlag, 1937, S. 5.
20 a. o. O S. 7 ff.
21 Internet PDF (Mohrmann) und Lauterer, H.-M.: *Liebestätigkeit für die Volksgemeinschaft. Der Kaiserwerther Verband deutscher Diakonissenmutterhäuser in den ersten Jahren des NS-Regimes.* Göttingen 1994, S. 64.

[22] Internet, Wikipedia, Zitat bei Klee: Das Personenlexikon zum Dritten Reich, S. 255.

[23] Aus: *Lebenserinnerungen von Erwin und Lydia Fuchs*, aufgeschrieben im Frühjahr 1998 von Waltraut Scheihing, geb. Fuchs.

[24] http://www.incontri-europei.de/projekt/nono/briefe.html

[25] Joachim Scholtyseck, *Robert Bosch und der liberale Widerstand gegen Hitler 1933–1945*. München: Beck, 1999, S. 470 ff.

[26] Kathrin Fastnacht/Robert Bosch GmbH (Hrsg.), *Bosch – 125 Jahre Technik fürs Leben*. Stuttgart: Robert Bosch GmbH, 2011, S. 81.

[27] Helmut Eberspächer, *Von Hitler zu Jesus. Leben zwischen Zeitgeist und Gott*. Holzgerlingen: Hänssler, 2007.

[28] http://www.von-zeit-zu-zeit.de

[29] Golo Mann, *Deutsche Geschichte des neunzehnten und zwanzigsten Jahrhunderts*. Frankfurt/M.: S. Fischer, 1958, S. 920.

[30] Winfried Vogel, *Entscheidung 1864. Das Gefecht bei Düppel im Deutsch-Dänischen Krieg und seine Bedeutung für die Lösung der deutschen Frage*. Koblenz: Bernard & Graefe, 1987.

[31] Jürgen Osterhammel, *Die Verwandlung der Welt. Eine Geschichte des 19. Jahrhunderts*. München: Beck, Sonderausgabe 2011.

[32] http://www.pommerscher-diakonieverein.de

[33] Internet, Erster Weltkrieg, Stenografische Berichte der Verhandlungen im Reichstag.

Aufgabenfelder des Diakonissenmutterhauses Aidlingen

Bildungs- und Ausbildungsangebote
Einjährige Bibelschule für Frauen ab 18 Jahren
Dreijährige Ausbildung: Religionspädagogin,
Gemeindediakonin und Jugendreferentin
im **T**heologischen **S**eminar **B**ibelschule **A**idlingen

Städtische Hauswirtschafterin
Gesundheits- und Kranken(Alten-)pfleger/in

Pädagogische Arbeit
in Kindergärten, Kindertagesstätten
Religionsunterricht

Urlaub
in unseren
Gästehäusern
Singles, Ehepaare,
Senioren, Familien

Biblische Verkündigung
Freizeiten und Gruppen für Kinder,
Jugendliche und Erwachsene
Bibelstunden, Haus- und Frauenkreise
Bibelkurse
Pfingstjugendtreffen

Pfingst
jugendtreffen

Verbreitung christlicher Literatur
Impulse zum Bibellesen:
Zeit mit Gott

Credo – Bücher & Medien,
Café in Aidlingen

Bibelstand auf dem Volksfest und
Weihnachtsmarkt in Stuttgart

Credo
BÜCHER & MEDIEN I CAFÉ

Kranken- und Altenpflege

Diakonisch-missionarische Einsätze
im In- und Ausland

Informationen und Prospekte:
Diakonissenmutterhaus Aidlingen
Darmsheimer Steige 1
71134 Aidlingen
Telefon: 07034 648-0
E-Mail: info@dmh-aidlingen.de

DIAKONISSEN
MUTTERHAUS Aidlingen

www.diakonissenmutterhaus-aidlingen.de

Diakonissenmutterhaus Aidlingen (Hrsg.)

Farbe bekennen
in Schwarz-Weiß-Grau

Aidlinger Schwestern und ihre Berufung

Gebunden, 13,5 x 20,5 cm, 208 S., mit s/w Fotos
Nr. 395.318, ISBN 978-3-7751-5318-8

Diakonissen sind ein seltener Anblick im Alltag. Was jedoch bewegt
Frauen noch heute, ihre Jeans gegen ein Ordenskleid einzutauschen?
Was ist ihre Motivation? Diakonissen erzählen von ihrer Berufung in
den Dienst, ihren Erlebnissen und Begegnungen mit Menschen.

Diakonissenmutterhaus Aidlingen (Hrsg.)

Farbenfrohes Leben
in Schwarz-Weiß-Grau

Aidlinger Schwestern erzählen aus 80 Jahren

Gebunden, 13,5 x 20,5 cm, 200 S.
Nr. 394.731, ISBN 978-3-7751-4731-6

Ungewöhnliche Erlebnisse aus der 80-jährigen Geschichte der Aidlinger Schwesternschaft. Farbenfroh, außergewöhnlich, tiefsinnig - was
starke fromme Frauen so alles erleben.

Bitte fragen Sie in Ihrer Buchhandlung nach diesen Büchern!
Oder schreiben Sie an: SCM Hänssler, D-71087 Holzgerlingen;
E-Mail: info@scm-haenssler.de; Internet: www.scm-haenssler.de